40대에 부동산 투자는
선택이 아니라 필수다

40대에 부동산 투자는 선택이 아니라 필수다

김종성 지음

매일경제신문사

40대가 되어보니 이제야 어른이 된 것 같습니다. 청년기를 지나면서 남자는 군대를 다녀오고, 취직을 했지만 세상을 잘 몰랐습니다. 그러다가 결혼을 하고 아이를 키우면서 정신없이 살다 정신을 차려보니 어느덧 40대가 되었습니다. 꿈 많은 청년이었는데, 몸은 어른이 되어 있었고, 아빠, 엄마가 되어 있었습니다. 아무런 준비가 되어 있지 않았음에도 한 여자의 남편이자, 한 집안의 가장이, 그리고 아내이자 집안의 살림을 꾸리고 아이들을 양육해야 하는 엄마가 되었습니다.

준비가 되지 않았는데 어른이 되어 있다

어른이 되는 교육도, 남편과 아내가 되는 교육도, 아빠와 엄마가 되는 교육도 받지 않은 상태에서 그렇게 40대가 찾아왔습니다. 어른이 된다는 것은 선물이자, 도전입니다. 부부는 한 가정을 이루고, 인생을 설계하지만, 아이 양육은 아이의 인생을 책임져야 하는 또 다른 큰 산입니다. 많은 사람들이 결혼을 하고, 맞벌이를 합니다. 그러다 보니 아침은 항상 전쟁터처럼 분주합니다. 밥을 먹이고, 옷을 입혀서 어린이집에 보내고, 출근을 해야 하는데 아이는 뒤척이기만 하고 일어나지를 않습니다.

오래전, 필자의 유소년기를 바라봅니다. 아버지는 아침 식사를 하기 전에 논밭에 나가서 일하시고 아침을 드셔야 할 때쯤 들어옵니다. 엄마는 아침밥을 짓고 우리를 깨워서 밥을 먹이고 학교에 보내야 하는데, 잠이 많은 우리는 일어나지를 않습니다. 그러다 보니 엄마는 부엌에서 큰소리로 빨리 일어나라고 소리치고, 이불을 개고 아침 먹고 학교 가라고 야단을 칩니다.

우리가 쉽게 일어나지 못하면 급기야 엄마는 방으로 뛰어 들어와서 이불을 확 걷으면서 손에 묻은 찬물을 얼굴에 튕기는 방법으로 깨우곤 했습니다. 찬물에 벌떡 일어나는 일들이 매일 반복되었고, 어른이 된 지금 생각해보면 엄마의 속이 얼마나 터졌을지 짐작이 갑니다. 당시에는 덜 깬 잠결의 찬 물기가 너무 싫었고, 날마다 부엌에서 큰소리치는 엄마의 잔소리가 싫었습니다.

내 부모에게 보고 배운 훈육 방법이 그대로 자식에게 대물림되고 있다

부모가 되고 보니 출근은 해야 하는데 일어나지 않은 아이를 깨우는 것은 보통 일이 아닙니다. 아빠가 되는 교육을 받지 못한 우리는 자연스럽게 우리의 부모를 닮아가고 있습니다. 그래서 필자는 좀 더 여유를 가지고 싶었습니다. 짜증스러운 목소리나 큰소리로 부르지 않고, 흔들어서 물리적으로 깨우지 않고, 아이가 기분 좋게 아침을 준비할 수 있는 방법을 저의 어린 시절에서 찾았습니다.

시간이 촉박하지만 일어나지 않은 아이의 침대에 함께 누워서 5분 정도 시간을 보내면서 스킨십을 통해 마음을 주고받았습니다. 큰소리로 부르지 않아도, 싫은 소리를 하지 않아도 아이를 깨울 수 있는 이 일은 아이가 중학교 1학년 때까지 계속되었습니다. 나처럼 부모의 짜증이 난 목소리로 출발하는 하루의 시작이 아니기를 바랐기 때문입니다.

"강요는 요구를 들어주지 않으면 벌이나 비난이 따르리라는 위험을 내포하고 있다. 이것이 우리 사회에서 가장 빈번하게 나타나는 의사표현 형태인데, 특히 힘이 있는 지위에 있는 사람들이 많이 쓰는 방법이다."

- 마셜 로젠버그(Marshall B. Rosenburg), 《비폭력 대화》

아이들은 부모가 화를 낼까 봐, 혹은 꾸지람을 듣지 않기 위해, 부모에게 잘했다는 칭찬을 듣기 위해, 아니면 부모의 미움을 사는 것이 겁이 나서 숙제를 하기도 하고, 청소를 하기도 합니다. 이런 아이를 보면서 부모는 대견해하고, 우리 아이가 착하게 자란다면서 일찍 철들었다고 대견해합니다. 하지만 꼭 그렇지만은 않습니다. 아이가 이러한 생활 패턴으로 일상생활을 하고, 그 생활이 습관이 되면 좋지만, 경우에 따라서는 칭찬에 목말라하고, 타인과 비교하게 되면서 착해야 한다는 생각에 떳떳한 자율성을 상실하게 되기도 합니다.

일찍 철이 든 것이 꼭 옳은 것은 아니다

하지만 이렇게 자란 아이는 타인의 눈치를 보고, 항상 열심히, 그리고 잘하고자 하는 강박관념이 생겨 어른이 된 이후에는 이 강박관념으로 인해 경우에 따라서는 더 비싼 수업료를 지불할 수 있습니다.

우리나라의 어린 축구선수들은 유럽의 어린 축구선수들과 실력에서는 별반 차이가 없습니다. 그런데 왜 성인이 되면 그 차이가 크게 나타나는 것일까요? 그것은 자율성과 창의력이 키워지지 못하고 항상 잘해야 한다는 강박관념에 길들었기 때문입니다.

아이들이 힘 있는 사람들 앞에서도 당당하게 자라서 자율성과 상호 배려의 자세가 습득되어 사회에서 가져야 하는 도덕적 관념과 책임성이 자연스럽게 몸에 밸 수 있으면 얼마나 좋을까요? 자라면서 자신의 행동에 대한 책임을 인정하게 되고, 그것이 바탕이 되어 자신의 행복과 다른 사람의 행복이 같은 선상에 있다는 것을 사회적 공동선에 바라볼 수 있게 성장한다면 얼마나 좋을까요?

우리는 우리 아이가 경쟁에서 이기고, 좋은 대학에 가서 좋은 직장에 취직하는 것을 바랍니다. 그래서 어떻게든 학군이 좋은 지역으로 이사를 꿈꾸고, 남들 한다는 과외는 어떻게든 시키려고 합니다. 이렇게 물심양면으로 뒷바라지를 하는 한편, 경제적으로 넉넉하지 않아서 하루하루의 삶이 팍팍하고, 집안에서 큰소리가 많아지고, 습관적으로 아이를 혼내는 일들이 반복됩니다.

아이를 잘 키우는 비법이 있을까요? 경제적으로 좀 더 여유롭다면 몸으로 날마다 때우지 않아도 될 일들이 많습니다. 아이에게 화내지 않고도 되는 일들이 많습니다. 이 책은 이렇게 매일의 삶 속에서 전쟁을 치르듯 하루하루를 보내는 40대분들이 경제적 자유를 얻어서 지치지 않고 웃음이 꽃피는 가정을 만들어가기를 바라는 마음에서 쓴 책입니다.

직장은 당신의 미래까지 책임져주지 않는다

당신의 직장은 안전한가요? 그 직장에서 언제까지 근무할 수 있나요? 언젠가 고용 안정성 조사에서 정규직 직장인의 과반수 이상이 불안감을 느낀다고 합니다. 앞으로 수명이 100살까지라고 하는데, 은퇴 후 내 인생은 어떻게 되는 것일까요? 65살에 은퇴를 한다 해도 여생이 30년은 족히 되는데, 어떻게 준비해야 할까요? 나와 처지가 비슷한 친구들은 이런 준비가 되어 있을까요? 월급이 꼬박꼬박 나오는 직장과 가정을 꾸리고 남부럽지 않게 살아왔다고 해도 승진에서 밀리면 남은 인생에 대한 두려움이 엄습해옵니다. 지금 정신 바짝 차리지 않으면 40대가 훌쩍 지나가버립니다. 정신을 차린다는 것은 직장의 안정성이 아니라 경제적으로 내 인생을 책임지는 준비를 말합니다.

지금 직장에 올인하고 있나요? 직장일은 지금까지 살면서 배운 일이고, 이 일을 통해서 자아 실현된 것이 현재의 잡(Job)이기 때문에 너무나 중요합니다. 옛말에 '한 우물만 파라'는 말은 나에게 지구력을 길러주고, 그 안에서 전문성을 키워주는 장점도 있지만, 인생에서 한쪽만 바라보고 달리는 것은 옛날 사고방식일 수 있습니다. 나이가 들어 힘이 떨어지면 한 방향만 고집한 융통성 없는 당신을 아무도 찾지 않으니까요.

30대는 인생을 설계하고, 40대는 인생을 리모델링하라

이 책을 집어든 당신은 어떤 사람일까요? 왜 부자가 되어야 하고, 왜 경제적 자유를 얻으려고 하나요? 그것은 인간의 욕구입니다. 저는 이 욕구를 포기하지 않기를 바랍니다. 돈이 있으면 행복해질 수 있는 선택의 길이 많이 있습니다. 아이를 아침에 큰소리로 깨우지 않아도 되는 환경을 만들어줄 수 있습니다.

월급만으로는 앞으로 살아갈 세상이 막막합니다. 아직 늦지 않았으니 도전해야 합니다. 부동산으로 당신의 미래와 가족의 행복을 만들어볼 수 있습니다. 이 책에는 40대 후반에 미래를 준비한 부동산 투자자였던 필자의 이야기를 담았습니다. 여러분들도 저와 함께 이 책을 통해 큰 부자는 아니지만, 경제적 자유를 얻어서 시간의 자유, 영혼의 자유까지 얻기를 바랍니다.

좌포 김종성

제2장 그래도 서울

제3장 30대에 10억 원대 자산가가 된 사람들

제4장 부동산 경매도 알고 보면 쉽다

제5장 부록

제1장

아빠,
집이
너무 좁아요

아이의 학교 길에
함께하는 부모

"아빠, 집이 너무 좁아. 전에 살던 집처럼 큰 집으로 이사 가면 안 돼? 집에 친구들 부르고 싶단 말이야."

어느 날, 표정이 시무룩한 아들이 정색하고 말하는 것이었습니다. 그동안 한 번도 이런 이야기를 한 적이 없는데, 초등학교 3학년이 되니 집이 좁다는 것을 알았나 봅니다. 순간 뭔가가 머리를 한 대 '쾅' 하고 때리는 것 같았습니다. 좁은 집이기 때문에 아들에게 친구들을 데리고 오지 말라고 했는데, 이제 한계에 온 것이었습니다.

필자는 그때도 지금처럼 부동산 경매와 관련된 카페(https://cafe.naver.com/ontherich : 좌포의 부동산 경매 더리치)를 운영하고 있었고, 그 카페에서 부동산 경매에 관한 강의를 하면서 전업 투자로 회원들과 전국을 돌며 임장을 하고, 낙찰을 도와주고, 시간을 쪼개어 명도를 함께 진행해주기도 했습니다. 그렇지만 아이가 학교에 갈 때는 항상 학교 앞까지 데려다주고, 끝날 때는 아무리 바빠도 학교 앞에서 기다렸다가 아이의 손을 잡고 집에 오면서 분식집에서 떡볶이도 사 먹고, 놀이터에서 그네를 타기도 하는 생활패턴을 유지했습니다.

아이가 학교를 마치고 학원을 돌고 집에 올 때쯤에는 어떻게든 아빠나 엄마가 집에 도착해 있어야 하는데, 아이가 먼저 집에 오는 경우가 많지요. 텅 빈 집으로 돌아온 아이들의 허전함과 외로움은 스스로 이겨낼 힘을 기르기는 하지만, 부모의 빈자리는 오랜 기억 속에 남아 있습니다.

필자는 아이에게 부모의 빈자리를 느끼지 못하도록 환경을 만들어주려고 최대한 노력을 했는데, 종종 아이의 눈높이를 놓칠 때가 있었습니다. 어쩌면 이 글을 읽는 독자들 중에도 아이들의 눈높이를 맞추며 행복을 가꾸고 싶어도 형편 때문에 그렇지 못한 사람들이 많을 것입니다. 필자도 맞벌이라서 쉽지 않았지만, 부동산 경매를 통해서 최대한 할 수 있는 형편을 만들었고, 그래서 다른 사람들보다는 아이가 크고 자라는 모든 일상을 함께 나눌 수 있었습니다. 아이의 등교와 하교는 많은 경우, 엄마나 할머니, 할아버지가 함께하지만, 저는 직장인이 아닌 투자자라 시간을 조절할 수 있어서 공무원인 아내 대신 아이의 등하교를 시켜줄 수 있었습니다.

〈조선일보〉의 한 칼럼에서 읽은 내용입니다.
결혼한 지 8년째에 접어드는 정씨 부부의 이야기로, 40대 초반인 남편은 대기업에, 30대 후반인 아내는 외국계 회사에 다니며 맞벌이하느라 아이를 돌볼 시간이 없었다고 합니다. 결국 한국에 일자리를 구하러 나온 조선족 아주머니가 아이를 돌보게 되었고, 한국어가 능숙하지 못한 조선족 아주머니는 아이와 의사소통이 제대로 이루어지지 않아, 아이는 부모님에 대한 원망만 쌓여갔다고 합니다. 처음에 부부는 아이와 함께해주지 못한 미안함을 장난감, 용돈 등으로 표현하며 '지금 열심히 벌어서 아이의 미래를 위해 투자하자'라는 생각으로 일했다고 합니다. 그런데 아이가 어린이집에서 왕따를 당하고 있다는 것이 아닌가요. 조선족 아주머니의 억양과 단어를 익히게 된 아이를 친구들이 놀린 것입니다. 또한, 아이는 여러 가지 활동을 할 때도 집중하지 못하는 모습을 보였다고 합니다.

열심히 일하고, 돈 버는 것은 가정의 행복을 위함인데, 괜찮을 줄 알았던 아이가 이 칼럼처럼 된다면 얼마나 마음이 아플까요? 어린 학생을 둔 학부모들의 마음은 다 똑같을 것입니다.

우리 집도 아이가 4살 정도 될 때 집에 와서 일을 봐주시는 할머니가 계셨습니다. 아침에는 제가 어린이집에 아이를 데려다주고, 오후에는 그 할머니가 아이를 찾아오곤 했지요. 그런데 그 할머니가 살짝 한쪽 발을 절고 계셨는데, 어느 날 우리 아들이 그 할머니 흉내를 내는 모습을 보게 되었습니다. 그 뒤로는 될 수 있으면 필자가 아이와 함께 시간을 보내도록 노력했습니다. 그것은 부동산을 통한 생활의 여유 때문에 가능한 일이었습니다.

맹모
삼천지고

아이에게 부정적인 "하지 마라"는 말을 쓰지 않았습니다

아이가 2살 때부터 5살 때까지 38평형 아파트에서 살았습니다. 그런데 거실에서 많이 뛰다 보니 아랫집 층간소음에 여간 신경이 쓰이는 것이 아니었습니다. 그래서 틈만 나면 아랫집 할머니에게 이것저것 사다 드리곤 했습니다. 아이를 어린이집에서 데리고 오면서 아파트 놀이터에서 놀다가 아랫집 할머니를 만나게 될 때마다 "고놈, 참 많이도 뛰대" 하시곤 했었습니다. 아랫집 할머니 할아버지께는 미안했지만, 충분히 양해를 구했습니다. 마침 그 집도 주말마다 손자들이 방문해서 우리 집 사정을 충분히 이해하고 계셔서 틈틈이 제철 과일들을 사다 드리면서 죄송한 마음을 전달했습니다.

저는 아이에게 집에서 뛰지 말라고는 말하지 않았습니다. 층간소음 때문에 거실 바닥에 매트를 까는 일도 하지 않았습니다. 어떻게든 아이에게 "하지 마라"는 말을 안 하도록 노력했습니다. 그 몫은 온전히 부모가 책임져야 할 몫이라고 생각했기 때문이었습니다.

아이가 부모 말을 듣지 않고, 제멋대로 하면 굉장히 속상합니다. 그래서 부모들은 아이에게 부정적인 감정이 섞인 말로 나무랍니다.

"그렇게 하지 말라고 했잖아. 왜 말을 안 들어?"
"그거 봐라. 내가 뭐라고 했어? 너는 진짜 말을 안 들어."
"왜 이랬다저랬다 해? 일관성이 있어야지."
"그거 봐. 내가 뭐라고 했어? 말 안 들으니까 그렇지?"
"하지 말라고 했잖아. 왜 그렇게 말을 안 들어?"

아이를 키우는 부모라면 누구나 말 잘 듣는 아이로 키우고 싶어 합니다. 하지만 필자는 이런 부정적인 표현을 쓰지 않으려고 노력했고, "하지 마라"는 말을 하지 않기 위해서 거실에서 뛰는 것을 막지 않았습니다. 그것은 공동생활을 하는 아파트에서 쉽게 가능한 일이 아니지만, 어떻게든 아랫집에 양해를 구해 아이가 말귀를 알아들을 나이가 될 때까지 지혜롭게 넘겼습니다. 자식이 하나여서 가능한 일이기도 했을 것입니다.

5년을 기다려야 하는 대기 순번 76번

2006년에 아이가 태어나고 주민등록번호가 나와서 삼성 어린이집에 접수를 했는데 대기 번호가 76번이었습니다. 그렇게 5년 만에 자리가 나왔다는 연락을 받았습니다. 이때 아이는 구립 어린이집에 다니고 있었는데, 그곳에서 넘어져 이가 두 번이나 부러진 일이 있기도 했고, 또 6살부터는 유치원으로 옮겨야 한다는 규정으로 이런저런 고민이 시작되었는데, 마침 연락이 온 것이지요.

삼성 어린이집은 여타 어린이집보다는 관리를 잘해준다고 하고, 식자재는 유기농산물로 식단을 짜며, 별도로 간호사 선생님이 상주한다는 이야기에 마음이 흔들릴 수밖에 없었습니다. 그래서 결국 살던 집을 공실로 놓아두고(금융위기가 온 때라 1년간 공실이 되었음) 삼성 어린이집이 있는 곳으로 이사를 하게 되었는데, 마땅한 집이 없어서 월세로 얻게 되었습니다. 그곳에서 아이가 7살이 되던 여름까지 살았으며, 함께 다니던 어린이집 친구들과는 지금도 연락을 하곤 합니다.

아이가 7살이 되어 서서히 학교 갈 준비를 해야 했습니다. 대안학교 설명회도 참여해보는 등 아이에게 좀 더 나은 환경의 학교에 보내고 싶었습니다. 많은 부모들이 그런 것처럼 저희도 어떻게든 안전하고, 공부보다는 건강하게 자랄 수 있는 환경의 학교를 찾았지만, 결론은 순리대로 할 수밖에 없는 현실 앞에서, 마침 몇 년 전에 낙찰받아 놓은 집의 세입자가 나간다고 해서 그 집으로 이사를 하게 되었습니다.

그 집은 44평형으로, 방이 4개여서 아내의 서재와 저의 서재를 따로 둘 수 있었고, 방 하나는 아이 놀이방(장난감 방)으로 사용을 할 수 있어서 아이에게는 너무나 좋은 환경의 집이었습니다. 아이가 이때 살던 집이 생각나서 넓은 집으로 이사를 가고 싶었나 봅니다.

무리하지 않으면
아무 일도 일어나지 않는다

　지하철역과 가까운 초역세권 아파트에 숲과 잘 정돈된 공원, 여러 개의 놀이터가 있고, 지상에는 차를 댈 수 없고, 주차장은 지하 2층까지 있는 너무나 살기 좋은 아파트였습니다. 이 아파트는 낙찰받아 전세로 놓았다가 아이가 학교에 갈 즈음에 이곳으로 이사해서 초등학교 1학년을 마칠 때까지 살았습니다. 이때 저는 40대 후반으로, 이때의 이야기를 풀어보겠습니다.

실거주 갈아타기의 꿈

　작은 물건을 입찰해서 낙찰받고, 매도까지 진행하다 보면 이제는 실거주 갈아타기 목적으로 물건을 찾아보게 됩니다. 특히나 40대에 접어들면 아이들 학교 문제를 심각하게 고민하게 되면서 사는 곳보다 상급지를 보게 되고, 아파트 평형도 넓혀보려고 열심히 물건 검색을 합니다. 이렇게 용기가 생길 때가 실거주 타이밍일 수 있습니다. 아이가 중학교에 가면 학교를 옮길 수 없거든요. 삶에 무리가 되어야 경계를 넘을 수 있습니다. 무리가 되지 않으면 아무 일도 일어나지 않습니다. 이때 부부가 머리를 맞대고 실거주 재테크에 도전해야 합니다.

단타로 종잣돈 파이를 키워야 한다

몇 번의 경매 실전 경험을 통해서 월급보다 많은 수익을 얻게 되면 경매 투자에 탄력을 받게 됩니다. 매도 차익을 얻는 방향으로 투자하기도 하고, 낙찰가격보다 높게 전세를 놓아서 무피 투자, 뿔피 투자로 수익이 생기기도 하고, 낙찰받고 월세를 놓아서 필자의 책《부동산 경매로 365일 월세를 꿈꾸는 사람들》처럼 현금 흐름을 좋게 하면서 종잣돈 파이를 키워 상급지로 실거주를 옮기는 도전의 시기가 40대입니다.

송파로 실거주를 옮긴 40대 초반 머니웨이 님

머니웨이 님은 40대 초반인 두 아이의 아빠입니다. 결혼하면서 성북구 종암동 쪽 언덕에 있는 아파트를 대출을 끼고 매입해서 실거주로 살았습니다. 아내가 어느 부동산 카페에서 공부하면서 검단 신도시 아파트를 분양받아 입주할 때, 서울 아파트는 전세로 주고 이곳으로 이사를 했지요. 그러는 과정에서 양주에도 분양을 하나 더 받았습니다. 어느새 아파트가 3개로 불어났고, 곧 부자가 될 꿈을 꾸었습니다.

2023년, 양주의 분양 아파트 등기에 따른 자금 압박과 더불어 검단의 물량 압박에 고민이 시작되었습니다. 검단이나, 양주 모두 물량이 엄청나게 많아서 이게 잘한 투자인지 고민이 깊어갔습니다. 또한 신혼 초에 아무 생각 없이 산 종암동 아파트도 돈을 벌어줄 것 같지 않아서 무늬만 아파트 3채일 뿐, 똑똑한 놈 하나 없는 것이 투자자인 머니웨이 님의 큰 고민거리였습니다. 이렇게 고민이 깊어갈 즈음에 머니웨이 님이 연회원 상담을 신청한다고 하면서 맛있는 케이크 한 상자를 사서 제가 사는 청라로 왔습니다. 결론은 모든 집(분양권까지)을 다 팔고 똑똑한 한 채, 특히 2023년은 서울 실거주 타이밍이니 서울로 실거주 재테크를 하라고 권유했습니다.

이때부터 머니웨이 님의 매도와 매수 프로젝트가 진행되었고, 다행히도 검단 아파트는 1억 원 이상을 남기고 팔 수 있었으며, 서울 아파트와 양주 분양권(2023년 8월 입주)도 모두 처분하게 되었습니다. 그런 과정에서 송파에 급매로 나온 집 하나를 잡아 2023년 8월에 이사했습니다. 1층이 2022년에 14억 원에 거래되었던 단지인데, 좋은 층을 10억 원이 조금 넘은 돈으로 구입했으니 하늘이 머니웨이 님 편이었나 봅니다. 2023년 하락장을 제대로 이용한 케이스가 되었습니다. 대단한 결단력이었습니다. 많은 사람이 하락장이라고 망설이고 투자 세계를 떠나고 있었지만, 머니웨이 님은 이런 시장을 적절히 잘 이용했습니다. 비록 필자의 조언을 들었다고 하지만, 필자의 조언이 정답일 수만은 없습니다.

'검단을 좋게 보고 있는 사람들이 많은데 꼭 팔아야 할까? 작년만 해도 온 동네가 공사판이었는데 지금은 상가도 입점이 많이 되었고, 젊은 사람들이 많아서 활기찬 도시로 바뀌었는데 꼭 팔아야 할까?'라고 생각하면서 망설일 수 있었을 것입니다. 또한 '양주 신도시는 조만간 서울 지하철 7호선이 들어오고, GTX가 들어오는 호재만 남아 있는 곳인데 이것을 팔라고?'라고 생각하면서 필자의 의견에 동의하지 않을 수도 있었습니다.

인천 서구에 있는 검단 신도시도, 양주 신도시도 인구가 불어나는 도시이기 때문에 사람들은 투자처로 권유하고 있고, 머니웨이 님의 아내도 다른 부동산 카페에서 투자 유망 지역이라고 추천을 받아 투자한 곳인데, 필자는 팔라고 했으니 고민이 깊을 수 있었음에도 불구하고 과감한 실행력을 보인 것입니다. 개별적 상황에 집중하면 모든 것이 아쉽고, 그 안에 사연들이 있어 쉽게 판단할 수 없습니다. 개별적 특징을 종합해서 결론에 따른 이익을 생각해봐야 합니다. 즉 상승기에 확실히 올라주고, 하락기에 덜 떨어지면서, 아이들 학교까지 생각하는 똘똘한 한 채가 가져다줄 결론에 동의한다면, 그렇게 움직이는 것이 현명한 결정입니다. 그렇게 해서 머니웨이 님은 40대 초반에 강남 3구로 진입할 수 있었고, 10억 원대 자산가가 되었습니다.

머니웨이 님은 부동산을 3개 처분해도 송파로 갈 돈이 안 되었습니다. 부모님 도움을 안 받고, 청년기 때부터 모은 종잣돈으로 종암동부터 출발했던 부동산 투자가 40대 초반에 10억 원대 자산으로 돌아온 것은 불안과 두려움, 도전과 희망이 공존했던 부동산 투자였기 때문에 가능했습니다. 앞으로 월급의 상당 부분은 이자로 빠져나갈 것입니다. 이것 또한 무리가 아니냐고 반문하는 사람들이 있을 것이고, 이것이 무서워서 투자 대열에 참여하지 못하는 사람들이 대부분입니다. 삶에 무리가 되지 않으면 아무 일도 일어나지 않습니다. 많은 사람은 '만약 아파트값이 내려가면 어떻게 하려고?' 하고 생각할 것입니다. 맞는 말입니다. 그래서 사람들은 무리를 안 하려고 합니다.

머니웨이 님 아내인 스윗홈 님은 머니웨이 님보다 먼저 필자가 운영하는 카페에 왔습니다. 아이를 출산하고 100일을 막 넘긴 추운 겨울날, 검단에서 서울역 강의장까지 찬 바람을 이겨내며 다녔고, 언젠가 한 번은 필자가 집까지 데려다준 적도 있습니다. 많은 곳이 공사판이었고 길은 어두웠습니다. 이런 환경을 극복하고 경매를 배워보고자 아이들은 친정엄마에게 맡기고 저녁 늦게까지 다녔던 것입니다. 이렇게 무리해서라도 도전해야 무엇이라도 만들어낼 수 있습니다. 무리해서 송파로 실거주를 옮겼지만, 아파트가 오를 것이라 믿었기에 행동할 수 있었습니다. 매달 내야 하는 이자보다 훨씬 많이 오를 집값에 인생 열차를 탑승한 것이죠.

40대,
삶의 지형을 바꿀 꿈을 꿔라

40대에는 꿈을 이루기 위한 투자는 피드백이 필수다

여러분들은 어떤 꿈을 꾸고, 그 꿈을 이루기 위해서 어떤 도전을 하고 있나요? 그리고 그 도전에 따른 어떤 두려움이 있나요? 지난 세월을 뒤돌아보면 10대는 꿈을 꾸며 자신을 키워가는 시간이었다면, 20대에는 남자들은 군대와 학업, 취업 등 진짜 정신없이 살아낸 나이라고 할 수 있습니다. 30대에 접어들면서 결혼도 하고, 가정이라는 공동체를 만들면서 새로운 세상 속에서 사회구성원으로서 책임과 의무, 보편적 가치를 위해 눈을 뜨게 되고, 40대는 본격적으로 자기중심의 울타리를 형성하고 평생 먹고살아야 하는 머니파이프를 만들어야 하는 시기입니다.

40대가 되어서 뒤돌아보면 열심히 살아왔는데 돈이 없다는 것을 실감하게 됩니다. 정신없이 회사 생활을 했는데 40대 후반에 가면 지속 가능한 일자리가 아니라는 것도 느끼게 됩니다. 그래서 40대에는 필연적으로 내 집 마련을 해서 주거 안정을 이루고, 더 나아가 아이들에게 이사로 인한 불안함을 덜어주어야 합니다. 그런데 이것이 그리 쉬운 것이 아닙니다. 그래서 40대에 내 소박한 꿈을 이루기 위해 투자 피드백을 받고, 수정하며, 전진하면서 도전해야 합니다. 결코 망설일 만한 시간이 없습니다.

《마흔 수업》에서 김미경 작가는 "마흔이 되면 괜찮아질 줄 알았다. 30대에 시달렸던 불안과 초조함, 타인과 비교하면서 느끼는 열등감도 한결 잦아들 줄 알았다. 커리어도 탄탄해지고, 무엇보다도 내 인생이 '안정'될 거라 믿었다. 경제적으로도 조금 더 여유롭고 마음도 단단해져서 쉽게 흔들리지 않으리라 믿었다"라고 이야기합니다. 동의하시나요?

필자는 46살에 결혼을 했고, 그때부터 부동산 투자를 시작했습니다. 그리고 50살이 될 즈음에 전업 투자자가 되었고, 대출을 끼긴 했지만 내 집 마련을 했습니다. 그렇게 시작한 부동산 투자로 경제적·시간적 자유를 얻었습니다. 아무튼 이때 필자는 38평 자가 아파트에서 살고 있었지만, 아이가 초등학교에 갈 때를 생각하면서 좀 더 크고, 좀 더 넓고, 좀 더 안락한 생활을 하고픈 욕구가 마음 한쪽 구석에서 꿈틀거렸고, 이런 꿈을 경매를 통해서 이루어보고자 했습니다. 그때, 복층 아파트가 경매로 나왔습니다. 복층 아파트는 부자들이나 살 수 있는 아파트라 구미가 당기고, 또 많은 사람이 한 번쯤 꿈꾸어보는 주거공간이기도 했으니까요.

필자 : *여보, 우리 집 좀 옮겨볼까?*
아내 : *어디로?*
필자 : *중계동에 집이 하나 나왔는데 우리도 그쪽으로 이사하면 어떨까?*

아내 : 여보, 이쪽으로 이사 온 지도 얼마 안 되었잖아. 지금 사는 집이 친정도 가까워서 아이 맡기기에 좋은데, 더군다나 전철역이 가깝고 직장도 가까운데 옮겨야겠어?

필자 : 그렇기는 해. 그래도 중계동으로 가면 나중에 집값이 많이 오르지 않을까? 그리고 복층이라서 혹시 장인, 장모님이 연세 드셨을 때 우리가 모실 수도 있을 것 같아.

아내 : 얼마인데?

중계동 복층 아파트라는 말에 아내가 급호감을 보이네요. 중계동은 서울의 세 번째로 큰 학원가가 있는 곳입니다. 서울에는 크게 세 곳의 학원 중심 도시가 있는데, 바로 강남구 대치동, 양천구 목동, 노원구 중계동이 입시학원의 메카라서 집값이 오를 수 있는 조건(**'제5장·부록 Tip 1. 집값이 오를 수 있는 조건들' 참고**)을 갖춘 지역이기도 했습니다. 서울의 강북 쪽으로 지칭되는 '노도강(노원구, 도봉구, 강북구)'에서 가장 유망 지역 중 하나가 중계동입니다. 이쪽은 다른 지역과 달리 아파트 가격이 비싸고 매매도 잘 이루어지는 곳이며, 많은 사람들이 관심을 가지고 있는 지역 중 하나입니다. 이런 고민을 하고 있을 때 서울시 노원구 중계동의 복층 아파트가 경매로 나온 것입니다.

경매 초보자의 시선

필자는 이 물건과 그리 멀지 않은 곳에 살고 있어서 몇 차례 임장하면서 입찰에 대한 확신을 하게 되었고, 틈만 나면 그곳을 방문(대략 10번 정도 가서 아침 일찍 학생들 등교 상황을 점검해보고, 저녁 늦게 가서 주차 상황 등을 점검해보고, 그곳에서 마을버스를 타서 전철역까지 시간을 계산해보고, 도보로 지하철역까지 걸어가 보았습니다)했으며, 꼭 입찰해서 낙찰받고 싶었습니다.

필자가 투자 상담을 받을 때면, 많은 분들이 "이 물건을 꼭 낙찰받고 싶다"라는 이야기를 많이 합니다. 그럼 저는 "왜요?"라고 질문을 합니다. 그러면 대다수의 분들이 "너무 좋아 보여요. 수익도 괜찮을 것 같고요"라고 대답합니다. 필자는 이럴 때마다 "경매 물건을 짝사랑하지 마세요"라고 말하지요. 필자도 과거에는 이와 똑같았습니다. 지금이야 특별한 경우가 아니면 복층 아파트를 선호하는 경향이 좀 덜 하지만, 그때는 부자들이나 살 수 있는 복층 아파트는 그저 부러움의 대상이었거든요. 그런 아파트를 낙찰받고 아이들과 함께 사는 것을 상상하는 것만으로도 행복한 꿈이었으니까요. 그런데 그만 경매 기일이 변경되었습니다.

한 번이라도 살아보고픈 40평대 아파트

비록 변경되었지만, 경매의 끈을 놓지 않고 계속 경매 물건을 검색하다가 입지가 좋은 물건을 발견했습니다. 이 물건은 한 단지에 화요일에 입찰하는 물건이 3층, 수요일에 입찰하는 물건이 7층으로, 2개가 나와서 필자는 아내와 함께 아이 손을 잡고 임장 길에 나섰습니다. 막 가을이 접어든 아파트 단지에 단풍이 시작되었고, 시원한 바람 소리와 상쾌한 공기가 좋아 철모르는 아이는 소풍을 나온 것처럼 뛰면서 좋아했습니다. 아파트 옆으로 난 산책길에 놀이터가 있었는데, 아이는 그곳에서 나올 줄 모르고 노는 것에 푹 빠져 즐거워했습니다. '이번에는 물건이 2개니 그중에 하나는 꼭 가지고 와야지'라고 다짐해봤습니다.

아파트는 산을 끼고 있었고, 단지 안의 잘 지어진 정자, 연못에서 놀고 있는 물고기, 정리 정돈이 잘된 정원을 보면서 마치 부자가 된 느낌이 들어 기분이 들뜬 임장이었습니다.

여기서 잠깐, 임장을 할 때 꼭 명심해야 할 사항이 하나 있습니다. 주차 시설을 염두에 두고 살펴봐야 합니다. 주차 시설이 협소해서 별도의 주차비를 월 관리비에 포함하는 경우가 있고, 1대는 무료이지만 2대부터 요금이 부과되기도 하기 때문입니다. 늦은 저녁에 임장을 가보면 2중으로 주차가 되어 있는 것도 확인할 수 있습니다. 오래된 아파트의 주차 칸이 좁아서 주차한 후에 문을 열고 나오기도 힘들고, 오피스텔의 경우 기계식 주차 시설일 때가 있어 여성들이 주차에 어려움을 겪기도 합니다. 이 아파트는 차량이 2대까지는 무료이고 3대째부터는 월정액의 사용료를 받고 있었고, 지하 1층은 그런대로 차가 많이 차 있었지만, 지하 2층은 주차 공간이 넉넉한 편이며, 엘리베이터가 지하 2층 주차장까지 연결되어 있어서 시장을 본다든지, 옮겨야 할 짐이 있을 경우에도 편리하게 되어 있었습니다. 임장할 때 이를 꼭 체크해야 합니다.

① 임장은 가족이 함께

우리 세 식구가 임장 길에 나섰습니다. 단지를 돌아보고, 아파트 앞에서 식사도 하고, 많은 시간을 소풍 나오듯이 임장했습니다. 토요일 오후라 관리실은 사람이 없어 미납관리비를 확인할 수 없어서(전화로 확인할 수 있음) 부동산 중개사무소를 방문했습니다. 부동산 경기가 좋지 않은 시기에 가족이 부동산 중개사무소를 방문하니 이곳에서는 실거주 할 곳을 찾는 손님으로 생각하고 친절하게 지역 브리핑을 해주었는데, 그때 알고 지낸 공인중개사님과는 지금도 안부를 전하는 사이입니다. 이때를 경험으로 임장을 갈 때 가급적이면 가족이 함께 움직였고, 그렇지 않을 경우에는 여성분들과 임장을 가게 되었습니다. 많은 분들이 남자보다는 여성분들에게 더 호의적이고 경계심을 덜 가지며, 경우에 따라서는 부부로 보기 때문에 경매로 나온 집도 쉽게 내부를 볼 수 있습니다.

② 입찰할 때는 잔금 대비를 해야

미국발 금융위기로 10월이면 대출 규제(DTI)를 한다는 이야기가 있어서 이번 타이밍을 놓치면 기회가 쉽게 오지 않을 것으로 예상되니 조급해지기까지 했습니다. 그래서 일단 3층을 입찰해보기로 했습니다. 대출이 막히면 낙찰받아도 잔금을 납부하기가 어렵고, 그러면 입찰 보증금을 날릴 수 있어 경매에서 대출은 아주 중요합니다. 전세를 끼고 아파트를 살 때는 매매대금에서 전세금을 뺀 금액만 준비하면 되지만, 경매는 일단 모든 돈을 준비해야 하거든요. 그래서 입찰하기 전에 충분히 잔금에 대한 대비를 한 후에 입찰해야 합니다. 필자가 입찰했던 2009년 이후에 대출 규제가 생겼는데, 대표적으로는 DTI(총부채상환비율), LTV(담보인정비율), DSR(총부채원리금상환비율)로 세 가지('제5장·부록 Tip 2. 대출을 정복하면 경매를 정복한다' 참고)가 있습니다.

③ 입찰 보증금은 최저가격의 10%, 수표 한 장으로 준비해야

| 서울특별시 ███████████크빌 503동 7층 703호
[대지권 57.487㎡. 건물 114.82㎡ / 토지별도등기있음] | 650,000,000
520,000,000 | 매각
(80%) | 2009.09.15
(10:00) |
| 서울특별시 ███████████크빌 507동 3층 303호
[대지권 57.487㎡. 건물 114.82㎡ / 토지별도등기있음] | 650,000,000
416,000,000 | 매각
(64%) | 2009.09.14
(10:00) |

(출처 : 옥션원)

7층을 잡으면 좋고, 그렇지 않으면 3층을 꼭 잡아야겠다고 마음을 먹었습니다. 감정가격은 같은데 9월 14일 것은 64%가 최저 매각가격이고, 9월 15일 것은 7층으로 80%가 최저 매각가격이었습니다. 이때 많은 사람들이 7층도 한 번 더 유찰될 것이라고 짐작했지만, 3층이 낙찰되고, 낙찰 금액이 얼마냐에 따라서 7층도 80%에 입찰이 진행될 수 있습니다.

경매는 현실입니다. 경매 나온 집을 보러 갔다(임장)고 해서 문을 열어주는 사람도 없고, 사는 사람이 자기는 누구라며 찾아온 사람을 따뜻하게 맞아주지도 않습니다. 어떤 물건은 낙찰을 받고, 낙찰받은 내가 임차인의 보증금을 물어줄 수도 있기에 굉장히 조심해야 합니다. 이런 이야기를 누가 친절히 알려주는 사람도 없고, 또 누가 설명해준다 한들 그 말에 책임을 지지도 않습니다. 그럼 경매를 어떻게 하냐고 걱정이 될 수 있지만, 경매는 진행 절차에서부터 민법에 따른 권리분석, 주택 임대차 보호법에 따른 임차인 분석을 하면 됩니다. 이는 누구나 할 수 있습니다. 또 잘 모르는 부분은 전문가의 도움을 받아서 하면 됩니다.

입찰할 때는 최저가격의 10%를 입찰 보증금으로 준비해야 합니다. 이때 현금으로 가지고 가도 되지만, 되도록이면 수표 한 장으로 준비하면 좋습니다. 어떤 사람은 현금을 가지고 오는데, 그러면 그 돈을 확인해야 하는 시간이 오래 걸리고, 단돈 만 원이라도 부족하면 낙찰이 되어도 패찰되기 때문에 될 수 있으면 그 전날에 수표 한 장으로 발권받고, 그 수표 뒷면에 본인을 확인할 수 있는 이름과 전화번호, 경매 사건번호를 써놓으면 좋습니다. 그리고 수표 앞뒤를 사진 촬영해놓았다가 혹여 분실할 경우 찾을 수 있는 방도를 준비해놓으면 좋습니다. 필자는 이렇게 해서 3층에 입찰할 입찰 보증금 4,146만 원을 수표 한 장으로 준비했습니다.

낙찰받다

① 3,000만 원 내려서 쓴 입찰가격

입찰하러 법원에 갔는데 사람이 얼마나 많은지 인산인해였습니다. 나이 드신 어르신부터 아이를 업고 온 젊은 부인까지 많은 사람으로 붐볐습니다. 저는 입찰 용지를 받아 들고 주차장으로 갔습니다. 이미 집에서 입찰서를 써 가지고 왔고, 도장과 인주(항상 차 속에 비치해놓음)도 차에 있기에 다시 한번 사람들 없는 곳에서 천천히 입찰가격을 고민해봤습니다. 두근거리고 떨림이 멈추지 않았습니다. '몇 사람이 들어올까?', '경매 법정 안에서 경매 서류를 보는 사람들이 몇 명이나 될까?', '경매 법정 게시판을 주시하는 사람이 몇 명일까?' 이런 것들은 잠재적 입찰 경쟁자를 파악하는 방법('제5장·부록 Tip 3. 경매 입찰장에서 경쟁자 파악하기' 참고)인데 필자는 그냥 무시하기로 했습니다. 오늘은 연습 삼아 입찰하고 내일 7층이 진짜이기 때문이었지요. 그래서 준비해온 입찰서를 찢어버리고 3,000만 원을 내려서 입찰서를 다시 써서 제출했는데, 낙찰이 되었습니다.

② 경락잔금 대출 딜러들과의 관계

법원마다 많이 바뀌기는 했지만, 입찰장 앞에는 대출을 소개해주는 딜러분들이 낙찰자에게 대출 명함을 나눠줍니다. 이때 연락처를 물어보는 딜러분에게 주저하지 말고 편하게 알려주면 대출에 많은 도움이 됩니다. 그런데 이곳저곳에서 너무 디테일하게 대출 견적만 받아 가격을 깎으려고 하면, 이쪽 바닥에 이름이 돌아 대출을 진행해주지 않을 수도 있습니다. 오래된 이야기지만, 한 회원은 모든 대출 딜러들에게 대출 견적을 받으면서 조정하다 보니 나중에 이 회원의 이름이 대출 딜러들 간에 공유가 되었고, 피곤한 사람이라는 소문이 돌아서 대출받는 데 고생을 하기도 했습니다.

부동산 투자를 하는 사람들은 이런 돈은 깎으면 안 됩니다.
① 부동산 중개 수수료 - 양도소득세 낼 때 필요비로 인정받음.
② 법무사 수수료 - 등기 이전과 인도명령 신청비용도 양도소득세 필요비로 인정받음.
③ 인테리어 비용 - 양도소득세 인정 항목은 양도소득세 필요비로 인정받음.

터무니없는 가격이면 조정할 필요가 있지만, 그렇지 않을 경우에 필자는 계산된 금액 외에 별도로 얼마를 더 줍니다. 그 비용은 나중에 관계만 유지된다면 어떤 형태로든 나에게 이익으로 돌아옵니다. 필자는 이때 알게 된 딜러분들과 지금도 연락하고, 낙찰받은 물건의 대출을 의뢰하기도 합니다. 이분들이 돈을 벌어주는 사람들입니다.

3층이 낙찰되었으니 내일 진행할 7층은 입찰을 포기할 수밖에 없었습니다. 그래도 집에서 써온 입찰서를 찢어버리고 3,000만 원이나 내려서 썼기에 다행이었습니다. 다음 날 7층도 낙찰되었습니다.

서울특별시 ▓▓▓▓▓▓▓▓▓▓▓▓크빌 503동 7층 703호 [대지권 57.487㎡, 건물 114.82㎡ / 토지별도등기있음]	650,000,000 520,000,000 583,300,000	매각 (80%) (90%)	2009.09.15 (10:00)
서울특별시 ▓▓▓▓▓▓▓▓▓▓▓▓크빌 507동 3층 303호 [대지권 57.487㎡, 건물 114.82㎡ / 토지별도등기있음]	650,000,000 416,000,000 531,999,000	매각 (64%) (82%)	2009.09.14 (10:00)

(출처 : 옥션원)

7층은 필자가 낙찰받은 것보다 5,000만 원 이상의 차이로 낙찰되었습니다. 필자의 낙찰가격이 감정가격 대비 80%를 넘겼기 때문에 최저가격이 64%에서 진행되었음에도 불구하고 입찰자가 많이 몰렸습니다. 제가 5억 원을 넘긴 것이 더욱 경쟁을 붙인 것이라는 생각이 들었습니다. 7층과 3층은 나중에 팔 때 가격 차이가 나겠지만, 그 차이가 5,000만 원 이상은 아닐 것 같다는 생각에 그래도 잘 받은 가격이라고 스스로 위로했습니다. 여기에서 경매도 전략이 필요하다는 교훈을 얻었습니다. 남들이 보기에 좋은 층, 향만 고집하지 말고 약간은 하자 있는 물건, 살기에는 별문제가 없으나 선호도가 조금은 떨어진 물건을 싼값에 낙찰받는 전략도 생각해볼 필요가 있습니다. 그럼 이후의 경매 과정도 살펴볼까요?

③ 경매 사건 기록 열람

낙찰받고 법원 근방에서 점심을 먹었습니다. 그리고 경매 사건이 끝나기를 기다렸다가 오후 4시경에 민사 집행과로 가서 경매 사건 기록 열람 및 복사 신청을 했습니다. 그런데 사건기록을 열람하러 왔다고 하면 신청서를 작성하라고 하는 계장님도 계시고, 꼬치꼬치 질문을 하는 계장님도 계십니다.

낙찰자 : *(사건번호를 이야기하면서)* 서류 열람과 복사를 하려고 왔습니다.

담당자 : 무슨 기록을 보시려고요? *(이렇게 질문합니다. 순간 당황해서 말을 이어갈 수 없는 경우도 생깁니다.)*

낙찰자 : 점유자 연락처 같은 것을 확인해보려고요.

담당자 : 연락처는 없을 거예요. 안 적혀 있을 거예요. *(이렇게 말하기도 합니다.)*

낙찰자 : 그래도 이것저것 체납세금이나 확인할 게 있을 것 같아서요.

담당자 : 이것 작성해오세요. *(신청서 서류를 주면서 작성해오라고 합니다.)*

입찰 법정에 가는 것만도 떨리는데 공무원이 꼬치꼬치 물어보면 긴장될 수밖에 없으나, 하나도 긴장할 필요가 없습니다. 그냥 절차일 뿐입니다.

사건기록을 보면 경매 진행의 전 과정 중에 오고 간 서류들이 있습니다. 경매 신청한 사람의 경매 신청서부터 시작해서 대출을 받았다면 대출 서류까지 다 있습니다. 여기에 배당요구를 한 배당요구서와 등기부등본에서 확인을 못 한 미납세금까지 다 확인할 수 있습니다. 임차인의 경우 임대차 계약서도 들어가 있고, 배당요구서도 볼 수 있어서 연락처를 파악할 수 있습니다. 다만 최근에는 인적사항이 적혀 있는 서류를 개인정보 때문에 빼고 주는 경우도 있습니다. 하지만 입찰자들의 입찰서나 전차에 미납했던 물건이라면 그때 낙찰받은 사람의 입찰서도 볼 수 있습니다. 입찰서에는 그분의 연락처도 있어서 혹시 왜 미납했을지 궁금하다면 좋은 정보가 되겠지요.

저는 서류를 열람하면서 메모를 했습니다.

• 점유자 연락처 - 저는 이 서류에서 점유자의 연락처를 확보했습니다.

- 채권자 연락처 - 채무자와 연락이 안 되면 채권자를 찾아가서 물어보려고 메모했습니다.
- 세금 체납 내역 - 소유자가 점유자라서 별문제가 없지만, 임차인이 있을 경우 임차인보다 우선배당이 되는 당해세와 법정기일이 빠른 세금은 확인해야 합니다.

명도에 도움이 될 만한 서류는 복사를 할 수 있는데, 이때 개인정보가 들어간 서류는 비록 복사했어도 주지 않습니다. 또한 서류를 사진 찍지 말라고 하기도 합니다. 그래서 명도에 도움이 될 만한 사항은 메모하면 도움이 될 수 있습니다.

임차인은 대항력이 있든, 없든 임대차 계약서를 법원에 제출하면서 배당요구를 합니다. 그 계약서에 임차인의 연락처가 기재되어 있으니 낙찰 후 해당 부동산에 바로 찾아가서 임차인을 만나려고 하지 마시고, 임대차 계약서를 열람해서 연락처를 확보하면 쉽게 연락할 수 있습니다. 다만 경매 서류는 아무나 열람을 할 수 없고, 이해관계인('제5장·부록 부동산 경매 공부 2. 경매 사건 서류를 열람할 수 있는 이해관계인의 범위' 참고)만 열람이 가능합니다.

낙찰자는 이해관계인이 되어 경매 사건의 기록물을 열람할 수 있습니다. 단, 당일 경매가 진행되고 있기 때문에 서류 열람이 바로 안 될 수도 있으며(서류가 경매 법정으로 내려가 있어서 당일 진행하는 경매가 모두 끝난 후 민사집행과로 옮겨온 후에 열람이 가능), 대략 오후 4시 정도에 방문하면 서류를 확인할 수 있습니다.

낙찰 이후의 과정
① 역임장 – 관리실에서 점유자 파악하기

낙찰받고 바로 서류를 열람해 점유자의 연락처를 확인한 후, 낙찰된 집을 방문했습니다. 우편물은 쌓여 있었지만, 집 안에서 강아지 소리가 나는 것으로 봐서 빈집은 아닌 것으로 판단되었습니다. 이렇게 점유자를 못 만날 경우, 관리실에 가서 낙찰받은 사람이라고 말하고, 점유자 사항을 체크해볼 수 있습니다. 일반적으로 아파트에서는 입주자 카드를 작성하도록 하고, 그곳에 전화번호가 기재되어 있습니다. 그렇지만 아파트 관리실 입장에서는 쉽게 전화번호를 알려줄 수 없다고 말하는 경우가 많아서 제 전화번호를 주면서 연락해달라고 하면 그 자리에서 점유자에게 전화해서 바꾸어줄 수도 있고, 자신의 전화번호를 전달해서 전화가 오도록 할 수도 있습니다. 제 경우, 이미 전화번호를 확보했지만, 관리실에서 점유자에게 연락해서 통화를 하고 싶다고 전한 후 통화를 하고, 전화번호도 받았습니다. 전화번호만 받아도 명도는 절반 정도 끝난 것입니다.

관리실을 방문하는 또 다른 이유는 밀린 관리비를 확인하기 위함입니다. 관리비가 많이 밀려 있으면 관리실에서는 낙찰자에게 받으려고 협조를 잘하기도 하고, 점유자와 껄끄러운 관계에 있으면(관리비 독촉으로 다툼이 있는 경우), 정보를 알려주고 싶어도 뒤탈이 날까 봐 알려주지 않는 경우도 있습니다. "이 아파트는 차가 몇 대까지 무료로 주차가 가능하나요?"라고 질문하면, 관리실에서는 "2대까지는 가능하지만 3대인 경우, 1대는 관리비에 주차요금이 포함됩니다"라고 대답한다고 가정합시다. 이때 "그럼 이 집은 차가 2대이니까 주차비는 관리비에 추가되지 않았겠네요?"라고 질문을 던지면 엉겁결에 "네, 그 집은 차가 2대가 있어서"라는 말을 들을 수 있습니다. 그런 정보를 얻은 후에 주차장에서 차량을 찾아보면(해당 동 부근에 주차가 되어 있을 것으로 예상) 1대보다는 2대여서 쉽게 찾을 수 있고, 차량에 붙어 있는 소유자 전화번호를 확보할 수 있습니다.

② 역임장 – 주위 부동산 중개사무소 방문하기

관리실에서 점유자와 통화도 하고, 연락처도 확인되어서 그 동네 부동산 중개사무소로 발길을 돌렸습니다. 임장할 때와 낙찰받고 난 이후의 부동산 중개사님의 태도가 조금 다르기 때문이었습니다. 그런데 한 중개사무소에서 그 집을 본인들이 구입해주었고, 경매 넘어가기 전에 자기들에게 매물로 내놓았다는 것입니다. 그래서 이곳에서 점유자의 중요한 정보를 얻을 수 있었고, 명도 후에 매도나 임대에 협조를 부탁드렸더니 꼭 자기들에게 물건을 내놓으라고 하더군요.

이처럼 낙찰받은 이후에는 될 수 있으면 역임장('제5장·부록 Tip 4. 명도를 준비하기 위한 역임장(지역이 먼 곳을 낙찰받았을 경우)' 참고)을 하는 것이 좋습니다.

③ 대출의 암초 – 토지 별도등기

이 아파트는 서울시 노원구에서 우수관 시설물의 관리를 목적으로 구분 지상권이 설정되어 토지 별도등기가 되어 있었습니다. 은행을 방문하니 이것 때문에 대출이 어렵다고 합니다. 당시, 필자는 사업을 하고 있었고, 주거래은행에서 대출을 받을 수 있을 것으로 예상했는데, 거래은행에서 대출에 부정적이었기에 무척 당황스러웠습니다. 필자는 이때 처음으로 경락잔금이라는 것을 알았습니다(2023년 현재는 경락잔금 대출도 일반 대출과 똑같습니다. 즉, 경락잔금의 특혜가 없다는 것입니다). 또한, 경락잔금대출은 은행마다 취급하는 것이 아니라, 이를 전문적으로 취급하는 금융기관이 있다는 것을 알게 되었습니다. 물론 대출은 상품이기 때문에 대출을 전문적으로 취급하는 법무사나 대출 딜러분들과 인맥을 형성하면 좋은 대출 상품을 소개받을 수도 있습니다.

어쨌든 앞의 이야기로 돌아가서 대출을 믿고 아무런 준비가 없는 상태여서 무척 당황스러웠습니다. 법원에서 낙찰받고 나올 때 여러 사람이 준 명함이 생각이 나서 명함에 있는 번호로 전화를 걸었습니다. 그리고 그중 한 분과 연결되어서 어렵게 대출을 실행했습니다. 그때 만난 대출 딜러분은 지금까지 연락하고 있고, 한때는 필자가 운영하는 강의장 한쪽에 칸을 막아서 대출 사무실로 쓰기도 했습니다.

④ 투자자에게 레버리지는 필수

많은 사람이 대출에 대해 막연한 두려움, 거부감을 가지고 있습니다. 그런데 투자하는 사람에게 대출은 필수조건입니다. 부모님으로부터 '빚을 지면 안 된다'라고 어려서부터 들은 사람들은 대출에 대한 부정적인 생각이 아주 강합니다. 그런데 투자자가 되려면 일단 소비성 대출과 생산성 대출을 구분해볼 필요가 있습니다.

롭 무어(Rob Moore)는 《머니 - 새로운 부의 법칙》에서 "레버리지는 더 적은 것으로 더 많은 것을 성취하고, 더 적은 돈(혹은 타인의 돈)으로 더 많은 돈을 벌고, 더 적은 시간(혹은 개인 시간을 덜 들여서)으로 더 많은 시간을 얻고, 더 적은 노력(혹은 개인적인 노력을 덜 들여서)으로 더 많은 성과를 내는 것이다. 대부분의 사람들은 더 열심히 일하면 더 많은 돈을 벌게 될 것이라고 믿고 있다. 생계를 유지하기 위해 열심히 일하고 희생을 한다. 사는 것은 당신의 권리이지만 가치 있는 삶을 살아야지 돈을 벌기 위해서만 살아서는 안 된다"라고 말합니다.

　사람들은 많은 돈을 벌어 부자가 되고 싶어 합니다. 그런데 부자가 되기 위해서는 부자들이 쓰는 언어, 생활습관을 배워야 하는데 그것을 배우기가 쉽지 않습니다. 그럼 간단하게 부자가 되기 위해서 피해야 하는 생활의 습관을 한번 살펴볼까요?

⑤ 진정한 부자들의 마음가짐

　많은 사람이 정치인들을 욕합니다. 그런데 막상 투표할 때는 감정적으로 선택하기도 하고, 이런저런 인연이나 연고, 지역을 보고 선택하기도 합니다. 정치 자체를 비난하면서 정치인 자체는 선택한다는 것이죠. 그리고 부정적인 뉴스에 나오는 모든 것에 동조해서 비난합니다. 나와 일면식이 없는 사람에 대한 비난이 언제부터인가 일상화된 느낌입니다. 극복할 수 있는 일, 고칠 수 있는 일에 힘을 써도 부족할 판에 아무런 힘도 못 쓸 곳에 에너지를 낭비하고, 가십거리로 남을 비난합니다. 저는 이럴 때 '내가 저 자리에 있으면 어떻게 할까?'라는 생각을 해봅니다. 역지사지로 생각해보면 별반 차이가 없는 제 모습을 봅니다. 그래서 우리는 비난을 하는 데 신중할 필요가 있습니다.

⑥ 파파라치는 대의를 위한 정당성이 있어야

　제가 운영진으로 있는 부동산 경매 더리치 카페 실전 투자반 연회원들의 단체 카톡방이 있는데, 이곳에서 '신고, 고발'이라는 단어가 나올 때가 있습니다.

신고와 고발은 개인의 자유를 억압받고, 공공의 질서를 해칠 때 당연히 신고도 하고, 고발도 해야 민주시민으로서 책임을 다할 수 있습니다. 그런데 내가 신고를 당하는 당사자라면(운전 부주의로 누군가 신고해서 범칙금을 낼 때를 생각해보면), 그리 쉬운 일은 아닙니다.

언제부턴가 파파라치로 돈을 버는 경우가 제도화되었습니다. 공공질서를 바로잡기 위해서는 꼭 필요하지만, 이런 일을 직업적으로 한다면, 그 사람 눈에는 '적발'이라는 이미지가 가득할 것입니다. 그 시간과 열정으로 조금 더 본인의 발전과 생산적인 일에 힘을 쓰면 얼마나 좋을까요? 부동산 투자로 경제적 자유를 얻었는데, '적발, 신고'라는 이미지로 세상을 살아야 한다면 얼마나 불행할까요?

⑦ 긍정적인 사고는 나를 변화시킨다

은행에서 대출을 안 해준다고 하니 은행이 야속해지고, '내가 그곳에 맡긴 돈이 얼마인데…' 하는 생각이 들어 '은행을 옮겨버릴까?' 등의 이런저런 불평불만이 쌓이게 됩니다. 그러다 보니 대출뿐만 아니라 내 행동에 대한 정당화를 찾습니다. 그렇게 대출이 되지도 않을 은행을 원망하게 되고, 시간과 에너지를 낭비합니다. 사람들은 죄책감, 수치심, 두려움을 가지고 있기 때문에 비난하고, 신고하며, 불평하고, 합리화시킨다고 합니다. 어쩌면 그냥 내버려두면 사회적 정화 기능으로 해결될 일들인데, 불평하고, 내 생각을 합리화해버린다는 것이죠. 즉, 너는 잘못하고 내 생각이 옳다는 지극히 자기중심적 사고방식입니다.

결론적으로 말하면 부정적인 생각보다 긍정적인 생각으로 살아보자는 것입니다. 성질내봤자 나만 손해라는 것을 자각하고 생산적인 일에 에너지를 써보자는 것입니다. 은행의 대출 거부를 빨리 받아들이고, 손쉽게 받은 명함을 버리지 않고 간직한 것이 대출을 풀었습니다. 미국발 금융위기가 오면 대출이 안 될 텐데 그 상황을 잘 넘긴 것이죠.

넘어야 할 명도의 산
① 협상, 평행선을 달리다

어느 책에서 '평수가 좀 되는 집은 체면이 있어서 명도가 쉽다'라는 내용을 본 적이 있었습니다. 낙찰된 이 집도 대형 평수라서 명도가 잘될 것으로 기대했습니다. 그런데 쉽지 않았습니다. 문자도 주고받았지만, 이 핑계 저 핑계로 만남을 지연시키고 회피했습니다. 방문도 소용없고, 메모도 소용없고, 문자도 소용없고, 그렇게 시간은 계속 흘러갔습니다. 늦여름에 낙찰받은 물건을 가을도 저물어가는 11월 중순의 어느 일요일 아침, 다시 방문했습니다.

(딩동, 딩동)

(벨을 눌러봤지만 아무 반응이 없습니다.)

필자 : 너무 일찍 왔나? 어떻게 할까? 발로 한번 문을 차볼까?

주차장에서 차량이 있는 것을 확인해서 집에 사람이 있을 것으로 예상했지만 반응이 없습니다. 계속 벨을 눌렀습니다.

(딩동, 딩동)

(꽝꽝)

필자 : 계세요?

큰 소리로 문을 두드렸지만, 강아지 짖는 소리만 요란하더니 인터폰에서 "누구세요?"라는 소리가 들렸습니다. 너무나 반가웠습니다.

필자 : 네, 낙찰자입니다.

여러 차례 방문해도 사람을 만날 수 없었는데 갑자기 안에서 사람이 나타나면 당황하게 되지만, 이때 어리숙하게 보였다가는 협상의 키를 놓칠 수 있어서 마음을 단단히 먹고 정공법으로 나가기로 했습니다. 그 전에는 음료수 박스를 사 가지고 왔었는데, 하필 일요일 아침에 오는 바람에 그냥 빈손으로 왔을 때 사람을 만난 것입니다('제5장·부록 Tip 5. 부동산 경매에서 점유자를 만나는 경매의 팁' 참고).

점유자 : 잠깐만요.
(그러더니 한 5분 후에 점유자가 밖으로 나옵니다.)
필자 : 안에 들어가서 이야기하시지요.

임장을 할 때도 낙찰받고도 집 안 내부를 확인하지 못해서 무척 궁금했기에 '기회는 이때다' 하고 내부를 볼 겸 집 안으로 들어가려고 했습니다. 점유자가 나오면서 문이 열릴 때 내부를 살짝 훔쳐봤는데, 좋아 보이기도 했기에 순간 '많이 걱정했는데 이런 평수에 사는 사람들은 다르기는 다른가 보다'라는 생각이 스치면서 기분이 좋아졌습니다.

점유자 : 아이들이 자고 있어서 밖으로 나가서 이야기하지요.

온 김에 집 내부를 보고 싶었는데 다음 기회로 미룰 수밖에 없었습니다. 이렇게 점유자와 낙찰자는 11월 찬 바람이 부는 새벽에 아파트 앞 정원 벤치에 앉아서 이야기를 시작했습니다.

필자 : 사장님과 저는 아무런 감정이 없습니다. 채권관계가 있는 것도 아니고, 제가 이 집을 경매를 넣은 것도 아니니 저에게 감정을 가질 필요가 없습니다. 여러 차례 방문했고 문자를 드려도 약속을 뒤로 미루기만 하고, 연락도 주시지 않아서 실례를 무릅쓰고 아침 일찍 왔습니다. 혹시 이사 계획은 잡혔나요?

(바로 본론으로 들어갔습니다.)

점유자 : 죄송합니다. 사업 때문에 매일 돈 막는데 정신이 없어서 연락을 못 드렸습니다. 지금 당장 돈이 없어서 이사는 못 합니다. 내년 봄이나 되면 형편이 풀릴 것 같은데 그때 이사를 하면 안 될까요?

필자 : 예? 내년 봄에요?

(말이 나오지 않았습니다. '내년 봄이라… 이자가 얼마나 나가야 하나?'라고 혼자 중얼거렸습니다.)

점유자 : 네, 아이들 학교 문제도 있고 해서요. 그렇게 편의를 봐주시면 좋겠습니다.

그 이후 둘 다 말을 잃었습니다. 두 사람의 발밑에는 담배꽁초만 쌓여가고 있었습니다. 늦가을로 접어든 새벽 공기는 두 사람의 간격만큼이나 싸늘했습니다.

점유자가 이렇게 나올 때 절대로 흔들리면 안 됩니다. 사람마다 다르기는 하지만, 딱한 마음에 타협하는 순간 고통의 시작입니다. 점유자는 처음에 어려운 형편을 이야기하면서 편의를 봐달라고 사정하지만, 나중에 점유자의 주위에는 이사비를 더 받아내야 한다고 조언해주는 사람들이 나타납니다. 6개월을 봐준 다음에 고맙다는 인사를 하고 이사를 떠나는 사람은 많지 않습니다. 그때 가서는 더 힘든 명도 협상이 기다리고, 더 큰 비용이 기다립니다.

필자 : 그렇게는 안 됩니다. 사장님도 아시다시피 이 집이 한두 푼짜리도 아니고, 저도 입주를 해야 해서 곤란합니다. 등기부등본을 발부받아 확인해보시면 알겠지만, 낙찰받고 어렵게 대출을 받았는데 대출 금액이 장난이 아닙니다. 더군다나 금융위기 때문에 이자도 엄청납니다. 사장님 사정이야 충분히 이해하지만, 이 집이 경매가 진행된 것은 1년 가까이 되는데, 그 시간이면 충분히 집을 얻을 수 있는 시간이 있었을 것입니다. 사장님께서는 서운하게 생각할지 모르지만, 저는 사장님을 뵙고 이렇게 말씀드리는 것은 앞으로 진행될 과정을 설명해드리고, 이에 대한 오해가 없기를 바라는 마음에서 온 것입니다.

점유자 : 그럼 강제집행을 한다는 것입니까?

이렇게 이야기를 하는 것을 보니 짐작은 했지만 이미 점유자도 경매에 대해 이해하고 있다는 느낌을 받았습니다. 사업을 하다 사정이 여의치 않아서 살던 집이 경매로 넘어가고, 처자식을 데리고 나가야 하는 상황에 누군들 경매에 대해서 알아보지 않은 사람이 있겠어요? 이분도 누군가에 코치를 받고 있다는 것을 직감할 수 있었습니다.

필자 : 저는 강제집행을 한다고는 하지 않았습니다. 법적인 테두리 안에서 일을 진행한다는 것입니다. 사장님이 어떻게 진행될지 더 잘 아시지 않겠어요? 집이 경매로 넘어간 이후에 마음의 고통이 심하셨겠지만, 나름대로 알아보시지 않았나요?

점유자 : 잘 알겠습니다. 조만간 연락드리겠습니다.

이렇게 점유자와 처음으로 얼굴을 맞대고 대화한 것만으로도 만족해야 했습니다. 이미 사업으로 가계가 기울어서 어려운 상황인 점유자를 이해 못 하는 것은 아니지만, 그렇다고 해서 필자가 계속 편리를 봐줄 수도 없는 노릇입니다. 이렇게 한번 만나고 난 다음에 문자, 전화로 많은 대화를 시도했지만, 쉽지가 않았습니다. 누군가가 '넓은 평형 아파트에 사는 사람들은 주위 사람 눈치가 있어서 조용히 이사를 간다'라고 했는데, 이분은 그렇지 않고 질질 끌어가고 있었습니다.

잔금을 납부하면서 인도명령('제5장·부록 부동산 경매 공부 3. 인도명령이란?' 참고)을 신청했는데, 바로 인용이 되었습니다. 채무자 겸 소유자가 점유하는 경우에 소유권을 이전받은 동시에 인도명령을 신청하면 특별한 이유가 없는 한 바로 인용됩니다. 그러나 배당요구를 한 임차인이 있는 경우, 배당기일 즈음에 인도명령이 인용됩니다. 소유자가 점유한 것과 세입자가 점유한 경우에 인도명령의 신청은 같지만, 인용에는 차이가 있습니다.

인도명령이 인용되어 다시 낙찰받은 아파트를 방문해서 대화했지만, 점유자는 다시 한번 봐달라고만 해서 합의점을 찾을 수 없었습니다. 인도명령이 인용되었기에 강제집행을 할 수 있다는 이야기를 해주었지만 대화가 진척이 되지 않았습니다. 경매를 당하는 사람들의 경우, 낙찰될 때까지 심리적으로 많이 지쳐 있고, 더군다나 이사 갈 돈이 없는 관계로 쉽게 대답을 못 하는 경우가 많습니다.

"바로 이사를 가야 하나요?"
"몇 달은 봐줄 수 있지 않나요?"
"겨울이 되었는데 어디로 나가란 거요?"
"너무 매정한 것 아닙니까?"

이런 대화 속에 낙찰자가 흔들릴 수 있지만, 강제집행밖에 다른 방법이 없겠다는 생각에 마지막 카드(강제집행)를 만지작거리게 됩니다. 즉, 형편이 어렵게 된 상태에서 마땅히 이사할 곳이 없다는 점유자에게는 조금은 모질지만 스스로 다시 일어서는 동기부여가 필요합니다. 어설픈 동정심은 다시 일어나지 못하게 할 수도 있고, 그로 인해 서로 어려움에 빠질 수 있거든요.

점유자는 여러 방법을 동원해서 은행 이자를 막으려고 했지만 못 막아서 집이 경매로 넘어갔고, 돈 때문에 사람들과의 신용관계도 많이 어그러진 상태입니다. 형제와 지인들에게 손 벌려 도움을 청해본들 쉽지 않은 상태라는 것이죠. 넓은 집에 사는 사람이 갑자기 작은 집을 얻으려고 하니 쉽지 않겠지요. 더군다나 아이들 학교도 큰 문제이고, 작은 집으로 이사하면 아이들 방도 문제일 것입니다. 싸고 넓은 집을 찾고 싶겠지만, 그것 또한 쉽지 않은 일이지요. 이렇게 아직도 현실을 냉정하게 받아들이지 않고 있는 경우가 많습니다. 이런 이유로 점유자는 이 핑계, 저 핑계 대며 차일피일 이사 날짜를 미루고 있어서 어쩔 수 없이 강제집행을 신청할 수밖에 없었습니다.

② 강제집행신청은 협상의 카드

강제집행을 신청하려면 인도명령이 인용되어야 하고, 이 결정문이 상대방에게 전달되어야 합니다. 강제집행신청서에 첨부되어야 하는 서류 중 하나가 인도명령이 전달되었다는 '송달증명원'이거든요. 그런데 채무자 겸 소유자가 법원에서 온 서류를 일절 받지 않으면 송달증명원을 발급받을 수 없습니다. 간혹 학습된 점유자는 이 서류를 받지 않는 경우도 있습니다.

인도명령 신청

대금을 납부하고 나면 인도명령 신청을 할 수 있습니다. 명도가 필요 없거나 이미 협의가 잘되었다면 인도명령 절차를 하지 않아도 되지만, 점유자와 합의가 되지 않았다면 인도명령을 신청하는 것이 좋습니다.

송달

앞서 이야기한 것처럼 인도명령결정문이 송달('제5장·부록 부동산 경매 공부 4. 송달이 왜 중요할까요?' 참고)되지 않으면 강제집행신청을 할 수 없습니다. 따라서 점유자가 인도명령 결정에 대한 송달을 고의로 거부해서 강제집행신청을 지연시키는 수단으로 악용하는 경우도 있습니다. 법원에서는 인도명령 결정문을 등기우편으로 발송하며, 이 서류는 우체국 직원이 서류를 전달했다는 확인서를 법원에 제출하도록 되어 있습니다. 그래서 우체국 직원이 송달받는 당사자를 만나지 못하면 송달이 안 되고, 그럴 경우, 낙찰자는 특별송달을 신청하고, 특별송달이 안 될 경우 공시송달을 해야 해서 시간과 비용이 많이 들어가게 됩니다.

점유자와 이야기하는 과정에 강제집행을 신청했다는 이야기와 법원에서 서류가 갈 것이니 잘 받으라고 당부했더니 인도명령 결정문을 점유자가 받았습니다. 그래서 강제집행을 신청하게 되는데, 이렇게 강제집행을 신청한다고 해서 바로 강제집행을 하는 것이 아니라 먼저 강제집행 계고를 합니다. 강제집행 계고는 앞으로 2주 후에 강제집행을 할 수도 있으니 점유자는 낙찰자와 잘 협의해서 이사를 가라는 내용을 계고하는 것입니다.

강제집행 계고는 또 다른 협상카드

강제집행 신청을 한 다음, 일주일 정도 있으니 법원 집행관에게서 전화가 왔습니다. "내일 강제집행 계고를 할 것이니 아침 10시까지 증인 2명을 데리고 해당 부동산으로 오라"는 것입니다. '결국 강제집행이 되나 보다'라고 생각하니 온갖 생각이 교차합니다.

경매로 집이 넘어간 이 집도 아빠의 사업이 잘되었을 때는 어떠했을까 생각해봅니다. 아이들이 어릴 때는 온 식구들이 식탁에 앉아 밥을 먹으면서 웃음꽃을 피웠을 것이라고 생각하니 마음이 아파옵니다. 그래서 어떻게든 협상해보려고 했으나 쉽지 않았습니다. 강제집행을 하게되면 고등학생인 이 집 아들이 받을 상처는 평생 갈 것 같아 마음이 심란해지기 시작했습니다. 하지만 점유자는 요지부동 마음을 바꾸지 않았습니다.

행복이란 무엇일까요? 저녁 밥상 앞에서 식구들끼리 웃음꽃을 피우며 보내는 행복은 이미 추억 속 한 장면일까요? 요즘은 아이들도 바쁘고, 어른들도 바빠서 가족이 한자리에 앉아 식사한다는 것이 쉽지 않습니다. 그럼에도 이러한 모습이 가족 모두가 그리는 행복의 모습임은 틀림없습니다. 이 가족 역시 그럴 것이라 생각하니, 강제집행을 하려는 제 마음이 무거워졌습니다.

강제집행은 하나의 협상카드로써, 이 카드를 꺼내 들어서 명도 협상의 테이블로 불러내는 효과를 얻을 수도 있습니다. 차일피일 미루는 점유자에게 법원에서 강제집행을 하겠다는 계고장을 붙이면 주위 사람들 이목도 있고, 아이들 생각도 해야 해서 협상이 급물살을 타기도 합니다.

추위가 오기 전에 명도가 마무리되어야 할 것 같아서 바로 신청했더니 11월 중순 무렵에 강제집행 계고 날짜가 잡혔다며 집행관으로부터 연락이 왔습니다.

집행관 : ○○일 오전 9시 30분까지 현장으로 오실 수 있나요?
필자 : 네, 갈 수 있습니다.
집행관 : 소유자임을 증명할 수 있는 신분증과 증인 2명을 모시고 와야 합니다.
필자 : 꼭 증인을 모시고 가야 하나요?
집행관 : 왜요? 어려운가요?

필자 : 네, 사람을 구해야 해서 쉽지 않네요.

집행관 : 관리실에 이야기해서 협조를 구해보세요.

필자 : 네. 알겠습니다.

집행관 : 시간 늦지 않게 오세요. 우리도 다른 일정이 있어서 바쁘니까요. 만약 늦으면 집행 불능입니다.

사무적인 말투로 집행관이 전화를 끊습니다. 필자는 아침에 일찍 아파트 경비 아저씨의 협조를 받아서 기다리고 있으니 법원에서 집행관들이 도착했습니다. 집행관들이 아파트 입구에서 초인종을 누르니 강아지 소리만 나고, 나오는 사람이 없습니다.

집행관 : (필자를 바라보면서) 문 딸까요?

필자 : 문을 안 따고 할 수 있는 방법이 있나요?

집행관 : 계고장을 문에 붙이고 가면 되지요.

필자 : 네, 그러면 문을 따지 말고 그냥 안내문만 문틈으로 끼워놓고 가는 것이 좋을 것 같습니다.

집행관 : 그럼 그렇게 합시다.

그렇게 해서 집행관들은 부동산 인도 강제집행 예고문을 문틈에 끼워 놓고 가버렸습니다. 많이 긴장했는데 너무나 싱겁게 강제집행 계고가 끝났습니다. 문틈에 끼워놓은 계고장을 빼내어 관리실에 가서 한 부 복사한 후, 스카치테이프를 얻어서 아파트 문 정면에 붙이고 사진 몇 장 찍었습니다. 그랬더니 그날 오후에 점유자로부터 연락이 바로 왔습니다.

점유자 : 아이들이 있으니 강제집행을 보류해주면 안 될까요?

필자 : 이사 갈 집은 알아보셨나요?

점유자 : 이번 주 일요일에 알아볼게요. 그동안 회사 일이 너무 바빠서 집을 알아볼 여유가 없었습니다.

9월에 경매로 매각되고, 필자와 만나면서 수도 없이 이사에 관한 이야기를 그렇게 많이 했지만, 지금까지 이사 갈 어떤 액션도 없었다는 것이 어이가 없었습니다. 남의 집에 살면서 무상으로 아무 계획도 없이 사정만 봐달라고 하면서 그냥 살겠다는 것이 쉽게 이해가 가지 않았습니다.

필자 : 짐이 많을 것 같은데 집 구하기가 쉽겠어요?

점유자 : 그래도 알아봐야지요. 그동안 죄송했습니다.

필자 : 별말씀을요. 사장님도 너무나 힘드셨을 텐데 오히려 제가 죄송하지요. 그러나 저도 이자가 계속 나가다 보니 걱정이 많습니다. 더군다나 선생님은 내년 봄이나 이사를 하신다고 하니, 어쩔 수 없이 강제집행을 신청했습니다.

전화기 너머로 전해지는 어깨 처진 점유자의 모습이 그려지더군요. 마음이 아파왔습니다.

점유자 : 다음 주 중으로 연락드리겠습니다.

필자 : 네, 연락해주세요. 기다리고 있겠습니다.

점유자 : 강제집행은 언제 취소할 것인가요?

다른 사람의 입장은 안중에도 없습니다. 오직 자기 입장에서만 생각해서 급한 강제집행만 미뤄달라는 점유자가 미워지면서도 안타까웠습니다.

필자 : 이렇게 하지요. 제가 지금 당장 취소는 할 수 없고, 저에게 이사 갈 집 계약서를 보여주시면 바로 강제집행을 취소할게요.

점유자 : 네, 그렇게 해주시면 고맙겠습니다.

③ 점유자가 떠난 빈자리

12월 26일, 늦은 오후에 크리스마스 휴가를 보내고 집에 오는 길에 들려보니 집에 불빛이 보이지 않았습니다. '왜 불이 꺼져 있지?' 하고 생각하며 올라가 보니 아파트 출입문의 손잡이가 뜯어져 있고 문이 열려 있네요(보기 좋고 가격이 나갈 것 같은 번호 키와 일체형으로 되어 있는 손잡이와 인터폰을 가져가버렸습니다). 28일에 이사를 한다는 분이 미리 이사를 나갔던 것입니다. 주방의 냉장고 넣는 칸의 칸막이가 뜯어져 있었고, 작은방에는 아이 책상과 책들이 어지럽게 버려졌고, 고장 난 러닝머신도 버려져 있었습니다. 앞 베란다에는 말라비틀어진 화초들이 즐비하게 널려 있었습니다. 이런 상태로 점유자는 이사한 것이었습니다. 점유자가 떠난 자리는 다 치우지 못한 쓰레기만이 널려 있었습니다. 관리실 소장에게 연락을 취했습니다.

필자 : ○○○호 소유자입니다.

소장 : 안녕하세요? 늦은 시간에 어떤 일로 전화를 하셨나요?

필자 : 이 집, 언제 이사했나요?

소장 : 오늘 오전에 했습니다.

필자 : 관리실에서 반출증을 끊어주었나요?

소장 : 네, 관리실에서 반출증을 끊어주어서 이사했습니다.

필자 : 그런데 왜 열쇠를 모두 탈착해서 가지고 갔나요?

소장 : 그랬어요? 저희가 그것까지 확인을 못 했습니다.

필자 : 그럼 미납관리비는요?

소장 : 낙찰자와 다 협의가 되었다고 하던데요. 미납관리비가 좀 남아있어요. 낙찰자분께서 납부해주셔야 합니다.

필자 : 뭐요? 그것은 나중에 이야기하기로 하고 빨리 사람을 보내주세요.

소장 : 왜요?

필자 : 집에 문이 열려 있으니까요.

소장 : 알겠습니다. 바로 사람을 보내드릴게요.

관리실의 야간 당직자를 불러 사진을 찍고, 공실이라는 확인서를 써서 확인증을 받았습니다. 만약 소유자가 임의로 문을 개문했다고 항의한다든지 하는 일을 미연에 방지하기 위해서죠. 그리고 바로 열쇠 수리공을 불러서 열쇠를 새로 좋은 것으로 달았습니다. 이제 소유자가 다시 나타나 문을 개문하려고 해도 필자의 허락 없이는 들어갈 수 없도록 했습니다.

그리고 나서 아무것도 모르는 것처럼 다음 날 아침, 문자로 이사 준비는 잘되시냐고 문자를 보냈더니 "걱정하지 마세요. 내일 짐을 뺄 것입니다. 사람이 그렇게 못 믿고 사시나요?"라며 듣기 거북한 문자를 보내왔습니다. 이미 이사를 다 해놓고 시치미를 떼더군요. 얼마 전에는 강제집행을 취소해달라고 부탁하고, 강제집행을 취소하니 고맙다고 연락을 주던 사람이 완전히 180도 달라진 모습을 보면서 겨울의 찬 바람처럼 제 마음 안에도 찬바람이 일었습니다.

이날은 소주도 시리게 제 가슴속을 타고 내려갔습니다.

④ 남은 짐은 임의로 처분해도 된다는 각서

아파트 대문의 일체형 번호키와 인터폰을 떼어가고, 방에는 고장 난 러닝머신과 말라비틀어진 화분들, 어지럽게 널려 있는 책을 한가득 남겨놓고 점유자는 떠나버렸지만, 전화했을 때는 떠나지 않은 것처럼 응대한 것을 보면서 마음이 편치 않았습니다. 하지만 내색하지 않고 이사하기로 한 날 오후에 전 소유자에게 "집에 와 보니 이사를 했더군요. 그런데 잔짐들이 남아 있던데, 이 짐은 내가 치워도 될까요?"라고 문자를 보냈습니다.

우리는 이런 상황 앞에 이렇게 질문할 수 있습니다.

- 짐이 남아 있는데 이것 언제 치우실 건가요?
- 짐이 아직 남아 있네요. 언제 가져가실 건가요?

이렇게 질문했을 때, 상대방이 "조만간 가져가겠습니다" 혹은 "며칠 후에 치우겠습니다"라고 대답을 하게 되면 시간이 더 지체됩니다. 그래서 당당하게 "쓰레기 같은데, 제가 버려도 이의가 없으시겠죠?"라고 문자를 보내야 합니다. 이 부분을 잘 기억해놓으시기 바랍니다. 말 한마디가 아주 중요하거든요.

그리고 이사하느라 고생했는데 필요한 것을 구입할 수 있도록 돈을 조금 드릴 것이니 계좌 번호를 찍어달라고 문자를 보냈습니다. 이미 이사했는데 돈을 줄 필요가 있을까요? 이미 이사를 해버렸지만 저는 이분에게 300만 원을 보냈습니다. 누구의 잘못인지 모르지만, 어떻게 하든 망해서 나간 사람에게 조금이나마 위로가 되고 싶었습니다. 이 집 아이들이 겪어야 하는 아픔에 조금이나마 위로가 되었으면 하는 마음이었습니다.

그랬더니 이번에는 정중하게 "남은 짐은 선생님 임의로 처리해도 이의를 제기하지 않겠다"라는 문자가 왔습니다. 그래서 필자는 다시 각서 형식으로 문자를 보내고 그것을 본인이 동의한다면, 고칠 부분은 고치고 날짜와 성함을 써서 저에게 전송해달라고 했습니다. 이미 돈을 준다고 했으니 고분고분해지면서 각서를 보내왔습니다. 이렇게 해서 명도를 마무리했습니다. 낙찰받고 명도를 마무리하는 데 3개월이 걸렸습니다. 길다면 길고 짧다면 짧은 기간이지만 낙찰과 명도의 타이밍이 절묘했습니다.

한 치 앞밖에 못 본 경험
① 대출과 집값
이 집을 낙찰받으면서 미국에서 온 금융위기 때문에 대출이 어려울 것이라 예상했지만 무사히 대출의 산을 넘었습니다. 그런데 그 이후에 DTI(집을 담보로 대출을 받게 될 때, 그 집 담보가치만 보는 것이 아니라 개인의 소득을 보고 대출을 상환할 능력이 있는가를 검토하는 제도)가 실행되어 대출이 막히게 되었습니다. DTI는 주택 시장을 꽁꽁 얼어붙게 했습니다. 미국발 금융위기가 DTI를 불렀고, 이것이 주택 시장을 불황 속으로 밀어 넣었습니다. 낙찰을 받고 시세 차익을 남겨 팔려고 했는데, 집이 팔리지도 않았습니다.

2023년 대한민국의 주택 시장은 조정국면을 넘어서 하락장으로 완전히 들어섰습니다. 그 원인이 어디에 있을까요?

- 대출이 막혀 있고, 금리가 높다.
- 매매가격과 전세가격의 갭 차이가 커서 투자자들이 쉽게 뛰어들지 못하고 있다.
- 금리에 대한 불안함이 지속되고 있다.
- 부동산에 대한 세금은 아직 투자자들이 움직일 만큼 원상회복되지 않았다.

크게 이렇게 정리해볼 수 있습니다. 대출이 막혔고, 금리가 올라갔습니다. 그러다 보니 집값이 내려가고 덩달아 전세 시장도 하락하면서 투자자들의 투자 심리가 위축되었지요. 더군다나 노무현 정부에서 주택 억제 정책으로 내놓은 세금을 이명박 정권에서 아직 손을 못 본 상태였습니다(박근혜 정부 때 공급을 중단하고, 취득세를 인하하는 등 세금 정책을 내놓았음).

② 자금의 동맥경화
아무튼 필자는 이 아파트를 낙찰받으면서 양수겸장(시세 차익을 보고 팔든지, 아니면 실거주로 옮기든지)을 생각했습니다. 그런데 필자가 사는 집도 팔리지 않았습니다. 졸지에 대형 아파트가 2채가 생긴 것입니다. 경매를 통한 투자자가 되려면 이런 부분까지 내다봐야 한다는 귀한 경험을 얻은 것입니다. 돈이 묶이면 자금 흐름에 동맥경화가 일어난다는 것이지요.

이 경험을 통해서 '포트폴리오를 잘 짜야 한다'는 귀한 경험을 얻었습니다. 필자는 이 아파트를 낙찰받고 8개월이란 귀하디귀한 기간을 공실로 보냈습니다. 공실로 보냈다는 것은 이자를 감당해야 했고, 관리비를 감당해야 하는 금전적 손실을 봤다는 뜻입니다. 그런데 여기서 끝이 아니었습니다.

필자가 5억 3,000만 원에 낙찰받았는데 명도 협상 때만 해도 6억 3,000만 원에 거래 문의가 있었지만, 명도가 되지 않아서 거래가 성사되지 않았습니다. 그해 봄에는 5억 7,000만 원까지 매매 협상이 들어오더니만, 봄이 지나고 매물 상담이 완전히 끊겨버렸습니다. 그리고 7월에 전세 계약을 하고 9월 초에 입주했는데 아주 싸게 전세를 맞추었습니다. 이렇게 전세를 놓고 나니까 필자가 놓은 가격보다 훨씬 비싼 가격으로 전세 문의가 계속 들어오는 것이었습니다. 급한 마음에, 오랜 공실에 대한 불안감에 전세 계약을 했는데 그 뒤로 전세가격이 올라버린 것입니다. 이렇게 부동산을 볼 줄 모르면서 필자는 투자를 시작했습니다.

40대에
새롭게 꾸는 꿈

아이들이 커가면서 30평대에서 40평대로 갈아타고 싶은 연령대가 40대입니다. 20평대 후반이나 30평대 초반 아파트에 살면서 형편이 좀 좋아지면 누구나 좀 더 넓은 집으로 옮기고 싶습니다. 그러나 지금 사는 집이 자가라면 그냥 만족하면서 갈아타려는 생각을 못 하는 경우도 많습니다. 마음의 준비가 안 되어 있으면 갈아타는 타이밍을 맞추기가 어렵습니다. 내가 사는 집을 전세로 주고 큰 평형의 아파트를 낙찰받아 갈 수 있지만, '집값이 내려가면 어떻게 하지?'라는 불안감에 이러지도 저러지도 못하다 세월 다 보냅니다.

결혼 전에는 맛집 투어도 하고, 나만의 여행 스케줄로 인생을 즐기기도 하지요. 그러다가 40대 중반이 넘어가면 지난날을 뒤돌아보고 앞날을 걱정하게 됩니다. 일을 그만둔 이후의 생활이 걱정되기도 하지요. 결혼을 하게 되면 주거비용, 생활비 등 경제적인 문제와 더불어 아이 출산, 육아에 대한 부담감, 명절, 생일, 기념일, 제사 등 가족관계와 관련된 일들도 부담으로 다가옵니다. 그러다 보니 남자들은 직장에 매몰되면서 승진과 연봉에 목숨을 걸고, 여자들은 아이 육아, 학교, 학원에 올인하면서 자신이 누구인지를 모르면서 정신없이 살아냅니다. 또한 내 아이가 천재인 줄 알았는데 그것이 아니라는 것을 알게 되면서 나를 찾아보는 나이가 40대입니다. 40대 중반이 되면 영원할 것만 같았던 내 몸도 노안을 시작으로 이곳저곳에 이상을 느끼면서 나이를 먹고 있음을 실감하게 됩니다. 경제적으로 준비해놓은 것이 없는데, 어느덧 40대 중반에 접어든 것이지요.

세상이 가격을 올려주는 부동산

40대 직장인 중에 주식 투자를 안 해본 사람은 없을 것입니다. 그렇다면 주식 투자로 경제적 자유를 얻은 사람들은 얼마나 될까요? 주식은 부동산보다는 접근성이 뛰어나고, 거래 비용이 덜 들어 진입장벽이 낮습니다. 또한 자투리 시간을 이용해서 손품을 팔면 정보를 쉽게 얻을 수도 있고, 적은 돈으로 시작해볼 수도 있는 것이 주식의 장점입니다. 그런데 이 점을 알아야 합니다. 주식으로 돈 번 사람들은 그 돈으로 부동산을 산다는 것입니다. 즉, 주식은 동산이라서 움직이기가 쉽기에 못 움직이는 고정자산인 부동산으로 재산을 지킨다는 것입니다. 더불어 부동산은 탄력이 붙으면 자신이 노력하지 않아도 세상이 가격을 올려주기도 합니다. 그런데 부동산을 시작하려면 많은 진입장벽이 있습니다.

- 종잣돈이 필요합니다.
- 주위에서 하지 말라고 말리는 사람들이 많습니다.
- 큰돈을 움직여보지 않아서 겁부터 납니다.

- 뉴스에서는 연일 부동산에 대한 부정적인 뉴스가 많습니다.
- 혹시 사기는 당하지 않을까 하는 두려움도 있습니다.

이런 진입장벽 때문에 쉽게 접근하기가 어렵습니다. 부동산 정보는 어디에서 구하는지, 어떤 물건을 어느 정도 돈으로 시작해야 할지 몰라 막막하기만 하기도 하고, 잘못 샀다가 손해만 보는 것이 아닌지 걱정도 되며, 뉴스에서 접한 부동산 사기에 대한 두려움도 부동산 투자를 하는 데 망설이게 하는 요인이 되기도 합니다.

최근 몇 년 동안 부동산 가격이 크게 올랐습니다. 그렇다면 이제 막 부동산 투자를 시작하려는 분들에게는 기회가 아예 없는 것일까요? 그렇지 않습니다. 1970년대에도, 1980년대에도, 1990년대에도 2,000년대에도 사람들은 집값이 비싸서 항상 힘들어했습니다. 이 말은 앞으로도 똑같다는 이야기입니다. 혹자는 인구 절감 때문에 부동산이 어려울 것이라고 말합니다만, 그런 걱정은 구더기 무서워서 장 못 담그는 것과 같습니다. 인구가 줄어들어 주택 수가 감소할 때까지만 살아 있어보라고 말하고 싶습니다. 10년만 열심히 투자하면 경제적 자유를 얻을 수 있는데, 20~30년 후에 대한 걱정으로 아무것도 안 한다면 우리 미래를 누가 책임져줄까요?

40대에 부동산은 선택이 아니라 필수다

준비된 사람에게는 언젠가 기회가 옵니다. 그것은 지난 세월의 부동산 시장의 흐름을 보면 알 수 있습니다. 부동산 투자를 할 때 가장 중요한 요소는 '어떤 물건을 선정할 것인가?' 하는 것이 아닙니다. 또한, 자신의 종잣돈도 아닙니다. 가장 중요한 것은 자신의 마인드입니다. 직장 생활로는 돈의 노예를 벗어날 수 없다는 확신이 필요합니다.

부동산은 선택이 아니라 필수입니다. 임금노동자로 살고 있다 해도 평생 그렇게 살 수는 없습니다. 지금 시작하지 않으면 언제 시작할 수 있을까요? 부동산에, 그리고 부동산 경매에 관심을 가져야 합니다. 김승호 회장은 《돈의 속성》에서 "열심히 산다고 돈을 많이 버는 것이 아니다. 돈을 많이 번다고 부자가 되지도 못한다. 부자가 된다고 행복해지는 것도 아니다. 부는 삶의 목적이 아니라 도구다"라고 말합니다. 일과 저축을 통해 부자가 되는 데는 한계가 있습니다.

준비하는 사람에게
오는 기회

아이러니하게도 진보정권에서는 집값 안정을 통해 서민 주거 안정을 꽤 많이 했지만 부동산 시장은 활활 불타올랐고, 보수정권에서는 집값을 연착륙시켜서 시장 경제체제로 전환하고자 했음에도 좀처럼 불황에서 탈출하지 못한 현상이 반복되고 있습니다. 이런 현상을 어떻게 해석해야 할까요?

2023년 부동산 시장은 조정기를 넘어서 깊은 수렁 속에 빠져 있습니다. 수출은 급감했고, 금리는 올랐으며, 부동산 관련 세금은 국회에서 꼼짝도 못 하고, 전세사기에 서민들은 불안에 떨고 있습니다. 게다가 대출이 막혀서 부동산 시장은 좀처럼 살아날 기미가 보이지 않습니다. 이때(2009)도, 이미 불황 속으로 접어든 부동산 시장은 2010년이 되어도 뾰족한 대책이 없이 허우적거리고 있어 좀처럼 집이 팔리지 않았습니다. 처음 임장할 때는 부동산 중개사무소에서 7억 원에도 팔아주겠다고 했습니다. 하지만 해를 넘기고 이사 철이 된 2010년 봄에도 팔리지 않아서 2010년 7월에서야 전세를 놓을 수 있었습니다.

전세 세입자가 2년을 살고 이사를 하게 되어서 저희도 어린이집 옆에서 살던 월세를 청산하고 이 아파트로 이사하게 되었습니다. 아이가 초등학교 1학년을 마치고 중계동으로 이사하게 되면서 다시 전세를 놓았고, 문재인 정부 초기에 매도했습니다.

서울 3대 학원가인 중계동에 실거주 물건을 낙찰받다

아이가 다니던 학교 친구들이 중계동으로 이사를 하기 시작했습니다. 그래서 우리도 '중계동으로 이사할까?' 고민을 하게 되면서 중계동 은행 사거리 쪽에 나와 있는 경매 물건을 검색해보니 중계동 은행 사거리를 중심으로 17평형 아파트 하나가 경매로 나와 있었습니다.

소 재 지	서울특별시 노원구 중계동 3██호			도로명검색	지도	지도	주소 복사		
새 주 소	서울특별시 노원구 중계로 2██								
물건종별	아파트	감 정 가	180,000,000원	오늘조회: 1 2주누적: 0 2주평균: 0 조회동향					
				구분	매각기일		최저매각가격		결과
대 지 권	30.21㎡(9.14평)	최 저 가	(80%) 144,000,000원	1차	2013-10-21		180,000,000원		유찰
				2차	2013-11-25		144,000,000원		
건물면적	44.52㎡(13.47평)	보 증 금	(10%) 14,400,000원						

(출처 : 옥션원)

더군다나 낙찰을 받고 명도하면 아이가 2학년 시작할 무렵에 이사할 수 있는 시기와 딱 맞을 것 같은 물건이었습니다. 그런데 아이의 전학이 ('제5장·부록 Tip 6. 전학으로 인한 아이의 긴장감을 해소하기 위한 팁' 참고) 걱정이었습니다.

사람들은 전학을 시키려면 학기 시작할 때(반 편성할 때), 전학을 하면 아이가 적응하기 쉽다고 말했지만, 걱정이 되는 것은 사실이었습니다.

'잘 적응할 수 있을까?', '친구들은 쉽게 사귈 수 있을까?' 등등 많은 걱정으로 쉽게 결정을 내릴 수가 없었습니다. 그런데 이미 제 마음은 저집을 낙찰받아 이사를 하고 있었습니다. 돌이켜 보면 고민하고 걱정을 했다고 하더라도 아내의 입장, 아이의 입장을 충분히 고려하지 못했습니다. 이미 저는 이 물건을 짝사랑하게 되었고, 그러다 보니 마음이 앞섰습니다.

   권리관계는 말소기준권리 이후에는 모두 소멸하게 되어서 인수할 권리가 없는 단순한 물건이었습니다. 또한 소액임차인이 거주하고 있고, 배당요구 종기일 안에 배당요구를 해서 명도도 수월할 것으로 예상되는 물건이었습니다. 그래서 아내와 함께 임장 길에 나섰고, 임장하는 과정에서 이사해야 한다는 당위성에 아내의 동의를 받았습니다.

임차인	점유부분	전입/확정/배당	보증금/차임	대항력	배당예상금액	기타
홍○○	주거용 전부(방2칸)	전입일자: 2012.09.20 확정일자: 2012.09.20 배당요구: 2013.07.19	보20,000,000원 월300,000원	없음	소액임차인	

등기부현황 (채권액합계 : 220,000,000원)

No	접수	권리종류	권리자	채권금액	비고	소멸여부
1(갑14)	2010.04.12	소유권이전(매매)	하○○		각 지분1/2	
2(을9)	2010.04.12	근저당	한국씨티은행 (중계동지점)	152,400,000원	말소기준등기	소멸
3(을10)	2010.04.16	근저당	우리금융저축은행	52,000,000원		소멸
4(을11)	2013.01.02	근저당		15,600,000원		소멸
5(갑19)	2013.06.03	임의경매	한국씨티은행 (소비자금융리스크관리부)	청구금액: 131,355,746원	2013타경13900	소멸
6(갑20)	2013.08.06	하○○지분압류	서울특별시도봉구			소멸
주의사항	▼유치권신고 있음- 2013.11.22 유치권자 조은 인테리어 유치권에 의한 권리신고서 제출					

(출처 : 옥션원)

이 물건은 2010년 4월 12일 근저당을 기준으로 모든 권리가 말소되어 필자가 낙찰받아도 인수될 권리가 없습니다. 더군다나 후순위 세입자였기에(이 집에 빚이 있고 난 뒤에 들어온 세입자를 후순위 세입자라고 말함) 신경 쓸 것이 없기도 하지만, 최우선변제금에 해당되는 소액임차인으로 배당요구 종기일 안에 배당요구를 했기 때문에 전액 배당이 되어서 명도에도 어려움이 없는 물건입니다. 다만 매각기일(입찰일)이 11월 25일인데 3일 전인 11월 22일에 조은인테리어에서 유치권('제5장·부록 부동산 경매 공부 5. 유치권이란?' 참고)이 들어온 것이 마음에 걸리기는 했지만, 그냥 무시하기로 했습니다.

비록 유치권이 신고되어 있지만, 유치권이 성립하기 위해서는 유치권자가 점유해야 하는데, 세입자가 점유하고 있어서 유치권이 성립하지 않기 때문에 그냥 무시하기로 했던 것입니다.

이렇게 해서 이 물건을 입찰하게 되었고, 필자가 낙찰받았습니다.

소재지	서울특별시							
새주소	서울특별시							
물건종별	아파트	감정가	180,000,000원	오늘조회: 1 2주누적: 1 2주평균: 0				
				구분	매각기일	최저매각가격		결과
대지권	30.21㎡(9.14평)	최저가	(80%) 144,000,000원	1차	2013-10-21	180,000,000원		유찰
				2차	2013-11-25	144,000,000원		
건물면적	44.52㎡(13.47평)	보증금	(10%) 14,400,000원	매각 : 153,222,000원 (85.12%)				
매각물건	토지·건물 일괄매각	소유자	하○○	(입찰5명,매수인:노원구 김○○ / 차순위금액 152,288,000원)				

경매를 아무리 오래 해도 낙찰가격 선정은 항상 어려운 일입니다. 이 물건은 차순위와 100만 원 차이로 낙찰받아서 기분이 좋았습니다. 11월 25일에 낙찰받고 1월 8일에 잔금을 납부했습니다. 그리고 2월 4일

에 배당기일이라서 세입자가 배당을 받는 그날에 이사했습니다. 낙찰을 받고 세입자가 잔금을 받는 과정을 한번 살펴볼까요?

낙찰 이후의 과정
① 매각허가 결정

7일간이 아주 중요합니다. 이때 낙찰자가 잘못 받은 물건일 경우 매각불허가 신청을 할 수 있고, 채무자가 돈을 갚은 후에 경매 절차 중지를 하면, 매각이 불허가될 수도 있습니다. 즉 매각허가에 관해서 이해관계인의 의견과 매각 절차나 기타 권리관계에 적법한 절차를 거쳐서 낙찰되었는지를 따져서 문제가 없다고 판단되면 법원은 매각허가 결정을 합니다. 또한 경매 물건에서 특별매각조건이 있는데, 대표적인 것으로 농지를 낙찰받을 때 농취증을 매각허가 결정 전에 해당 경매계에 제출해야 합니다. 공매에서는 잔금을 납부할 때 농취증을 제출해야 합니다. 그렇지 않을 경우, 매각 불허가가 되고 낙찰자는 보증금을 몰수당합니다. 만약 내가 낙찰받았는데 잘못 받았다고 판단된다면, 이때 매각불허가를 신청해서 입찰보증금을 돌려받아야 합니다. 입찰가격에서 '0' 하나를 더 써서 고액으로 낙찰을 받았다면, 쉽지는 않겠지만, 불허가를 받을 수 있도록 최대한 노력해야 합니다.

② 매각허가 결정의 확정

매각허가 결정이 났을 때, 이 매각허가 결정에 대한 이의가 들어오지 않는다면, 매각허가 결정일로부터 7일 이내에 허가 결정을 확정하게 됩니다. 우리는 이 기간을 '항고기간'이라고 합니다. 매각허가 결정의 확정을 통해서 비로소 최고가 매수신고인으로 잔금 납부통지를 수령하게 됩니다. 이 내용은 경매 기일 내역이라는 서류(인터넷으로 조회 가능)를 통해서 확인할 수 있고, 잔금 납부 통지서는 우편으로 발송해줍니다. 나중에 잔금을 납부하면서 제출하는 서류이기 때문에 꼭 필요합니다.

③ 매각 대금 납부

매각허가 결정이 확정된 후 법원으로부터 매각 대금 지급기한을 통보받는데, 잔금을 납부할 수 있는 기간은 30일 이내입니다. 30일 이내란, 27일이 되기도 하고 26일이 되기도 하고 30일이 되기도 합니다. 명절이 낄 때가 보편적으로 기간이 단축되는 경향이 있으므로 30일로 알고 있다가 잔금 준비에 고생할 수 있으니 잘 챙겨봐야 합니다. 또한 입찰할 때 제공되었던 입찰 보증금은 매각 대금에 포함됩니다.

낙찰받았는데 잔금을 납부하지 못할 경우(잔금을 납부하지 않으면 재매각이 진행됨), 재매각이 결정됩니다. 그렇지만 낙찰자는 재매각기일의 3일 이전까지 잔금을 납부할 수 있습니다. 이때는 지급기한이 지난 뒤부터 지급일까지의 대금에 대한 연 12%의 이자를 합해서 납부하면 됩니다. 여기서 한 가지 팁은, 잔금 납부일이 5월 20일이라고 가정한다면 잔금을 5월 20일에 납부하지 않고 6월 2일로 넘기는 것도 고려해봐야 합니다. 6월 1일이 재산세 과세기준일이기 때문입니다. 6월 2일에 잔금을 납부하고 소유권을 이전했다면, 그해에는 재산세와 종합부동산세를 납부하지 않게 되고, 해당 부동산을 내년 5월 말까지만 처분한다면 재산세와 종합부동산세 자체를 납부하지 않게 됩니다. 물론 잔금을 10일간 미납했기 때문에 연 12%의 가산세는 내야 합니다.

우리 카페 회원 중에 골드크랩 님이 계시는데 2023년에 공장을 하나 낙찰을 받았습니다. 낙찰 금액이 9억 5,120만 원인데 2등이 9억 5,015만 원으로 105만 원 원 차이로 낙찰받은 물건의 잔금 납부 기한이 2023년 5월 31일이었습니다. 이 기간을 지켜서 잔금을 납부하면 2023년 7월에는 재산세, 12월은 종합부동산세를 납부해야 하는데, 대금 납부 기한인 5월 31일을 넘겨서 약간의 가산세를 물고 납부했습니다. 재산세와 종합부동산세를 생각해보면 훨씬 절세를 한 셈입니다.

④ 소유권 이전등기

잔금을 납부했다면 해당 부동산의 소유권을 취득하게 됩니다(민사집행법 제135조). 일반적으로 부동산의 물권변동은 등기를 해야 효력이 발생(민법 제186조)하지만, 경매로 낙찰받고 잔금을 납부했다면 소유권 이전등기를 하지 않아도 그 즉시 소유권을 취득하게 된다는 것입니다. 그래서 아직 등기가 완료되지 않았지만, 소유자로서 인도명령을 신청할 수 있는 것입니다. 즉 잔금을 납부했다면 등기를 하지 않았어도 소유권을 취득한다는 것이죠.

필자가 운영하는 학원에서 한 분이 부천에 있는 3층짜리 단독주택을 낙찰받으면서 대출 없이 잔금을 납부했고, 등기를 셀프로 진행하려다 보니 직장 일정 때문에 며칠 후에 소유권을 이전하기도 했습니다. 아무튼 등기를 하지 않으면 처분에 제한이 따르므로(민법 187조) 잔금을 납부하면서 등기이전을 해야겠죠. 일반적으로 대출을 받아서 잔금을 진행할 경우, 대출기관과 법무사가 소유권 이전 절차를 진행해줍니다.

⑤ 인도명령 신청

잔금을 납부했다면 그 부동산은 내 것이 됩니다. 내 것이 되었는데 그 집에 사는 사람이 아직 이사하지 않았을 수도 있고, 임차인이 배당(잔금 납부 후 대략 4~6주 정도 걸림)을 받지 못해서 그 집에 거주하고 있는 경우도 있습니다. 따라서 우리는 그 집에 거주하고 있는 사람으로부터 낙찰받은 부동산을 인도받아야 하는데, 이를 '명도'라고 합니다. 이 과정이 두렵고 힘들 것 같아서 경매 투자를 안 하는 사람들도 많습니다.

'낙찰받은 부동산에 무서운 조폭(?) 아저씨가 있지는 않을까?'
'가난한 사람 눈에서 눈물 흘리게 하는 것은 아닐까?'
'집을 안 비워준다고 하면 어떻게 할까?'

이런 걱정으로 두렵기도 하지만, 부동산 명도 과정 또한 법적 절차로 진행할 수 있으니 너무 겁먹을 필요는 없습니다. '인도명령'이라는 제도(민사집행법 136조)는 조금은 번거롭기는 하지만, 낙찰자에게 유리한 절차입니다.

⑥ 인도명령의 신청 방법

낙찰받은 당사자가 법원에 직접 신청을 할 수도 있지만, 대출을 받아서 등기이전 신청을 할 경우에 등기를 진행하는 법무사에게 의뢰해서 진행하면 수월합니다. 경매에서 낙찰받았다고 해서 사건이 종결된 것이 아닙니다. 점유자(소유주 및 임차인)에게 부동산을 인도받아야 일단은 마무리가 됩니다. 그런데 부동산을 인도받는 과정에 매끄럽지 않아 강제집행 절차를 진행할 때 부동산 인도명령 신청('제5장·부록 부동산 경매 공부 6. 부동산 인도명령 신청서' 참고)이 중요합니다. 또한 협상을 유리하게 이끌기 위한 카드로 인도명령서 신청이 필요하기도 합니다.

일반적으로 집주인이 아닌 타인이 부동산을 점유하고 있다면, 명도소송을 통해서 점유를 이전받아야 하지만, 이렇게 진행될 경우 비용과 시간이 많이 들게 되어서 부동산 경매에만 존재하는 인도명령 제도를 이용하면 시간과 비용을 절감할 수 있습니다. 또한 명도를 이행하는 과정 안에 갑작스럽게 점유자나 소유자가 바뀌어버리면 효력이 사라지게 되어 이를 방지하기 위해 점유이전금지가처분도 미리 진행하는 것이 좋습니다. 이는 해당 부동산에 점유자가 바뀌어 상황이 꼬이는 일을 사전에 막기 위함입니다. 물론 집을 비워준다는 상호 합의가 문제없이 진행되는 경우라면 이런 과정이 필요 없겠지요.

낙찰받고 부동산 인도를 진행하는 방법은 다음과 같습니다.

- 매각 대금 납부 후 6개월 이내에 인도명령을 신청한다.
- 점유이전금지 가처분도 이때 진행하는 것이 좋다.
- 빈집인 경우 법적인 테두리(인도명령-강제집행)에서 진행해야 탈이 없다.
- 점유자에게 강제집행 비용 범위 내에서 이사비로 협상을 한다.

명도의 협상

낙찰을 받고 매각허가 결정이 확정된 이후에 점유자를 만나러 갔으나 집에 사람이 없어서 포스트잇으로 연락처를 남겨놓았습니다. 그리고 관리실로 가서 미납관리비를 확인해보니 미납된 관리비는 없어 명도는 쉽겠다고 생각했습니다. 참고로 낙찰받고 난 이후에 미납관리비가 있다면 이것을 누가 낼 것인가가 중요한 포인트일 수 있습니다. 그럼 미납관리비에 대해서 살펴볼까요?

① 소유자 겸 채무자가 점유하고 있을 때

일반적으로 큰돈이 미납되어 있지는 않으나 경매가 넘어간 이후에는 명도의 명분을 이용해서 낙찰자에게 전가시키려는 생각으로 관리비를 미납하는 경우가 있을 수 있습니다. 소유자 겸 채무자는 강제집행 대상(이유 없이 낙찰자에게 집을 비워주어야 하는 사람)이기 때문에 낙찰 이후에 강제집행 비용의 범위에서 이사비를 지급하면서 관리비를 정산하도록 협의하면 좋습니다.

필자도 원주에 있는 아파트를 낙찰받았지만, 도무지 명도 협상이 되지 않아 강제집행을 신청했습니다. 결국 오후 2시에 강제집행하기로 되어 있는 것을 오전 11시에 이사비 300만 원으로 협의해서 명도를 완료했습니다. 또 강릉에 있는 아파트도 오후 2시에 강제집행하기로 되어 있는 것을 오전 10시에 300만 원의 이사비로 협의해서 강제집행을 중지시켰습니다. 이때 강제집행하는 집행관에게 미리 전화해서 지금 협의 중인데 바로 연락을 드리겠다고 하면 좀 기다려줍니다. 두 건 다 점유자들이 필자가 제공한 이사비 300만 원에서 미납된 관리비를 정산하고 이사했습니다.

② 낙찰 금액으로 빚을 청산하고 돈이 남을 경우

낙찰 금액이 5억 원인데 경매로 빚을 청산하는 금액이 4억 2,000만 원일 경우, 8,000만 원은 소유자가 수령하게 됩니다. 이때 관리비가 체납되거나 이사비를 조건으로 이사를 차일피일 미룰 경우, 강제집행을 신청해서 강제집행을 할 수 있으며, 채무자 겸 소유자가 받아갈 8,000만 원이 법원에 보관 중(배당기일에 소유자가 수령해감)에 있으니 이 돈을 가압류해서 손해가 나는 부분을 변제받을 수 있기 때문에 명도에 크게 걱정을 안 해도 됩니다. 이때 소유자는 낙찰자의 명도확인서가 없어도 이 금액을 수령할 수 있으니 명도 협상이 안 되면 배당기일 이전에 가압류를 해야 합니다. 다만 경매로 집을 잃었을 때 돈이 남는 경우는 별로 없기에 강제집행 비용 범위 내에서 이사비를 지급하고 빨리 명도를 마치는 것이 좋습니다.

③ 배당금을 받는 세입자가 점유하고 있을 때

필자가 낙찰받은 앞의 물건처럼 임차인의 보증금이 최우선변제금에 해당하는 금액이면 자신의 보증금을 100% 배당받습니다. 이때 낙찰자의 인감증명서가 첨부된 명도확인서가 배당금 수령의 필수 서류입니다. 즉, 명도확인서를 주지 않으면 배당을 받지 못하기 때문에 명도확인서를 주는 조건으로 관리비를 완납하라는 조건을 제시할 경우, 원만한 합의를 이끌 수 있습니다.

명 도 확 인 서

사건번호 :

이   름 :
주   소 :

위 사건에서 위 임차인은 임차보증금에 따른 배당금을 받기 위해 매수인
에게 목적 부동산을 명도했음을 확인합니다.
첨부서류 : 매수인 명도확인용 인감증명서 1통

년   월   일

매수인   (인)
연락처 : 010-1234-5678

○○지방법원   귀중

☞유의사항
1) 주소는 경매 기록에 기재된 주소와 같아야 하며, 이는 주민등록상 주소이어야
   합니다.
2) 임차인이 배당금을 찾기 전에 이사하기 어려운 실정이므로, 매수인과 임차인
   간에 이사 날짜를 미리 정하고 이를 신뢰할 수 있다면 임차인이 이사하기 전
   에 매수인은 명도확인서를 해줄 수도 있습니다.

④ 명도확인서가 없어도 배당금을 수령할 수 있는 임차인

일반적으로 임차인은 자신의 배당금을 수령하려면 낙찰자의 인감증

명서가 첨부된 명도확인서가 필요합니다. 이 서류를 법원에 제출해야 법원에서는 임차인의 보증금을 임차인에게 줍니다. 그런데 임차인은 이 서류가 없어도 자신의 보증금을 수령할 수 있는 방법이 있기에 낙찰자도 이 점을 조심해야 합니다. 즉, 임차인이 법원에 출석해서 이사했고, 낙찰자를 못 만나서 명도확인서를 받지 못했다면서, 다음의 서류를 제출하면 법원에서는 이사를 한 것으로 보고 임차보증금을 줄 수 있습니다.

- 주소를 이전한 주민등록표를 제출 - 짐을 놓은 채 전입만 다른 곳으로 옮긴 사례
- 관리실에서 제공한 반출확인서 제출 - 짐을 일부 남기면서 이사를 간 것처럼 위장한 사례

이런 경우, 낙찰자는 법원의 해당 경매계장과 배당기일 전날까지 연락해서 명도 협의가 되지 않았다는 것을 말하고, 배당기일에도 출석해서 이를 확인해주어야 합니다.

⑤ 소액임차인의 배당금은 가압류 불가능

이 물건처럼 소액임차인의 임차보증금에 대해서는 가압류를 할 수 없습니다. 민사집행법 제246조에서는 압류금지채권에 관해 규정하고 있는데, 그중 하나로 주택 임대차보호법상 최우선변제권의 대상이 되는 보증금이 이에 해당됩니다. 현재(2023. 3) 서울을 기준으로 보증금이 1억 5,000만 원 이하인 경우에 최우선변제권의 적용 대상이 되고, 이 경우 5,000만 원까지가 최우선변제를 받을 수 있는 금액이며, 이 금액

에 해당되는 임차인의 보증금은 가압류를 할 수 없습니다.

⑥ 미납관리비에 대한 이해

경매로 낙찰받았을 경우 어쩔 수 없이 낙찰자가 미납관리비를 내는 경우가 발생합니다. 이때 미납관리비에 대한 사전 지식이 필요한데, 그 내용을 한번 살펴보겠습니다.

미납관리비는 법적으로 3년간 미납한 것만 해당하며, 더불어 공용 부분에 대한 미납관리비만 책임지면 됩니다. 여기에 더해서 연체이자도 책임지지 않아도 됩니다. 다음 물건을 한번 볼까요?

소 재 지	제주특별자치도 서귀포시 서귀동 163-11, 남양오피스텔 ░░░░			도로명검색	① 지도	① 지도	⊙ 주소 복사		
새 주 소	제주특별자치도 서귀포시 태평로 438, 남양오피스텔 ░░░ ░░░░								
물건종별	오피스텔	감 정 가	30,000,000원	오늘조회: 1 2주누적: 5 2주평균: 0 조회동향					
				구분	매각기일	최저매각가격		결과	
대 지 권	5.069㎡(1.53평)	최 저 가	(49%) 14,700,000원	1차	2022-02-22	30,000,000원		유찰	
건물면적	25.025㎡(7.57평)	보 증 금	(10%) 1,470,000원		2022-04-05	21,000,000원		변경	
					2022-06-14	21,000,000원		변경	
매각물건	토지·건물 일괄매각	소 유 자	░░░░	2차	2023-02-21	21,000,000원		유찰	
개시결정	2020-08-27	채 무 자	░░░	3차	2023-03-28	**14,700,000원**			

• 등기부현황

No	접수	권리종류	권리자	채권금액	비고	소멸여부
1(갑6)	2015.06.30	소유권이전(매매)	░░░		거래가액:38,000,000	
2(갑7)	2020.08.27	강제경매	(주)남양리조트	청구금액: 137,197,467원	말소기준등기 2020타경7868	소멸
3(갑8)	2022.02.23	소유권일부이전			증여, 51/100	
기타사항	▶매각물건명세서상 최선순위설정일자:2016. 12. 29. 근저당권-해지로 인한 말소(2021년11월19일)					
주의사항	▶소유자는 '주식회사 남양리조트(채권자)'에 1006호)를 포함한 총 11개 호수의 관리비(약 137,000,000원)를 미납한 상태라고 함.					
전문가멘트	▶ 미납관리비의 경우 사용자 부담이 원칙이나 사용자가 납부하지 않은 경우 공용부분 관리비는 대법원판례(2001다8677 전원합의체)에 따라서 매수인에게 승계됩니다. 관리비채권의 법적 소멸시효는 3년이며 미납관리비의 연체료나 관리사무소에서 임의적으로 계산한 지연손해금등이 매수자에게 승계되지 않습니다. 위 사항을 참고하여 관리사무소와 협의하여 처리하시기 바랍니다.					

(출처 : 옥션원)

이 물건을 보면 미납관리비가 1억 3,700만 원입니다. 따라서 임장을 통해서 이 내용을 확인해보면 낙찰자가 납부해야 할 미납관리비는 훨씬 줄어들 수 있습니다. 다만 채권자가 3년이 되기 전에 미납관리비에 대한 소송을 진행했다면, 소멸시효가 중단되기 때문에 이렇게 미납관리비가 많은 경우 소송 유무를 꼭 확인해봐야 합니다.

- 관리실에 임차인이 배당받을 금액이 있다는 것을 알려주고, 가압류를 해서 미납관리비를 받아내도록 하는 방법도 말해주면 효과가 있습니다. 하지만 관리 사무실에서 적극적으로 개입하지 않을 경우, 관리실로 내용증명을 한 통 보내는 방법도 있습니다. 즉 관리비 징수의 책임은 전적으로 관리실에 있고, 관리비가 미납된 것은 전체 입주민의 피해로 돌아올 수 있으며, 관리비 납부의 채무를 지고 있는 사람이 받을 돈이 법원에 있기 때문에 가압류를 통해서 미납관리비를 받아낼 적극적인 행위를 해야 한다는 내용으로 보내면 효과가 있습니다. 그리고 관리실에 가압류 신청 여부를 여러 번 체크하고, 적극적으로 대응하지 않을 경우 공용 미납관리비를 일단 납부하고, 직접 가압류 신청을 하면 됩니다.

- 만약 기존 임차인이 배당 금액이 없다고 해도 기존 임차인에게 구상금 청구 소송도 가능합니다. 임차인에게 소송을 반드시 하라는 이야기가 아니라 임차인의 상황과 이사 지연에 대한 상황을 고려해서 소송 여부를 결정하면 되고, 이것 자체가 협상의 카드일 수도 있습니다.

⑦ 만남을 거절한 임차인

잔금 납부 기일이 확정되어 임차인을 만나러 갔지만 만날 수 없어서 포스트잇으로 연락처를 남겼더니 바로 연락이 왔습니다. 그래서 이야기를 하자고 했는데, 이런저런 이유로 만남을 거절하더군요. "보증금을 수령하기 위해서는 저의 인감증명서가 첨부된 명도확인서를 법원에 제출해야 보증금을 수령할 수 있다"라고 설명해도 설득되지 않았습니다. 그래서 어쩔 수 없이 내용증명을 한 통 보냈습니다.

⑧ 잘 쓴 내용증명 한 통은 열 소송이 부럽지 않다

내용증명은 '이제 그 집에서 살 수 있는 권한이 없으니 나가셔야 합니다'라고 통보하는 것을 우체국에서 증명해주는 제도라고 보시면 됩니다. 즉, 채권자가 채무자에게 채무의 이행을 촉구하는 내용의 문서를 작성해서 우편으로 최후통첩을 하는 것이지만, 구속력은 없습니다. 또한 내용증명을 받은 상대방이 답변할 의무도 없습니다. 그렇지만 채권자가 원하는 결과를 얻기 위해 소송(고소) 전에 하는 행위이고, 의외로 효과가 좋습니다.

이때 필자가 점유자에게 보낸 내용증명을 여기에 옮겨봅니다.

내 용 증 명

제목 : 경매 낙찰 부동산 잔금 납부 예정에 따른 이주계획 수립 촉구 및
　　　유의사항 알림

수신 : 안나가
　　　서울시 노원구 중계동 ○○○. ○○○아파트 ○○동 ○○○호

발신 : 또낙찰
　　　서울시 노원구 상계동 ○○○. ○○○아파트 ○○동 ○○○호

*경매 낙찰 부동산 : 서울시 노원구 중계동 ○○○번지. ○○○동 ○○○호

발신인은 2013년 11월 25일 서울북부지방법원에서 진행된 2013타경 ○○○○ 부동산 경매 사건에서 상기 부동산을 낙찰받아 2013년 12월 2일 매각허가 결정을 받은 최고가매수신고인입니다.

발신인이 명도 등과 관련해서 2013년 11월 25일 오후 6:00경 본 부동산을 방문해 수신인인 점유자 안나가 님을 만나려 했으나 부재중이어서 부득이하게 연락처를 남기고 돌아왔습니다. 그 이후 수신인이 발신인에게 연락을 주셔서 상호 이사에 대해 협의했지만 원만한 합의점을 찾지 못해서 서면으로 본 부동산의 경매 매각 이후의 진행 상황에 대해 알려드립니다.

수많은 경매 사건에서 부정확한 정보와 이를 꼬이게 만드는 컨설팅 및 조언으로 인해 상호 불편한 일들이 발생하고, 그로 인해서 마음의 상처뿐만 아니라 경제적 손실과 민·형사상 불이익 및 사회적 위신 등에 손상을 입는 경우가 있습니다.

이에 향후 명도 등과 관련한 절차를 잘 숙지하시고, 부족한 부분이 있다

면 법률가의 조력을 받으셔서 원만한 명도가 되길 부탁드립니다. 더불어 이 사건의 명도 당사자인 수신인과 발신인인 우리가 원만한 합의를 통해서 명도가 진행되길 바라는 마음에서 아래 사항을 잘 숙지하셨으면 좋겠습니다.

- 아 래 -

1. 발신인은 상기 부동산의 매각 대금을 2014년 1월 초순경에 완납할 예정으로 현재 매각잔대금과 소유권 이전에 필요한 모든 준비를 끝마친 상태입니다.

2. 상기 날짜에 매각 대금을 완납하면, 발신인은 소유권 취득시기를 규정한 민사집행법 제135조에 따라 소유권을 취득하게 되어 후속 절차인 등기표시와 관계없이 잔금 납부일을 기준으로 상기 부동산의 완전한 소유권자가 됩니다.

3. 이에 따라 본 경매 사건의 점유자인 안나가 님을 포함해 가족분들께서는 낙찰자의 잔금 납부일 이후에는 낙찰자인 발신인과 협의 없이 해당 부동산을 거주·사용할 경우, 이는 명백히 무단 점유(불법거주) 및 사용 수익을 얻는 것으로 간주될 수 있다는 점을 알고 계셔야 합니다. 다만 수신인은 소액임차인으로서 배당요구 종기일 안에 배당요구를 신청하셔서 배당되는 그 날까지는 점유, 사용하실 수 있지만, 배당기일 이후에는 온전히 집을 비워주어야 합니다. 그렇지 않을 경우에는,
① 형법 제319조(주거침입 및 퇴거불응)
② 형법 제349조(부당이득)
③ 형법 제315조(경매 입찰의 방해) 등 조항에 저촉되어 형사처벌의 대상이 될 수 있다는 점도 알고 계셨으면 좋겠습니다.

또한 부득이 인도명령에 의한 강제집행이 될 경우,
① 강제집행 비용과,
② 배당기일 이후에 상기 부동산을 명도한 시기까지 사용한 부분에 대한

비용을 부담해야 하는데, 이는 부동산 가액의 연 12%에 해당하는 비용이 발생합니다.

③ 명도 지연으로 인한 발신인의 손해로 귀하의 배당금은 압류될 수 있으며, 다른 재산에도 압류, 기타 법적 비용을 민사상으로 청구될 수도 있습니다.

4. 다만, 상기 3항은 발신인과 수신인의 협의에 의해 이사 시기가 조율되면 아무 상관이 없는 경우로서 수신인의 오해가 없으시기를 바랍니다.

5. 잔금 완납일로 예상되는 2014년 1월 8일까지는 수신인 및 수신인의 세대주·세대원 및 동거인 등 점유자 전원이 상기 부동산에서 퇴거하고 발신인(낙찰자)에게 집 열쇠를 넘겨준 후에 명도확인서를 교부받아 배당기일에 해당 법정에 출석하셔서 수신인의 소중한 임차보증금을 수령하시길 바랍니다

여기에서 명도확인서란, 집을 비워주었다는 사실을 발신인인 제가 확인해주는 서류로, 이사를 해야 그 서류를 교부해줄 수 있습니다

7. 만일 귀하께서 아직 이주계획이 없으시다면 조속히 수립해주시기 바라고, 이사 계획의 구체적인 사항(이사 날짜 등)이 정해지면 발신인에게 알려주시면 감사하겠습니다.

8. 상기 부동산 명도와 관련해서 질의 또는 협의하실 사항이 있으면 언제든 발신인에게 연락주시기 바랍니다. 귀하의 협의 요청이 있을 때마다 성실히 응하겠습니다. 발신인과 수신인이 서로 돕는 가운데 모든 일이 원만하게 마무리되기를 바라며, 귀댁의 건강과 건승을 기원합니다.

2013년 12월 ○○일

발신인 : 또낙찰(010-1234-5678)

이렇게 내용증명을 작성해서 발송했습니다. 그런데 발송된 등기 우편물이 송달이 안 되고 반송이 되어왔네요. 일반적으로 우편물이 낮에 배달되기 때문에 직장 관계상 수령을 못 할 수도 있지요. 내용증명을 통해서 사실을 확인해주고 싶었는데, 우편물이 배달되지 않으니 난감할 수밖에 없습니다. 등기 우편물은 우체국에서는 현관문에 쪽지를 남기면서 차후 배달 일정을 알려주고, 그때도 배달이 되지 않으면 '우체국에 며칠간 보관하고 있으니 찾아오라. 만약 우체국으로 찾아오지 않으면 그 이후에는 반송처리 된다'라는 내용의 안내문을 붙이는데, 결국 내용증명이 반송되어 돌아왔습니다. 이런 경우에는 다음의 두 가지로 인식할 수 있습니다.

- 수취인이 집을 비워서 그 내용 자체를 알 수 없는 경우
- 수취인이 임의로 내용증명 수령을 거부하겠다는 의사표시

그래서 사과 한 상자(박스 안에 반송된 내용증명을 넣어서)를 택배로 보냈더니 배송이 되었습니다. 결국 내용증명으로 필자가 하고자 하는 이야기를 전달하게 된 것입니다.

세입자는 소액임차인('제5장·부록 부동산 경매 공부 7. 소액 임차인이란?' 참고)에 해당되어 보증금 전액을 배당받을 수 있는 분이라 명도에 큰 어려움은 없지만, 세입자가 입주하고자 하는 아파트 이사 날짜가 맞지 않아 다음 해 6월까지 월세를 내고 살겠다고 말했습니다. 하지만 필자도 2월에는 이사해야 아이의 전학 문제가 해결되기 때문에 합의점을 찾을 수 없는 상황이었습니다. 세입자는 자신의 보증금 전액을 배당받고 이사를 해야만

했습니다. 만약 이사하지 않을 경우, 필자에 의해서 강제집행을 당할 수 있고, 그 비용과 필자의 손해까지 배상해야 하는 처지라서 이사를 안 할 수는 없습니다.

소액임차인 최우선변제의 기준일을 전입신고를 한 날로 알고 계시는 분들이 있습니다. 그러나 이는 절대로 아닙니다. 소액임차인 최우선변제를 판단하는 기준은 전입 일자나 매각기일이 아니라 최선순위 담보물권이 설정된 날입니다. 다음 자료를 참고해보세요.

임차인	점유부분	전입/확정/배당	보증금/차임	대항력	배당예상금액	기타
김■■	주거용 건물의 전부	전입일자: 2015.02.09 확정일자: 2015.02.09 배당요구: 2022.03.03	보55,000,000원	있음	소액임차인 미배당보증금 매수인인수	임차권등기자, 경매신청인, 문건처리내역상 배당요구일: 2022.11.08

No	접수	권리종류	권리자	채권금액	비고	소멸여부
1(갑2)	2013.12.18	소유권이전(매매)	■■			
2(을7)	2018.10.05	근저당	■■	143,000,000원	말소기준등기	소멸
3(갑3)	2019.06.13	가압류	대전신용보증재단	41,244,000원	2019카단52321	소멸
4(갑4)	2019.07.04	가압류	하나카드(주)	16,167,043원	2019카단52564	소멸

(출처 : 옥션원)

이 자료를 보면 임차인은 2015년 2월 9일에 전입과 점유를 했지만, 담보 물건이 설정된 날은 2018년 10월 5일로, 이날이 최우선변제를 받을 수 있는 기준일이 되는 것입니다. 또한 임차인이 거주한 건물이 꼭 주거용이 아니어도 실제로 어떻게 이용되고 있느냐에 따라 판단합니다. 즉, 상가 건물이라도 그곳에 전입하고 일상생활을 하면 상가 임대차보호법만 해당되는 것이 아니라 주택 임대차보호법 적용을 받을 수 있다는 것이지요. 상가 임대차보호법의 보상 범위보다 주택 임대차보호법 보상 범위가 더 넓어서 될 수 있는 대로 주택 임대차보호법 적용을 받는 것이 유리합니다. 따라서 공부상 상가, 공장으로 되어 있더라도 사회 통념상 건물로 인정될 수 있고, 내부를 개조해서 사실상 주거용으로 사용하고 있다면, 주거용 건물로 간주해서 주택 임대차보호법에 따라 보호받을 수 있다는 것입니다.

⑨ 명도가 완료되다

세입자로부터 연락이 왔습니다. 배당을 받고 이사를 가겠다며 명도확인서를 달라는 것입니다. 그래서 집을 구했냐고 했더니 집을 구했다고 하더군요. 이럴 때 집을 구했다는 것을 믿고, 낙찰자 본인의 인감증명서가 첨부된 명도확인서를 바로 주면 탈이 날 수가 있습니다. 그래서 혹시 이사 갈 집 계약서나 이사 견적서를 제가 확인해볼 수 있냐고 했더니, 이번에는 순수하게 사진을 찍어서 보내주더군요. 그래서 계약서에 나온 부동산 중개사무소로 연락해서 이사 날짜를 확인했고, 이사 업체에 전화해서 배당받는 날에 이사하는 것을 확인한 후 관리실에서 발급한 반출증(관리비를 정산했다는 증거가 될 수 있음)을 확인하고 나서야 명도확인서를 주었습니다.

예전에 이런 일이 있었습니다. 속초에 아파트를 하나 낙찰받았습니다. 부인 명의의 아파트였는데, 남편의 채무로 경매에 넘어간 것을 필자가 낙찰받았습니다. 그런데 명도 과정에서 다른 채권자들이 찾아올까 봐 무척 불안해하면서 사람을 잘 못 믿는 소유자분이었습니다. 많은 대화를 통해서 저를 믿었고, 의지하면서 이후 과정을 도와달라고 했습니다. 그러면서 경매로 빚을 청산한 후 남은 잉여금(3,000만 원 정도 남은 돈)을 수령하는 데 협조를 구하더군요. 그러면서 법원에서 돈을 받으면, 그 자리에서 자신과 임대차 계약서를 작성하고 월세 보증금을 주겠다고 약속했습니다. 즉, 대화가 잘된 케이스였습니다. 그래서 저는 배당기일에 속초법원에 가서 그분을 만나서 안심시켜주면서 돈을 받을 수 있는 서류를 받아 함께 법원에 있는 은행에서 돈을 수령하도록 도와주었습니다. 그분은 돈을 찾은 후 법원 밖으로 나와서 급하게 택시를 타고 도망을 쳤습니다.

너무나 황당하고 어이없는 일을 겪은 뒤 돈 앞에서는 친절도, 선의도 필요 없다는 것을 느꼈습니다. 그래서 명도확인서를 줄 때는 고려해야 할 사항이 많다는 점을 유념해야 합니다.

2월 하순, 아직은 찬 바람이 남아 있는 동토의 추운 겨울에 긴 여운을 남기고 그분들은 보금자리를 떠났습니다. 새로 이사 갈 집이 있는데 사정을 봐줄 수 없느냐며 이야기했지만, 어쩔 수 없이 단기 임대 집을 얻어서 이사했습니다. 입장을 바꿔서 생각해보면 세입자의 서러움이지요. 내가 의도하지는 않았지만, 임대로 사는 집이 경매로 넘어가서 이사해야 하는, 집이 없는 사람의 서러움을 체험했습니다.

아무튼 그분들이 떠나고 청소를 하면서 과연 이 집에 짐이 들어올 수 있을까 계산해보니 도저히 불가능한 일이었습니다. 그럼에도 불구하고 이사를 해야 하는 상황이라서 결국은 짐을 줄일 수밖에 없었습니다. 44평 아파트에서 17평으로 이사를 한다는 것은 아내의 이해와 도움이 없으면 불가능한 일이지요. 지금도 그때 일을 생각하면 아내에게 너무나 미안하고 고마운 일이었습니다.

이사하면서 결혼할 때 준비한 장롱을 집으로 올렸다가 다시 내려서

때려 부숴야 했습니다. TV 받침대도 일자로 놓지를 못하고 두 개를 포개서 놓아야 했고, 작은방에 안방 침대를 놓았습니다. 필자는 이 집에서 2년 반을 살았습니다. 아이가 4학년이 되더니 집이 좁다고 하더군요. 그 말을 듣자마자 저는 한순간의 망설임도 없이 부동산 중개사무소로 달려갔습니다.

제2장

그래도
서울

40대라면
부동산은 필수다

서울에서 대구, 서울에서 부산. 어디가 더 가까울까요? 이것은 물어볼 필요도 없이 대구입니다. 그런데 투자자는 거리에 대해서 몇 가지 생각을 정리해볼 필요가 있습니다.

- 시간적 거리 : 부산과 대구를 비교할 때 실질적 거리는 부산이 멀지만, 비행기를 타면 부산이 시간상으로 덜 걸릴 수 있습니다.
- 심리적 거리 : 서울역에서 KTX를 타면 천안 아산역은 40분이면 갈 수 있는 거리입니다. 그런데 서울역에서 인천 송도를 가려면 1시간으로는 갈 수가 없습니다. 분명히 물리적으로나 시간적으로 송도가 더 많이 걸림에도 심리적으로는 더 가깝게 느껴지는 것입니다. 이것이 바로 심리적 거리입니다.
- 공간적 거리 : 물리적 거리라고 할 수도 있는 공간적 거리는 실질적인 거리를 말합니다. 수서역 부근이나 서울역 부근에 직장이 있어 KTX 천안 아산역 부근에 자가를 마련한다면, 출퇴근이 쉽습니다. 공간적 거리는 멀지만 시간적 거리가 가깝기 때문이죠. 다만 심리적 거리가 멀기 때문에 쉽게 선택할 수 없을 뿐입니다.

국가에서는 수도권 광역철도망을 구축합니다. 서울을 중심으로 수도권 어디든지 지하철이 갈 수 있도록 설계되어 있습니다. 서울로 모여드는(일자리) 사람들에게 공간적으로 먼 거리이지만, 어떻게든 시간적 거리를 단축해서 출퇴근하는 데 지장이 없게 하기 위함입니다. 서울 외곽에도 교통이 좋고, 인프라가 갖춰진 신도시를 건설해서 그곳에서 서울 중심으로의 진입을 용이하게 할 교통 대책이지요. 서울로 모여드는 인구를 분산해서 쾌적하고, 규모 있는 국제적 글로벌 도시로 만들어야 하기 때문입니다. 이렇게 수도권의 주택정책, 인구정책과 교통정책의 방향을 먼저 생각해봐야 합니다.

국가에서는 교통 좋고, 인프라가 잘 갖춰진 외곽의 신도시를 만들어서, 이곳은 집값도 싸고, 대출도 잘해줄 것이니 이쪽으로 가라고 유도합니다. 이것이 신도시 정책입니다. 그러다 보니 신도시로 가는 사람들을 어쩔 수 없이 서울에서 밀려난 사람으로 인식하기도 하고, 직주근접 범위 안에 드는 부동산을 어떻게든 사고 싶어 합니다. 그러다 보니 양질의 일자리가 있는 지역의 아파트 가격은 내려갈 수가 없습니다.

시간적 거리(교통이 아무리 발달해도)가 공간적 거리와 같을 수는 없습니다. 그것은 엄연히 존재하는 심리적 거리가 있기 때문입니다. 부동산 투자를 할 때, 아무리 교통이 발달한다고 해도 실질적으로 가까운 거리와는 다릅니다.

부동산 가격의 포인트
① 직주근접

부동산 가격에 영향을 미치는 요인은 바라보는 방향에 따라 다양하게 해석할 수 있습니다. 그런데 가장 큰 것은 수요입니다. 즉, 그 아파트로 이사를 오고 싶어 하는 사람이 많아야 한다는 것이죠. 물론 브랜드 아파트, 대단지 아파트, 수영장을 갖추고 커뮤니티가 훌륭해서 젊은 엄마들에게 인기가 있는 상품성을 가진 것도 매력입니다.

더불어 교통 호재와 일자리입니다. 산업단지 조성으로 인구 유입이 꾸준하면 부동산 가격을 지탱해줄 수 있는 호재죠. 이 이야기를 다시 정리하자면, 결국은 그 아파트가 어디에 있느냐(입지-상급지)에 따라 달라진다는 것입니다. 물론 다 그런 것은 아닙니다. 상급지의 구축 아파트보다 그 아래 신축 아파트가 더 비싼 경우도 있습니다. 하지만 시간이 흐르면 신축도 구축이 되기 마련이기에 입지로 인한 차이는 더 커질 수밖에 없습니다. 그럼 이 입지는 무엇으로 판단해야 할까요? 그것은 양질의 일자리와 학군입니다.

현대 사회에서는 가정 공동체가 어느 때보다 더 강조되고 있습니다. 이제 주 4일 근무까지 이야기가 나오고 있으니까요. 이 말은 직장인들의 삶에서 중요한 부분이 일터와 가정의 거리라는 것입니다. 본인의 라이프 스타일을 유지하며 직장생활을 해야 하는 조건 중의 하나가 집과 직장의 거리입니다. 즉, 삶의 질이 직주근접에 있다는 것입니다.

일본의 경우, 도심의 집값이 뛸 때 많은 직장인이 도시 근교로 주거를 옮기고 출퇴근을 했는데, 시간적 거리보다 심리적 거리가 커서 다시 도시 안으로 들어온 예가 좋은 본보기가 될 것입니다. 어떤 통계에서 서울 사람들이 출근길에서 보내는 시간이 평균 40분 정도인 것으로 이야기한 것처럼, 적어도 출퇴근 왕복 시간이 3시간이 넘어가면 피로감이 쌓이고, 이런 사람들은 필연적으로 직장이 가까운 곳으로 주거를 옮길 기회를 계속 고민하게 됩니다.

수도권은 대변혁의 시대를 기다리고 있습니다. 서울 인구는 1,000만 명이 무너진 지 오래되었고, 경기도는 1,300만 명이 넘어섰습니다. 그리고 정부에서는 경기도에서 서울로 향하는 교통망을 촘촘하게 짜고 있습니다. 앞에서 이야기한 것처럼 용인 일대에 삼성전자와 SK하이닉스의 증설로 인한 신도시(3만 2,000가구 들어설 예정 : 판교는 2만 9,000세대로 새로 들어설 신도시가 더 큼)가 개발될 것이며, 이 도시는 자급도시로 나름대로 메리트가 있습니다.

그럼에도 불구하고 경기도에서 서울로 직장을 다니는 사람들은 왕복 3시간씩 걸리는 것보다는 비록 낡은 주거 형태라도 서울을 선호합니다. 그곳에 가면 일자리, 학군, 문화시설, 쇼핑센터, 병원 등 모든 것이 갖추어져 있기 때문이지요.

강남은 우리나라를 대표하는 대기업의 본사들, 외국 회사 등 양질의 일자리가 많은 곳입니다. 그럼 강남에는 어떤 지하철이 지나갈까요? 필자가 운영하는 카페인 더리치 실전반인 연회원 수업 때 투자자라면 적어도 투자 가치가 있는 지하철 노선은 외워야 한다고 말합니다. 서울에서 가장 핵심은 양질의 일자리를 지나가는 지하철 노선이 어떤 노선이

냐를 기억하고, 그 노선에 위치한 투자 유망 아파트가 어떤 것이 있으며, 자신의 투자금 대비 가능한 곳을 찾아보자는 것이죠. 그래서 지하철 노선에 따른 임장 숙제를 주기도 했습니다. 아무튼 강남을 중심으로 지하철 노선을 따라 아파트값을 분석해보면, 강남 쪽에 가까운 곳에서부터 멀어지는 쪽으로 가격 차이가 있음을 볼 수 있습니다.

② 서울 지하철 황금노선은 어느 노선일까요?

- 2호선 : 우리나라 대표적인 일자리를 가지고 있는 강남과 서울 도심인 시청을 경유하며 많은 지하철 노선과 환승이 되는 노선으로, 2021년 부동산의 호황기와 2023년 침체기 때에 2호선 역세권 아파트 가격의 편차가 상대적으로 적었다고 합니다.

- 9호선 : 강남을 지나서 고속터미널, 여의도, 마곡, 김포공항으로 양질의 일자리를 지나는 노선이며, 급행열차를 운행해 물리적 거리의 어려움을 시간적 거리로 단축시킨 황금노선입니다. 이 노선의 부동산은 역세권별로 편차가 많습니다. 직주근접에 대한 교통망이 이 지역 부동산 가격에 주는 영향은 앞으로도 무시하지 못할 것입니다.

- 3호선 : 서울 중심부를 지나서 강남으로 이어지는 노선입니다. 대화에서 시작해서 오금으로 끝나는 노선으로, 이번 호황과 불황 때 아파트 가격 변동 편차가 가장 적은 노선이었다고 합니다.

- 신분당선 : 아직 완공되지는 않았지만, 수원 삼성전자 근처인 광교, 양질의 일자리가 많은 판교를 거쳐서 강남, 대통령실이 있는 용산으로 이어질 노선입니다. 2023년 8월에 용산에서 일산 쪽으로 연결될 노선이 취소되면서 논란이 되었던 노선이기도 합니다.

- 7호선 : 상계동에서 인천 서구 석남동까지 연결되었지만, 차후에는 양주에서 청라역까지 연결되는 노선으로, 서울 외곽에서 출발해서 강남을 경유해 인천청라국제도시까지 연결되는 노선입니다.

그럼 수도권 전철 노선별 역세권 아파트 가격지수 전년 동월 대비 변동률을 표로 살펴볼까요?

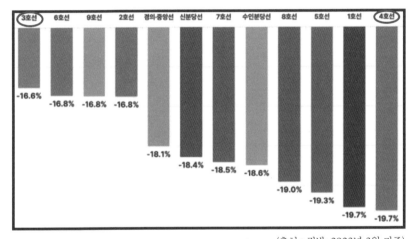

(출처 : 직방, 2023년 3월 기준)

위의 자료를 보면 결국은 강남권으로 진입이 빠르고 수월한 지하철 노선(3호선, 9. 2호선)과 강남과 먼 지역의 역세권(3호선, 9. 2호선) 아파트 가격 지수 변동이 크다는 것을 볼 수 있습니다. 즉, 부동산에 투자할 때 핵심 지역을 염두에 두고, 자신의 종잣돈에 맞추어야 하지만, 직주근접이 뛰어나고 지하철역과 근접한 대단지 아파트가 투자적 관점에서는 매력이 있다는 것입니다.

③ 수도권의 인구 집중 현상

앞에서 언급한 것처럼 서울 인구는 줄어들고, 서울 외 수도권(경기·인천) 지역은 인구가 늘어나고 있습니다. 어떤 해는 57만 명이나 서울을 빠져나갔으니까요. 그럼 왜 사람들이 서울, 서울 하면서도 서울을 떠날까요? 그것은 바로 집값 때문입니다.

이와는 반대로 경기도는 인구가 증가(1,350만 명)하고 있습니다. 수원시(122만 명), 용인시(109만 명), 고양시(108만 명), 이 세 도시는 광역시가 되는 인구 요건을 갖춘 도시로, 지난해 특례시로 승격했어요. 이 외에 화성시가 94만 명, 성남시가 93만 명으로 화성시는 2년 전부터 부천시보다 인구가 많아졌고, 성남시보다도 인구가 더 늘어났습니다. 화성시의 인구 증가 요인은 대규모 택지 개발과 산업단지 조성, 등으로 일자리가 풍부해졌기 때문입니다. 즉, 부동산 수요층은 일자리와 주거가 붙어 있어서 직주근접이 될 때 탄탄한 가격대를 유지할 수 있습니다.

④ 인구가 늘어나는 도시들

쾌적한 주거환경을 갖춘 도시들에서 인구가 늘어나고, 새로운 일자리가 생성된 지역에서 인구가 늘어나고 있습니다. 즉, 직주근접에 따른 주거 선호도라고 할 수 있습니다. 그럼 어떤 도시들이 인구가 늘어나고 있는지 한번 살펴볼까요? 이 자료는 유튜브 '도시연구소' 자료를 참고했습니다. 행정자치부 인구통계를 중심으로 2018년 1월부터 2023년 3월까지 5년간 평균 1만 명 이상 늘어난 도시를 통계로 본 것이며, 총 23개 도시 중에 수도권이 15개 도시, 비수도권 도시가 8곳이나 되네요. 결국 인구가 늘어난 곳에 집도 늘어나고, 주택 수요도 늘어나기 때문입니다.

- 1위 화성시 : 화성시는 시로 승격된 2001년에 21만 명인 소도시가 2022년 9월에 90만 명으로 인구가 증가했습니다. 화성시는 앞으로도 택지 개발과 일자리 호재가 예정된 도시로서, 꾸준히 인구가 늘어날 것으로 예상됩니다. 필자가 동탄 신도시를 2023년 9월에 임장해보니 봄보다 아파트가 1~2억 원씩 올랐습니다.

- 2위 세종시 : 전국에서 인구 증가율이 가장 높고 신생아 출생률이 가장 높은 도시입니다. 세종신도시의 부동산은 부침이 심한 곳이기는 하지만, 미래 전망은 아주 높은 지역 중 하나입니다. 이곳에 국제학교만 들어온다면, 그래서 학군이 형성된다면 부동산도 확실히 미래가 보장되는 도시가 될 것으로 예상이 되는 도시입니다.

- 3위 평택시 : 삼성전자반도체 공장이 건설되면서 인구가 폭발적으로 증가했고, 앞으로도 계속 발전이 진행 중인 도시로 전망됩니다. 평택 삼성전자의 확대는 아직도 진행형입니다. 다만 반도체 공장의 용수 한계가 어디까지인지 필자는 가늠할 수 없고, 새롭게 들어설 시스템반도체 클러스터가 이곳 부동산까지 영향을 미칠 것으로 예상됩니다.

- 4위 하남시 : 전국에서 가장 높은 인구 증가율을 가진 도시로 위례신도시, 미사강변도시가 있으며 3기 신도시인 교산신도시가 들어서면 인구가 40만 명이 넘어설 것으로 예상되는 도시입니다. 하남시 자체는 생산시설 및 일자리가 풍부한 곳이 아니지만, 강남 접근성으로 인해 인구가 늘어났습니다.

- 5위 김포시 : 한강신도시 개발, 광역교통망 개발, 한강변 콤팩트시티 개발 등 앞으로도 인구가 지속해서 유입될 지역으로, 인구 유입이 70만 명이라고 하네요.

- 6위 시흥시 : 한때는 낙후된 지역이었지만, 이제 인구가 50만 명인 도시가 되었습니다. 전주시 인구가 64만 명입니다. 이와 비교해보면 엄청나게 커진 도시이며, 앞으로도 광명, 시흥 신도시, 하중지구 등 인구 유입이 계속 남아 있는 곳입니다.
- 7위 남양주시 : 생산시설, 의료시설 등 도시 인프라가 부족한 도시지만, 다산신도시와 3기 신도시인 왕숙도시 등 인구 유입 여력이 많이 남아 있으며, 교통인프라(GTX)로 인한 도시 확장성이 예상되는 도시입니다.
- 8위 용인시 : 2006~2007년 버블세븐이라는 시절이 있었습니다. 부동산 가격이 폭등하던 2006년 무렵에 아파트값이 가장 많이 오른 7개 지역인 서울의 강남구, 서초구, 송파구, 양천구 목동, 경기도의 용인시, 분당 신도시, 평촌 신도시를 이르는 말이었습니다. 그 뒤로 서울은 선방했지만, 용인은 부동산의 무덤이라 칭했던 시절이 있었는데, 이제는 교통인프라, 양질의 일자리인 반도체 등 탄탄한 양질의 일자리(SK하이닉스, 삼성전자)가 인구 유입을 견인한 지역입니다.
- 9위 파주시 : 운정 신도시를 중심으로 한 인구 유입 정책이 만들어낸 도시입니다.
- 10위 광주시 : 중부 고속도로, 경부고속도로를 끼고 있는 광주시는 물류, 창고업이 발달했던 곳인데, 판교를 중심으로 한 일자리가 옆에 들어서면서 인구가 늘어나고 있는 도시입니다.

그 밖에 11위는 경기도 고양시, 12위 경기도 양주시 13위 충남 아산시, 14위 충남 천안시, 15위 경기도 과천시, 16위 경기도 의정부시, 17

위 인천광역시, 18위 강원도 원주시, 19위 경기도 오산시, 20위는 경남 양산시였습니다.

인구 유입이 많은 도시를 보면, 첫 번째는 일자리가 풍부하게 늘었고, 두 번째는 정부의 도시 분산화 정책으로 인해 신도시에 인구 유입이 크게 작용된 것을 볼 수 있습니다. 그럼 투자자 입장에서는 어느 지역을 선택하는 것이 리스크를 줄일 수 있을까요? 산업기반 시설이나 생활편의 인프라가 부족하면서 교통 호재가 준비된 확정성 도시보다는 양질의 일자리가 준비된 도시가 투자자들에게는 유리할 수 있다고 볼 수 있습니다.

우리나라 인구 전망을 보면, 비수도권(지방) 지역은 인구가 크게 줄어들 것이며, 하물며 어떤 도시는 소멸될 것이라는 전망도 있습니다. 그렇지만 인구가 오히려 늘어나는 지방 도시도 있습니다. 이는 일자리를 찾아 사람들이 몰려들기 때문입니다. 통계청의 장래인구추계에 의하면, 전국 17개 광역자치단체에서 2020년과 비교해서 2050년에 인구가 더 늘어 있을 것으로 예상되는 광역자치단체는 총 4곳으로 경기도, 충청남도, 세종특별자치시, 제주특별자치도라고 합니다.

- 경기도 : 1,345만 명에서 1,435만 명으로 증가
- 충청남도 : 218만 명에서 219만 명으로 증가
- 세종특별자치시 : 35만 명에서 63만 명(국토연구원의 2040년 장래인구 보고서에서는 2020년 35만 명에서 약 60% 늘어난 56만여 명으로 전망)으로 전망
- 제주특별자치도 : 67만 명에서 70만 명으로 늘어날 것으로 전망

늘어나는 인구수 자체는 경기도가 90만 명으로 가장 많지만, 증가하는 비율로 보면 세종특별자치시가 80%로 가장 높은 것으로 나타났습니다.

10개 광역자치단체에서 각각 인구가 가장 많이 증가할 기초자치단체로 경기도는 화성시, 인천광역시는 서구, 강원도는 원주시, 충청북도는 청주시 흥덕구, 충청남도는 천안시 서북구, 경상북도는 구미시, 경상남도는 창원시 성산구, 전라남도는 순천시, 제주특별자치도는 제주시, 그리고 세종특별자치시로 나와 있습니다. 그렇지만 창원시 자체로는 인구가 감소 추세에 있으며, 조만간 100만 인구도 무너질 것으로 전망하기도 합니다. 이와는 반대로 2040년까지 인구가 감소하는 도시도 있습니다. 서울, 대전, 대구, 부산, 울산, 광주, 전북 등 7개 광역자치단체가 모두 인구가 감소한다고 합니다.

이제 일자리가 늘어나고, 그 일자리를 중심으로 교통이 뚫리면서 사람들이 몰리는 도시가 어디인지 보일까요? 투자자로서 투자해야 할 지역이 어디인지 짐작이 되었으면 좋겠습니다. 그런데 여기에서 우리가 조심해야 할 것은 서울은 인구가 줄어든다는 것입니다. 그럼 서울을 무시해야 할까요? 절대로 그렇지 않습니다. 서울을 국제적인 도시로 만들기 위해서 인구 분산 정책을 통해 서울 인근에 신도시를 건설한다는 점에 유념해야 합니다.

⑤ 학군과 부동산
대한민국 어느 동네나 학교가 있고 학원이 있습니다. 그렇지만 학부모 입장에서는 바라보는 학군은 다릅니다. 서울 명문대학을 많이 간 학교가 있는 지역을 학군으로 보면서 이런 지역을 선호하고, 그러다 보니 이런 지역은 자연스럽게 수요가 많아져서 부동산 가격이 높습니다. 학군이 좋다는 것은 여러 가지로 해석될 수 있지만, 초등학교의 경우 학급수는 많으면서 반 학생 수는 적은(선생님 한 명당 배정된 학생 수는 적은) 곳입니다. 많은 친구를 사귈 수 있으면서도 보호해줄 수 있는 선생님 숫자가 많으면 아이의 안전에 대한 걱정거리가 줄기 때문에 많은 학부모들이 선호합니다.

학교 알리미(www.schoolinfo.go.kr)는 초등·중학교 공개 정보를 담은 사이트로, 학생 수뿐만 아니라 교육 과정, 졸업생 진로 현황 등 중요한 정보를 제공해주고 있습니다. 여기에서 저학년의 학급수는 적은데 고학년으로 갈수록 학급수가 늘어난 경우가 있습니다. 명문 학군의 초등학교는 저학년에 비해 고학년 비율이 높습니다. 그 이유는 아이가 어릴 때는 그냥 동네 학교로 보내다가 고학년이 될 때 학군을 찾아서 이사를 한다는 증거입니다. 또한 집값 부담 때문에 움직이지 않다가 아이가 중학교에 갈 즈음에 학군이 좋은 동네로 전학을 온다는 것입니다.

중학교의 경우에는 가장 중요한 점은 학업 성취도입니다. 학업 성취도가 높은 중학교, 즉 과학 고등학교, 외국어 고등학교 등 특목고에 진학할 중학교 학군이 주변 부동산에 영향력을 미칠 수 있습니다. 그렇지만 조만간 특목고는 없어진다고 하니 참고하세요. 고등학교의 경우는 학업 성취도와 더불어 면학 분위기가 중요합니다. 어떤 대학교를 보내는지가 좌우되기 때문입니다. 결국 학군은 부동산으로 이어진다는 것입니다. 한 가지 이야기하자면, 목동보다는 마포가 강남으로의 접근성이 뛰어나지만, 아이들 학교 때문에 목동으로 주거를 옮기기도 하고, 일자리가 가까운 마곡에서 목동과 가까운 화곡동 쪽으로 이사를 나오는 사람들도 있습니다.

결국 학군이 좋은 지역은 부동산의 환금성이 뛰어나고, 세를 놓기도 수월합니다. 수요가 있으니 하락장에서도 다른 지역에 비해 크게 하락하지 않습니다. 투자자로서 우리가 한 가지 꼭 확인해볼 점은 호재와 이슈를 안고 있는 지역의 아파트는 상승 시기에 확실히 올라주고, 하락장에서는 모든 지역이 어렵기는 마찬가지지만, 그래도 선방한다는 것입니다.

40대는 망설일 시간이 없다
① 40대는 어른이 된 나이

40대는 인생의 중심에 있는 시기입니다. 가정에서는 자식들을 한창 교육시킬 나이이고, 직장에서는 일정 부분 책임자의 위치에서 있다 보니 바빠서 자신을 챙기지 못할 수 있는 시기입니다. 이 시기에 승진에 몰두하다 보면 어느 순간에 자식들은 성인이 되어 있고, 자칫 인생을 걸고 일했던 직장에서 밀려나는 신세가 되기도 합니다. 40대 후반으로 들어서면 신체적으로도 저하되기 시작하고, 성인병이 찾아오기도 합니다. 아직 이루어놓은 것은 없어 앞만 보고 미친 듯이 살아왔는데, 늙어가는 부모님을 보면서 자신의 미래를 보는 것 같고, 직장에서도 일상적인 업무는 경력으로 처리하지만, 결정적이고, 중요할 때 쉽게 풀리지 않는 일들이 생기기 시작합니다.

뒤돌아보면 30대는 결혼과 육아, 직장에만 전념한 시기였습니다. 어쩌면 결혼이 늦어진 지금은 40대 중반까지도 이런 삶이 지속되고 있을 수 있습니다. 이런 일상을 살아내는 것을 행복으로 느끼기도 할 것입니다. 그런데 40대 중반으로 넘어오면 새로운 삶의 영역이 기다리고 있습니다. 알고 지낸 사람 중에 세상을 떠나는 사람들도 생기고, 친가든 처가든 부모님들의 병원행이 잦아지고, 직장에서의 애매한 위치 때문에 고민이 깊어지고, 아직 끝나지 않은 자식들의 학업 등에 서서히 등골이 휘어짐을 느껴가는 시기이기도 합니다.

40대 중반에 들어서야 우리는 인생의 본궤도에 올랐다고 볼 수 있습니다. 이제야 인생의 고통과 마주할 수 있는 나이이고, 어른이 된 느낌을 받는 나이입니다. 그래서 이때를 잘 준비해야 합니다. 마음도 몸도 준비해야 하지만, 경제적으로도 준비되지 않으면 중장년 시기에 힘이 듭니다. 이제 어른이 되었으니 자기 언행을 책임을 져야 하는 때입니다.

② 예전의 방식은 옳았고, 앞으로는 새로운 방식으로 살 필요가 있다

40대 중반이 넘어서면 이제 앞만 보고 살아가는 삶이 아니라 옆도 보고, 걸어온 길도 다시 돌아보면서 속도는 조금 느릴지 모르지만, 주위를 살피면서 걸어갈 필요가 있습니다. 이렇게 이야기하면 "그럼 내가 지금까지 살아온 방식이 잘못된 것인가?" 하고 반문할 수 있지만, 지금까지는 예전의 방식은 옳았고, 앞으로는 새로운 방식으로 살 필요가 있다는 것이죠.

젊었을 때의 생각과 관념, 그리고 생활의 태도를 잘 정리해서 중장년의 삶을 살아갈 수 있는 새로운 패러다임을 만드는 시기가 40대라는 것이죠. 이것은 중년을 맞이하는 과정입니다. 필연적으로 고통이 따르고 혼란이 생길 수밖에 없습니다. 아직도 나는 젊다고 생각하기 때문입니다.

③ 지금부터 준비해야 한다

2023년 부동산 시장에서는 전세사기에 따른 여론이 굉장히 좋지 않습니다. 그럼에도 불구하고 2030세대에서 부동산에 투자할 예정이라고 응답한 비율이 절반 이상을 넘었다는 직방의 자체 플랫폼에서 실시한 조사결과도 있습니다. 이 조사에 의하면, 20~30대에서도 부동산을 보유하고 있는 비율이 19.6%로 나타났고, 앞으로 투자를 하겠다는 비율이 54.5%로 나타났습니다. 그리고 투자하고자 하는 부동산 상품으로는 아파트가 45.9%, 청약이 23.3%, 분양권과 입주권이 12.5%로 나타났습니다. 따라서 아파트를 중심으로 거주를 목적으로 하는 부동산 투자에 관심이 높다는 것입니다.

한국부동산원 통계에 따르면, 수도권 아파트 구매 연령대는 2019~2020년 당시 40대가 가장 높았으나, 2021년 이후부터는 30대가 가장 높은 비중을 차지했으며, 2030의 구매 비중도 증가세를 보인다고 했습니다. 대학내일20대연구소는 부동산 실구매층의 중심이 되는 후기 밀레니얼 세대(1989~1995년 출생자를 지칭)의 부동산 인식 조사 보고서를 발표했는데, 후기 밀레니얼 응답자 가운데 76.4%가 '인생에 있어 내 집 마련은 필수'라고 응답했으며, 특히 내 집 마련 목적으로 재테크를 하는 비율이 37.0%, 주택 유형으로는 아파트가 78.7%로 압도적이었다고 합니다.

이렇게 20~30대들도 부동산에 관심이 많다는 것은 노동 소득에만 의존하지 않고, 경제 활동을 더 적극적으로 해보겠다는 의지로 볼 수 있습니다. 이 책을 읽는 당신이 40대라면 다음의 것들을 유의해야 합니다.

- 무조건 내 집을 마련해야 합니다. 이것은 선택이 아니라 필수입니다.
- 내 집을 마련했다면, 다시 한번 똘똘한 한 채로 갈아타야 합니다.
- 투자의 세계로 들어왔다면, 직주근접, 학군지 아파트를 노려봐야 합니다.

그렇지만 실수에 대한 두려움이 커서 쉽게 움직일 수 없는 것이 현실입니다. 그렇기 때문에 실수를 줄일 수 있는 투자 방향을 잡고, 태도를 분명히 하는 것이 좋습니다. 당신이 이 책을 집어 들고 경매에 관심을 가져본다면, 모호한 태도를 버리고 체계적인 투자 시스템을 확인해야 합니다. 그 이유는 투자 세계에 들어오면 투자할 것도, 돈이 될 만한 것도 너무나 많기 때문입니다. 이 말을 역설적으로 해석해보면 실패할 확률도 높다는 것입니다.

④ 성공 투자를 하기 위한 워밍업

투자의 세계에 들어온다는 것은 쉬운 결정이 아니지만, 어려운 일도 아닙니다. 다만 한 가지 분명한 것은 지금까지 살아왔던 생활패턴을 바꾸어야 한다는 것입니다. 그리고 생활의 초점을 부동산 투자에 맞춰야 합니다. 그 이유는 돈 버는 것이 그리 만만한 일이 아니기 때문입니다.

시간을 많이 투자해야 한다

투자 세계에 들어온다면, 가정과 직장에서 해야 할 일 이외의 모든 시간을 부동산에 할애해야 합니다. 그래야 투자의 세계에서 실패하지 않고 승부가 결정될 때까지 머물러 있을 수 있습니다. 그렇지 않으면 중도에 그만둘 확률이 너무나 높습니다.

당신의 편이 되어줄 전문가 한 사람은 만나야 한다

이것은 쉬운 일은 아니지만, 당신이 초보자라면 유명한 사람을 찾아 나설 필요는 없습니다. 어쩌면 거기서부터 실패가 시작될 수 있습니다. 명성보다는 자신의 성향에 맞는 전문가를 찾는 데 공을 들이는 것이 좋습니다.

너무나 이론적인 책에 빠져들지 말아야 한다

잘 배워서 강의를 하겠다면 모를까, 투자자로서 출발하고 싶다면 당신이 평소에 쓰고 있는 말과 비슷하게 쓰인 책을 한 권 찾아 밀도 있게 공부하는 것이 중요합니다. 일단 부동산이나 부동산 경매로 성공했다는 내용의 책을 먼저 읽고, 그런 책을 통해서 용기를 얻으면, 투자 방향을 선택하는 데 도움이 될 것입니다.

투자할 때 부정적인 생각은 가급적이면 피해야 한다

'돈이 없는데 투자를 어떻게 해?', '투자했다가 집값이 내려가면 어떻게 해?' 이런 사고로는 결국 아무것도 할 수 없습니다. 그리고 아무것도 하지 않으면 내 인생에서 아무것도 일어나지 않습니다. 결국은 노동 수입에 내 인생을 맡겨야 한다는 것이지요. 남들과 똑같이 해서는 성공할 수 없습니다. '지금 시작해도 늦지 않았을까?' 하고 걱정하지 말고, 늦게 시작했으니 두 배로 노력하겠다고 다짐해야 합니다. 부동산은 긴 안목을 가지고 긴 호흡으로 해야 합니다. 열정은 인생을 바꿀 수 있기 때문입니다. 그런데 열심히 한다고 해서 다 성공할 수 있을까요? 결코 그렇지 않습니다. 열심히 했는데 성공하지 못했다면 방향성이 잘못되었을 수도 있고, 노력한 질을 확인해볼 필요가 있습니다.

지금의 직업으로 인생을 바꿀 수 있느냐고 질문해야 한다

지금 내 생활(직장, 주거 조건, 휴일의 여가, 미래에 하고 싶은 일들 등)에 만족한다면, 이 책을 계속 읽을 필요는 없습니다. 그러나 어떻게든 인생을 뒤집어보고 싶다면 마음을 단단히 먹어야 합니다.

- 임금 노동자로는 부자가 될 수 없고, 인생을 뒤집을 수 없다.
- 아끼고 저축해서는 절대 부자가 될 수 없다.
- 부자가 되는 데 절약은 종잣돈을 만들 때까지이고, 그 이후에는 잘 쓰는 것이 더 중요하다.
- 돈은 성실히 노력해서 벌 수도 있지만, 돈 버는 기술을 알면 더 잘 벌 수 있다

이렇게만 다짐한다면 성공할 수 있습니다.

당신이 부동산 경매를 해야 하는 이유

김미경 작가는 《마흔 수업》에서 불혹의 나이 40대는 긍정적인 마인드와 꿈, 희망을 갖고 행동해야 50~60대에는 지금보다 행복하게 살 수 있다고 하더군요. 누구나 부자가 되고 싶고, 좋은 집에서, 멋진 차에 꼭 출근을 안 해도 생활비 걱정 없이 사는 부자가 되기를 원하지만, 보통은 이것을 그냥 바라기만 할 뿐 실천에 옮기지 못하고 살아갑니다. 지금 생활에 익숙해져 있고, 일을 더 만들고 싶지 않고, 귀찮고, 머리 아픈 일이라 피하면서 부자는 되고 싶어 합니다.

머리 안 아프고, 신경 안 쓰면서 부자가 된 사람은 이 세상에 아무도 없을 것입니다. 부모 잘 만나 부자가 된 사람도 그 재산을 지키기 위해서는 머리 아픈 일, 신경 써야 할 일들이 아주 많습니다. 그런데 당신이 초보자이면서 머리 아프지 않고 신경 덜 쓰는 것만 찾는다면 과연 부자가 될 수 있을까요.

부동산으로 돈을 버는 것은 굉장히 간단합니다. 수요는 많지만, 공급이 적은 곳을 찾으면 그곳에 돈이 있습니다. 오늘 할 일을 내일로 미루면 편안한 노후를 만날 수 없습니다. 지금, 이 순간 내 생활의 변화를 깨지 않는다면, 자신의 인생을 바꿀 소중한 기회는 언제 올지 모릅니다.

인생의
터닝 포인트가 된 중계동

아이가 초등학교 2학년에 올라가기 직전, 낙찰받은 집으로 이사를 와서 살고 있는데, 어느 날 아들이 집이 좁다고 했습니다. 그래서 그길로 잘 알고 지내는 중계동 5단지 부동산 중개사무소 소장님에게 연락해서 점심을 먹자고 했습니다. 중계동 은행 사거리 쪽은 상권도 발달해서 가까운 식당이 많습니다. 이 사장님은 지금도 중계주공5단지 아파트 단지 내에서 5단지 부동산 중개사무실을 운영중에 있는데 중계동에 있는 제 물건을 관리해주고 있으며, 저의 편의를 다 봐주고 있는 분입니다. 동네에 사연이 있는 매물이 나오면(저렴한 가격으로) 저에게 연락합니다. 그리고 투자금이 적게 들어가도록 어떻게든 일을 성사시켜주려고 합니다.

부동산 공인중개사님은 부동산 투자를 하는 사람들에게 돈을 벌어다 주는 사람

예전에 이런 일이 있었습니다. 강릉에 경매 물건이 있어서 임장하러 강릉에 갔습니다. 가기 전에 그 동네에 나와 있는 모든 물건을 조사해보앗지요. 그러면서 나와 합이 맞는 공인중개사분('제5장·부록 Tip 7 임장은 내 편이 되어줄 공인중개사를 찾는 게 가장 중요하다' 참고)을 한 분 찾았습니다.

강릉을 가는데 어찌나 눈이 많이 오는지, 가는 것을 포기할까 고민하면서 가다 보니 어느새 강릉에 도착했습니다. 부동산에 도착한 것이 오전 10시 30분 정도였는데, 손님들이 계셔서 부동산 소장님과 대화를 할 수가 없었습니다. 오후 1시 정도 되니 그제야 저에게 말을 붙이며 점심을 먹으러 가자고 하더군요. 일면식도 없는 분인데, 2시간 반을 기다려서 들은 말이 점심 먹으러 가자는 것이었습니다.

① 500만 원 투자로 6,000만 원 수익을 내다

함께 점심을 먹고 안목해수욕장에 멋진 전망대(할리스 커피숍) 커피숍에서 이런저런 이야기를 하다 보니 오후 5시가 되었더군요. 이때까지 부동산의 '부'자도 꺼내보지도 못했습니다. 부동산 때문에 눈발을 헤치며 강릉까지 왔는데 말입니다. 그러다 갑자기 부동산 중개사무소에서 공인중개사님을 찾는 전화가 와서 우리는 부동산 중개사무소로 향했습니다. 그 이후, 중개사님은 저에게 물건을 하나 소개하더군요.

- 매매가격 1억 500만 원
- 전세를 1억 원에 맞춰줄 수 있는 물건

저에게 이것을 구매할 의사가 있는지를 묻습니다.

이분은 종일 저를 지켜보면서 테스트를 한 것이지요. 그리고 그 테스트에 합격한 것입니다. 인연이 되기 위해서 저는 그 긴 시간을 기다린 사람이 된 것입니다. 그래서 그 자리에서 가계약금을 보내니 공인중개사님이 어디론가 전화하더니 저에게 이렇게 말하는 것입니다.

"지금 전세 계약할 사람이 올 것이니, 전세 계약서를 쓰고 서울로 올라가시죠."

이분은 이미 전세를 들어올 사람까지 준비가 된 물건을 필자에게 소개한 것입니다.

500만 원 갭으로 33평형 아파트를 계약하고, 저는 기분 좋게 서울로 올라왔습니다. 이 물건은 4년 후에 1억 6,500만 원에 매도했습니다. 저는 그 단지에 2층 매물 하나도 2억 500만 원에 사서 전세 2억 원에 놓았고, 지금은 전세 2억 5,000만 원에 놓았는데, 매물은 3억 5,000만 원에서 4억 원으로 나와 있습니다.

② 소액 투자로 매년 5,000만 원의 수익을 내는 아파트

또한 2021년 우리 카페 회원들과 정동진으로 놀러 가면서 회원들과 함께 부동산 중개사무소에 들려서 매물을 하나 잡았는데, 바다가 보이는 10층으로 2억 4,000만 원에 매입해서 2억 2,500만 원에 전세를 놓았는데, 이 물건 또한 시세가 4억 원입니다. 이처럼 부동산 투자자의 임장은 중개사님과의 인연을 만드는 것이며, 그분을 통해서 돈이 들어옵니다. 그래서 임장의 핵심은 일을 적극적으로 풀어내려는 부동산 공인중개사님을 만나는 것입니다.

저는 또한 그때 그곳에 아파트 하나를 낙찰받았습니다.

새 주 소	강원도 강릉시 [￼￼￼￼￼￼￼￼￼￼]605호						
물건종별	아파트	감 정 가	102,000,000원	오늘조회: 1 2주누적: 0 2주평균: 0 조회동향			
				구분	매각기일	최저매각가격	결과
대 지 권	48.88㎡(14.79평)	최 저 가	(100%) 102,000,000원	1차	2015-02-02	102,000,000원	
건물면적	84.544㎡(25.57평)	보 증 금	(10%) 10,200,000원	매각 : 102,146,000원 (100.14%)			

이 물건도 1억 200만 원에 낙찰받아서 1억 6,000만 원에 매도한 물
건입니다. 모든 일 처리는 앞에서 이야기한 공인중개사님이 처리해주
었고, 지금은 은퇴하셔서 그 아드님이 제 물건을 관리해주고 있습니다.

필자는 이곳에 매년 3채의 아파트를 보유하고 있습니다. 사연이 있는
물건이 나오면 소액으로 매입하고, 전세 기간이 끝나면 다시 매도하면
서 평균적으로 매년 이 지역에서 5,000만 원의 수익을 가져오고 있습
니다. 2024년 초에 이곳에 입주장이 열리는 아파트가 있습니다. 그러다
보면 가격이 내려갈 것이고, 전세가격도 살짝 꺾일 것입니다. 그런데 입
주장이 마감될 즈음에 필연적으로 사연이 있는 물건이 나오면서 상대
적으로 전세가격이 오르는 패턴을 보일 것입니다. 어쩌면 이때 소액으
로 다시 투자할 기회가 생길 수도 있습니다.

아내의 노후를 위해 준비한 아파트

다시 중계동 이야기를 해보겠습니다.

필자 : *사장님, 싸게 나온 집 있나요?*

중개사님 : *왜요? 이사하시게요?*

필자 : 아이가 집이 좁다며, 큰 집으로 이사 가면 안 되냐고 하네요.

중개사님 : 하하하, 아이가 많이 컸네요. 집이 좁기는 좁죠. 은행 사거리를 중심으로 알아볼까요?

필자 : 아이 전학은 안 돼요. 그래서 우리 단지에서 가장 수리가 잘되어 있고, 방이 3개이면서 꼭 팔아야 하는 사람의 물건을 찾아봐줘요.

필자가 사는 단지는 2,500세대로 방이 3개인 평형은 28평형과 31평형 두 종류가 있는데, 실거주 사람들이 많이 거주하고, 24평형은 실거주 및 신혼부부와 아이들을 케어해줄 할머니분들이 많이 살고 있습니다. 또한 17평형 등은 소규모 공부방으로 많이 이용되고 있는 지역이고, 31평형과 28평형은 싸게 매물로 잘 안 나올 뿐더러 아이들 학업이 끝나면 중계동을 떠나는 사람들이 있어서 물건이 나오면 바로 소진이 되기도 합니다. 내년 2월 신학기에 이사를 들어올 사람들이 10월부터 매물을 보러 다니기도 하고, 여름 방학이 시작되기 전 6월부터 집을 내놓는 경우가 있는 지역입니다. 이런 현상은 노원, 목동, 대치동 학원가 부동산의 흐름입니다.

며칠 후, 부동산 중개사무소 소장님으로부터 연락이 왔습니다. 28평형으로 15층 중 13층으로 남향이며, 방은 3개, 올 수리가 되어 있고, 특히 화장실은 입식으로 수리되어 있다면서 이 물건은 꼭 잡으면 좋겠다는 것입니다. 가격은 4억 6,000만 원은 주어야 한다며 집을 볼 것이냐고 연락이 왔습니다.

① 입품을 팔아라

부동산 투자를 한다면 그 답은 현장에서 찾아야 합니다. 물론 요즘은 정보 공유가 잘되어 있어서 손품으로 체크할 수 있지만, 그래도 답은 현장에 있습니다. 현장에서는 돈이 움직이거든요. 현장을 다니면 인터넷으로 나와 있는 물건보다 싸고, 좋은 물건을 만날 수 있습니다. 2023년 지금, 부동산 시장은 매수자 우위 시장이라서 부동산을 매입하는 사람에게 아주 유리한 시장입니다. 그런데 2024년이나 2025년에는 매도자 우위 시장으로 바뀌게 될 수도 있습니다. 이런 시장이 오면 싸고, 좋은 물건을 매입하기는 쉽지 않습니다. 2019~2021년 매도자 우위 시장에서는 하루가 다르게 가격이 오르고, 계약을 했어도 파기되는 일들이 많았습니다.

시장에 진짜 좋은 물건(어쩔 수 없이 급매로 처분해야 할 물건)이 나온다면, 그 물건을 누가 살 수 있을까요? 일반적으로 부동산 중개사님들도 투자하지만, 중개가 주 업무라서 투자보다는 소개를 하는 편입니다. 그래서 이런 물건이 나오면 본인이 관리하는 사람들에게 연락합니다. 그래서 필자는 임장의 목적이 똘똘한 중개사님을 찾고, 그 중개사님과 인연의 끈을 계속 유지하는 것이라고 했던 것입니다. 아무리 손품으로 부동산 정보를 잘 얻었다고 해도 야무진 중개사님을 만나지 못하면 진짜 좋은 물건은 얻지 못할 수 있습니다. 그래서 입품(입 서비스)을 잘 팔아야 합니다.

임장을 통해서 능력 있고, 내 편이 되어줄 공인중개사님을 찾아서 거래했다면, 한 번으로 끝내서는 절대로 안 됩니다. 앞에서 이야기한 강릉의 부동산 중개사님도 필자와 10년 가까이 관계를 유지하고 있는 것처럼, 명절 때 또는 가을에 과일 한 박스라도 보내면 잊고 있다가도 좋은 물건이 나타날 때 연락을 줍니다. 인맥은 돈을 만들어줍니다.

② 흠결을 찾아서 가격을 조정해보라

4억 6,000만 원에 나온 집을 봤습니다. 나무랄 데 없이 수리가 되어 있었습니다. 주방 한쪽 벽을 붉은 벽돌이 돌출되게 인테리어를 했고, 바닥도 연한 갈색의 강화마루로 되어 있었을 뿐만 아니라 층이 적당해서 채광이 좋았습니다. 또한, 아이의 방이 생기게 되어서 굉장히 마음에 들었습니다. 그런데 4억 6,000만 원을 다 주자니 왠지 손해를 보는 느낌이 들더군요. 그래서 왜 이 집을 팔려고 하는지 확인해봐야 했습니다. 즉, 사연이 있어서 어쩔 수 없이 지금 팔 수밖에 없다면 가격을 조금은 조정해볼 수 있기 때문입니다.

집을 보고 온 이후에 저녁 때 부동산 공인중개사님에게 다시 연락했습니다. 낮에 집을 보기는 했지만 자세히 볼 수가 없어서 그러는데, 저녁에 다시 한번 혼자 가서 집을 꼼꼼히 볼 수 있는지를 한번 여쭤달라고 부탁했습니다. 그렇게 해서 케이크를 사서 저녁에 그 집을 다시 방문했습니다. 집을 보면서 왜 이사를 가야 하는지를 조심스럽게 물어봤고, 어쩔 수 없이 이사를 가야 하는 사정을 들을 수 있었습니다. 이렇게 이야기하다 보니 그분은 이야기가 통해서 그랬는지 모르지만, 필자에게 꼭 팔고 싶다는 의중을 내비치기도 했습니다.

저는 투자자입니다. 좋은 물건을 좋은 가격에 사야 이익이 생깁니다. 그래서 부동산 중개사님에게 그 집의 흠결 사항(안방은 확장이 안 되어 있으며,

베란다 창문도 옛날 것이어서 수리를 해야 할 것 같다)을 이야기하면서 가격 조정을 부탁해봤습니다. 우여곡절을 겪었지만 4억 2,800만 원에 계약서를 썼습니다. 마지막으로 4억 3,000만 원까지 가격 조정이 되었는데, 복비라도 더 깎아달라고 해서 200만 원을 더 조정받을 수 있었습니다. 쪼잔한 것처럼 보일 수 있지만, 월급 생활자가 200만 원을 모은다고 생각하면 결코 적은 돈이 아닙니다. 이렇게 해서 이 집을 구입하게 되었습니다. 이때만 해도 대출이 잘되던 때였기에 저는 매매금액 대비 80%까지 대출을 실행해서 투자금 8,560만 원으로 이 집을 소유하게 되었습니다.

- 매매 대금 : 428,000,000원
- 대출금 : 342,000,000원
- 투자금 : 85,600,000원
- 매월 이자 : 1,150,000원

투자금 8,560만 원을 들여서 이사했고, 이곳에서 2년을 살다가 보증금 4억 원에 전세를 놓았습니다. 전세로 받은 돈으로 대출을 상환해서 투자금은 2,800만 원으로 줄어들었습니다. 그리고 2년 후에 기존 임차인에게 보증금 5%를 인상해서 4억 2,000만 원에 재계약했고, 2023년 6월에 4억 4,000만 원에 기존 임차인과 다시 계약 갱신을 해서 투자금을 모두 회수했습니다. 이 집은 12억 원이 넘는 호가를 찍었지만, 현재는 급매가 9억 5,000만 원, 일반적으로는 11억 원이 넘게 매물로 나오고 있습니다.

(출처 : 네이버 부동산)

③ 레버리지는 약일까? 독일까?

이 집을 매입하면서 대출 80%를 받았습니다. 여러분들은 이것을 어떻게 생각하나요? 일반적으로 '집을 사면서 대출을 60%는 넘기지 말라'고 하는 재테크 전문가들이 많습니다. 부채비율이 너무 높으면 나중에 문제가 된다면서 조심하라고 합니다. 즉, 상환 능력이 안 되면서 무리해서 집을 샀다가 지렛대가 부러지면 모든 것이 끝나기 때문에 무리를 하지 말라는 것입니다.

그런데 왜 필자는 대출 80%를 이용해서 무리하게 집을 샀을까요? 우리가 6억 원짜리 아파트를 자본금 2억 원, 대출 4억 원으로 샀다면 2억 원으로 6억 원짜리 집을 구입한 것입니다. 이 집이 10% 올라서 6억 6,000만 원이 되었다면, 2억 원을 투자해서 6,000만 원을 번 것입니다. 수익률로 계산하면 30% 가까이 수익을 낸 것입니다. 필자의 경우에서도, 4억 2,800만 원에 구입했을 때, 80% 대출을 받고 투자금은 8,560만 원으로 이 집을 산 것입니다. 그리고 지금은 임차인이 4억 4,000만 원에 살고 있어서 4억 4,000만 원이 레버리지가 되면서 10억 원짜리 소유권을 가지게 된 것입니다.

이 집은 다행히 4억 2,800만 원에서 10억 원까지 올라서 수익률이 높았지만, 만약 가격이 내려갔다면 어떻게 되었을까요? 결국 전세금을 돌려줄 때 손실이 발생할 수밖에 없습니다. 이것이 레버리지의 단점입니다. 최근 대출이 막히면서 집값이 내려가고 전세 시세도 떨어지고, 역전세 문제가 생긴 것도 결국 레버리지의 단점 때문입니다. 즉, 집값이 올라주면 별문제가 없지만, 2020년처럼 부동산 시장이 어려울 때는 레버리지를 이용한 투자가 꼭 정답이 아닐 수 있습니다. 부동산은 타이밍인데, 이럴 때는 무리한 투자보다는 자산을 지키는 방향으로 투자 패턴을 바꾸어야 합니다. 이렇게 부동산 시장이 조정 시장에 진입할 때는 투자 포인트가 분명한 지역에 있는 부동산을 선택해야 합니다. 상승장에서는 어떤 것을 좀 비싸게 사도 오르지만, 이렇게 조정되는 시장에서는 그 흐름을 잘 읽고 투자 타이밍을 잡아야 합니다. 이런 시장에서는 불안감을 느낀 사람들이 싼 가격에 매물을 내놓기도 하고, 상속된 재산을 유지하기 위한 합의가 안 되어 시장에 나올 때 좋은 가격으로 잡으면 효자 물건이 될 수 있습니다.

그런데 많은 사람은 이런 시장이 왔을 때 그냥 시장을 떠나 버립니다. 레버리지도 겁나고, 그러다 보니 좋은 물건을 찾는 일에 적극적이지 않으면서, 인생 뒤집기를 해보고자 했던 희망의 꿈을 미리 겁부터 먹고 놓아버립니다. 레버리지를 활용할 줄 몰라서 기회를 못 만들었는데, 세상 탓만 하고 시장을 떠나버립니다. 자신이 가진 돈이 부족하다면, 그리고 매입한 부동산이 시세보다 싸게 매입할 수 있는 가격 메리트가 있다면, 이때는 레버리지를 충분히 활용해야 합니다. 대출뿐만 아니라 전세금도 레버리지에 해당됩니다. 지난 세월을 보면 부동산 가격은 우상향의 그래프를 그리고 있거든요. 필자도 돈이 무섭고, 레버리지가 무섭습니다. 그런데 무서워서, 돈이 없어서, 상황을 봐서, '지금이 그때일까?'라고 고민만 하고, 움직이지 않았다면, 아무 일도 일어나지 않았겠죠. 아들이 집이 좁다면서 넓은 집으로 이사 가자고 하지 않았으면, 저에게는 아무 일도 일어나지 않았을 것입니다.

④ 아내의 노후를 생각해서 준비된 아파트

저는 이 집을 구입할 때 아내 명의로 하도록 했습니다. 대출도 아내가 받고, 주택 임대 사업자도 아내 명의로 냈습니다. 그 이유는 자산을 분산시키는 효과도 있지만, 일반적으로 남자의 수명이 짧아서 차후에 아내가 혼자가 되었을 때를 대비해서 아내 이름으로 구입한 것입니다. 반 듯한 집 한 채 가지고 있다가 주택연금('제5장·부록 부동산 경매 공부 8. 주택연금이란?' 참고)에 가입하면 노후에 돈 걱정 없이 살 수 있기 때문입니다. 그래서 이 아파트는 장기임대주택으로 등록했습니다. 10년간 장기임대주택으로 등록이 된 아파트는 혹시 아내가 처분할 경우 양도소득세를 덜 내고, 이 아파트 하나만 있어도 아내가 생을 마감할 때까지는 돈 걱정을 하지 않아도 됩니다.

당시에는 아내가 직장을 다니고 있어서 주택을 구입하고, 대출을 받는 데 문제가 없었습니다. 즉 40대 여러분들 중에 부부가 지금 일을 하고 있다면, 부동산 투자를 할 때 재산을 분리할 필요가 있고, 똑똑한 한 채를 미래를 위해서 준비해놓으면 좋겠습니다. 저는 이렇게 아들이 집이 좁다는 말 한마디에 움직였습니다. 결국은 아들이 엄마에게 노후가 보장될 아파트를 선물하게 된 것입니다.

아들을 위해서 준비한 아파트

중계동으로 이사 온 지 4년이 지날 무렵, 부동산 시장은 살아날 기미를 보이기도 했지만, 우려가 되기도 한 시기였습니다. 아이는 초등학교 5학년이 되었고, 517동은 을지 중학교보다는 중계 중학교로 배정받을 확률이 높아 고민이 되어서 '을지 중학교에 배정받을 수 있는 동쪽으로 이사할까?' 하는 고민이 시작되었습니다.

중계동은 6월이 되면 외지에서 전학 오는 학생들로 인해서 이사 철이 시작되기도 합니다. 학군('제5장·부록 부동산과 경매 공부 9. 부동산과 학군' 참고)이 좋은 것을 판단할 때 초등학교 저학년보다 고학년 학급수가 많아지는 것도 하나의 기준이 될 수 있습니다. 즉 1~4학년까지는 5개 반이었는데 5학년은 6개 반, 6학년은 7개 반으로 늘어난다는 것은 그 지역에 학부모들이 선호하는 중학교가 있다는 것입니다. 그래서 고민이 되었습니다. '아이가 집이 좁다고 해서 이사를 했고, 이제 아이가 굉장히 만족하고 있는데 이사해야 하나?'라는 생각이 교차했습니다.

하지만 필자는 투자자입니다. 항상 지금 사는 위치에서 만족하지 않고, 돈 냄새를 맡으며 움직이는 투자자인데 아들이 만족한다고 그냥 머물러 있을 수만은 없었습니다. 더군다나 하루가 다르게 전세가격이 올라가고 있었고, 전세가격이 자연스럽게 매매가격을 밀어 올리는 상황이라서 어떻게든 움직여봐야 한다는 결론을 얻었습니다. 하지만 아내의 직장 출퇴근 거리와 아들의 전학이 쉽게 결론을 못 내리게 하고 있었습니다.

① 투자자는 차선이라도 선택하고 움직여야 한다

일차적으로 앞으로 많이 오를 지역을 선정해보면서 아내의 출퇴근을 고려했습니다. 이때 아내의 직장이 노원구 월계동이었기에 길음 뉴타운이 상대적으로 가격 메리트가 있었습니다. 서울의 여러 뉴타운 중에 길음 뉴타운이 매매가격과 전세가격이 가장 많이 붙어 있었고, 이 말은 차후에 가격 상승 여력이 높다는 것입니다. 또한, 여타 뉴타운보다는 가격이 덜 오른 지역이었고, 길음 뉴타운 정도면 아내가 충분히 출퇴근이 가능한 거리였기에 1차 고려 대상 지역으로 선정했습니다.

두 번째는 마포 지역을 고려해봤습니다. 마포는 강북 지역에서 용산 다음으로 상급지입니다. 중계동에서는 한 번에 마포로 가기에 벅찬 상급지(길음을 거쳐서 마포나 용산으로 갈 수 있지만)이지만, 이때는 마포로 갈 수 있는 경제적 여건이 되었습니다. 하지만 아내의 출퇴근에 따른 부담으로 포기를 했습니다. 이에 대해서는 두고두고 후회를 하고 있습니다.

시간이 지나 부동산 상승기에 보니 마포가 엄청나게 가격이 뛰어서 굉장히 아쉬웠습니다. 마포를 매입해서 전세를 놓고 나중에 마포 쪽으로 실거주를 옮길 수 있었는데, 그때에는 실거주만 생각하다 보니 그렇게 선택하지 못했습니다. 지금 상급지로 옮기고 싶은 계획이 있는데, 여러 사정상 한 번에 못 간다면 계단식 방법을 고려해보시기 바랍니다.

또 하나는 아이의 전학 문제였습니다. 많은 학부모가 이사할 때 아이의 전학을 가장 많이 걱정합니다. 저도 예외는 아니었습니다. 특히나 우리 아이는 2학년 초에 한 번의 전학을 이미 경험했기에 다시는 그런 기억을 만들어주고 싶지 않았습니다.

어쩔 수 없이 차선의 선택을 할 수밖에 없는 상황이었습니다. 그래서 은행 사거리에서 부자들이 많이 사는 아파트를 추천해달라고 부동산 중개사님께 부탁했습니다. 이렇게 해서 대형 평형에다가 차후에 팔기도 용이한 물건을 소개받았습니다. 이 아파트는 단지 내 초등학교가 있었지만, 아이가 다니던 학교와의 거리가 400m가 되지 않아서 전학을 하지 않아도 되었습니다.

② 이사를 할 때, 아들의 동의가 가장 어려웠다

먼저 아내와 상의했지만, 아내는 이렇게 집 숫자를 늘려도 되냐며 걱정했습니다. 그래서 이 집은 전세로 4억 원을 받을 수 있으니 투자금은 2,800만 원이 묶이는 것이라 문제가 안 되고, 방 3개에서 방 4개짜리 집으로 이사를 가면 좀 더 아이에게 여유로운 생활공간을 제공할 수 있으며, 아이의 자존감을 높일 수 있다는 이야기로 설득해서 동의를 얻었습니다. 이제 가장 큰 걸림돌인 아들과의 협상만 남았습니다.

저희가 살고 있었던 517동 바로 뒤가 학교였기에 8시경 학교에서 음악 소리가 나면 그때 등교하면 되고, 학교 끝나고 아이가 운동장에서 놀고 있는 모습을 제가 집에서 볼 수 있었습니다. 또한 등교할 때, 찻길을 건너지 않아도 되었기에 무엇보다 안전 문제에서 짐을 덜 수 있어 부모에게도, 아이에게도 여러 가지로 장점이 있는 집이었기에 아이는 반대했습니다. 따라서 아들을 설득할 명분이 필요했습니다.

아이는 이때 접이식 자전거를 타고 있었는데, 이 자전거는 좀 무거워서 앞으로 잘 나가지 않았습니다. 그래서 마침 하이브리드 자전거도 하나 사주고 싶었던 차에 기회와 명분이 생긴 것입니다. 기존에 살던 집보다 학교 가는 거리가 멀어져서 학교 갈 때 타고 가라는 것이죠. 집에서 학교까지는 400m 안쪽이라 걸어 다닐 수 있는 거리지만, 당근책으로 제시했습니다. 어찌 보면 자전거는 잃어버릴 확률이 높지만, 잃어버린 것 자체도 아이에게는 교육이 될 것 같기도 해서 이만한 당근이 없겠다 싶었습니다. 나중에 그 자전거는 진짜로 분실했습니다.

이렇게 자전거로 설득해봤지만, 아들이 다른 제안을 해오는 것이었습니다. 자기만 쓸 수 있는 게임 잘할 수 있는 컴퓨터를 사 주면 이사에 동의하겠다는 것입니다. 그래서 우리 카페에서 전자 소송을 강의하고 있는 실전 님의 도움을 받아서 150만 원 정도의 게임용 컴퓨터를 조립해서 사 주는 조건으로 이사에 동의를 받았습니다.

모든 아이들이 다 그런 것은 아니지만, 이때 시작한 게임과 유튜브는 지금도 날이 새는 줄 모르고 하고 있습니다. 그러면서 진로도 컴퓨터 쪽으로 정하기도 해서 이때의 회유 방법이 독이 될지, 약이 될지는 두고 봐야 할 것 같습니다. 아무튼 컴퓨터를 사 준 것이 장래 희망에 동기부여가 되기는 했습니다.

③ 집을 꼭 팔고 싶어 하는 집주인

이 집은 굉장히 수리를 잘해놓은 집이었습니다. 본격적으로 가격에 대한 협상을 시작했습니다. 그 집이 왜 시장에 나왔는지를 먼저 파악하면 가격 협상의 시나리오를 잘 짤 수 있습니다. 이 물건은 공동 중개(매도자 쪽은 다른 부동산 중개사무소, 저의 쪽은 기존에 거래했던 5단지 부동산 중개사무소)로 진행되어서 우리 쪽 부동산 중개사님에게 사정 이야기를 하면서 상대방 부동산 중개사무소의 연락처를 달라고 했습니다. 일반적으로 공동 중개를 할 경우, 상대방 부동산 중개사 쪽 연락처를 안 알려주지만, 필자가 거래한 부동산 중개사님은 저를 믿고, 상대방 부동산 중개사님 전화번호를 알려주었습니다.

그래서 상대방 부동산 중개사무소를 방문해서 이야기해봤습니다. 본인이 이 집도 사 주었고, 옆 단지의 대형 평형에 장모님이 살고 계셨는데, 얼마 전에 춘천으로 이사하고, 딸네가 엄마 집으로 들어오기로 해서 이미 수리까지 끝났다는 것입니다. 저에게 7,000만 원 들여서 집을 수리했으니 꼭 사라면서, 이 집을 팔아서 장모님이 이사 간 춘천 집값을 주어야 한다고 했습니다. 결국 이 집을 빨리 매도해야 한다는 것을 파악하게 되었습니다.

이때도 뉴스에서는 제로 금리였던 미국 금리가 이제는 오를 것이다, 집값이 갑자기 반등했을 때인데 이제 집값이 내려갈 것이다 등, 불안한 뉴스가 계속되어서 집주인 입장에서는 빨리 팔고 싶었던 상황이었습니다. 한참 지나서 그때 집 판 사람들은 다 후회했지만, 당시에는 집을 사는 사람들은 꼭지에서 사는 것이 아닌가 불안해했고, 판 사람들은 잘 팔았다고 생각했으며, 일부 투자자들만 움직이는 시장이었습니다. 하지만 그 뒤로 집값이 폭등했죠. 그때 상황은 2023년 지금 시장의 불안함과 비슷했습니다.

 잘만 하면 좀 더 싸게 살 수 있겠다는 판단이 들어서 줄다리기를 했지만, 쉽게 좁혀지지 않았습니다. 6억 8,000만 원에 내놓은 매물을 6억 원에 딜을 하려니 쉽게 접근이 안 되었습니다. 특히 남편은 어떻게든 팔려고 했는데 부인은 공실로 두었으면 두었지, 절대로 안 팔겠다며 완강하게 가격 협상을 거부하더니 나중에는 필자와 거래하지 않겠다고 선언했습니다.

 이 물건은 단지에서 가장 앞 동이며 은행 사거리와 가장 가까운 동이라서 마음에 들었고, 남서향이라 해가 잘 들어와서 욕심이 났지만, 투자자는 어떻게든 싸게 사야 투자 목적에 부합되기 때문에 가격에 흔들리고 싶지 않았습니다. 또한 이때에는 6억 원까지는 취득세가 1.1%였지만 6억 원을 넘으면 취득세도 올라가서 필자는 6억 원을 고수할 수밖에 없었습니다.

④ 취득세 구간을 고수하라

 한 푼이라도 더 받고 싶은 매도자는 일이 성사가 안 되면 다른 매수자를 찾으면 되고, 한 푼이라도 싸게 사고 싶은 매수자는 일이 성사되지 않으면 다른 물건을 찾으면 됩니다. 즉, 생각에 따라서는 양쪽 다 손해를 보는 것은 아닙니다. 그런데 일이 성사가 안 되면 들어와야 할 중개 수수료가 날아가버리는 부동산 중개사님의 입장에서는 손해가 될뿐더러 다른 부동산 중개사무소에 물건을 뺏길 수 있어서 어떻게든 일을 성사시켜야만 했습니다.

부동산 중개사님 중에는 매도자도 안 된다고 하고, 매수자도 물러설 기미가 없으면 그냥 포기하는 분들도 계시지만, 어떻게든 일을 성사시켜보고자 노력하는 중개사님들도 계십니다. 또한 마음 착하고, 모질지 못한 중개사님은 설득(교육시켜서 일이 성사되도록)해서 일이 되게 만드는 것도 투자자의 몫입니다.

결국 이 집은 6억 1,750만 원에 계약서를 작성했습니다. 매도자도 양보했고, 저도 취득세 구간을 넘긴 가격을 감내해야 했습니다. 그래도 취득세와 거실 확장을 빌미로 가격을 조정할 수 있었고, 어떻게든 공인중개사님을 통해서 일을 성사시키도록 종용하다 보니 성사될 수 있었습니다. 가격을 보면 6억 1,750만 원으로 50만 원까지 조정했으니 얼마나 힘들었겠어요. 일이 끝나고 양쪽 부동산 중개사무소 사장님들이 저에게 너무나 잘 배웠다고 인사를 했습니다.

매도자와 매수자 가운데서 공인중개사님의 고생이 많았습니다. 결국, 그 공인중개사님 덕분에 저는 좋은 집을 몇천만 원 아끼면서 매입할 수 있었습니다. 6억 8,000만 원에 매물로 내놓은 것을 6억 원에 산다고 가격을 제안한 것 자체가 무리라고 생각할 수 있습니다. 즉 6억 5,000만 원으로 가격을 제안해도 집주인 입장에서는 동의할까 말까 하는데, 이것을 6억 원으로 가격을 제안하니 집주인 입장에서 어이없고, 상식적이지 않은 사람으로 볼 수도 있지만, 결국은 가격에 흔들리지 않고 협상해서 좋은 가격에 마무리했습니다.

⑤ 국세 완납증명서와 지방세 완납증명서를 제출을 요구하다

집을 보고 최종적으로 가격 협상까지 된 상태에서 잔금을 두 달 요구하니 이것도 난관이었습니다. 그러나 지금 사는 집에 전세 세입자와 날짜를 맞추어야 해서 어쩔 수 없는 상황인데, 이분들은 이미 이사 갈 집(장모님 집)이 비어 있고, 수리까지 한 마당에 혹여 계약이 어긋나면 어떻게 해야 할까 하는 우려 때문에 잔금을 한 달 안으로 치르길 원했지만, 결국 중도금을 받는 조건으로 합의가 되었습니다.

중개 현장에서 잔금 두 달은 매도자도, 매수자도 불안하기는 매한가지입니다. 즉 두 달이라는 시간 안에 매도자(집주인)의 자금 사정이 안 좋거나, 사업이 어려울 경우, 계약한 부동산에 가압류가 들어올 수 있고, 매도자 입장에서는 자금 사정이 여의치 않은 사람에게 집을 팔았다가 잔금일을 안 지키면 돈 계획이 도미노 현상으로 난리가 날 수 있어 불안해합니다. 다행히도 필자는 지금 사는 집에 전세 계약이 되었다고 계약서를 보여주면서 매도자에게 잔금을 걱정하지 말라고 안심시켜주었지만, 이와는 반대로 매수자인 필자도 불안하기는 매한가지였습니다.

이런 걱정을 덜 하기 위해서 소유권 이전청구 가등기를 하면 좋지만, 가격 협상을 할 때 마음 상한 것이 있어서 쉽게 이야기를 꺼낼 수 없었습니다. 또한 등기부등본 자체가 깨끗하고, 집주인이 젊은 사람인데 공기업에 근무하고 있어서 그냥 믿기로 하고 중도금 날짜를 좀 빨리 잡으면서 국세 완납증명서와 지방세 완납증명서를 요구하게 되었습니다. 그런데 이것이 또 문제가 되었습니다. 남편은 어떻게든 팔려고 국세, 지방세 완납증명서 제출에 동의했지만, 부인은 화가 머리끝까지 나서 이를 거부했고, 집은 비어 있었지만 이사하는 날 잔금을 치를 때까지 집 비밀번호를 받지 못해서 이사 당일에 청소하고 이삿짐을 올려야 했습니다.

⑥ 투자금 제로에 아들에게 인생 밑천을 마련해주다

이렇게 이 집을 매입해서 이사했고, 2년을 거주하다가 6억 원에 전세를 놓았습니다. 투자금 2,000만 원 내로 집을 하나 구입하게 되었고, 이 집은 많이 오를 것 같아서 아내와 공동 지분으로 매입했습니다. 한때는 실거래가격이 13억 9,000만 원을 찍었지만, 다주택자 양도소득세가 80%가 넘어서 팔지를 못하고 전세를 놓고 지금도 보유 중에 있습니다.

실 거 래 가			
101.85	2023.6.26	6	104,000
101.85	2021.12.8	1	120,000
101.85	2021.8.6	11	139,000
101.85	2020.11.21	9	124,700
101.85	2020.9.15	1	108,000
23년 매물 가격			
라이프,청구,신동아 108동 매매 12억 아파트 · 122A/101m², 1/15층, 남서향 초급대 특올수리 방4개 전원주택분위기 라이프공인중개사사무소 | 부동산써브 제공 확인 23.06.16.			

(출처 : 네이버 부동산)

필자는 이 집을 50살이 넘어서 준비했습니다. 이 집은 아들 몫으로 남겨놓으려고 합니다.

40대의 고민

직주근접, 학군에 따라 투자해야 하지만 이미 높은 가격에 엄두를 못 낼 수도 있습니다. 그렇지만 도전하지 않으면 아무것도 이루어지지 않습니다. '지금이 그때일까?'라고 망설이는 것은 어쩔 수 없는 일이지만, 부동산이 앞으로 어떻게 변할지는 과거의 부동산이 어떻게 움직였는지를 보면서 해답을 찾아가는 길밖에 없습니다. 지난 가격을 보면 우상향하는 그래프를 볼 수 있습니다.

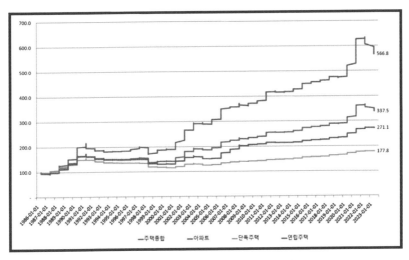

KB 부동산 – 전국 주택 유형별 매매가격 지수

1998년을 지나는 시점부터 보여주는 아파트 매매가격 지수는 2002년을 기점으로 우상향의 그래프를 그리고 있습니다. 중간중간 올랐다가 내려간 대목이 있기는 하지만, 전체적으로 보면 지속해서 가격이 상승하고 있습니다. 그리고 다른 부동산보다 아파트가 상승 폭이 크다는 것은 결국 투자 상품에서 아파트가 가장 안전하다는 것을 알 수 있습니다. 물론 이 그래프는 과거를 이야기하고 있습니다. 앞으로 아파트는 더 많이 지어질 것이고, 서울을 중심으로 수도권에 인구 집중 현상은 더 심화될 것이며, 수많은 택지가 개발되어 아파트가 공급될 예정입니다. 또한 건축 연한이 몇 년 있으면 40년이 넘는 아파트들의 재건축이 진행되어서 양질의 아파트가 계속 공급될 예정입니다. 이렇게 물량이 늘어나고, 인구수는 줄어드는데, 아파트를 사야 하느냐고 반문하는 사람들도 많습니다.

아파트를 주거 개념으로만 본다면 이 말이 맞을 수도 있지만, 투자 상품으로 본다면 얼마든지 다른 이야기를 할 수 있습니다. 상품은 골동품으로서의 가치도 있지만, 교환으로서의 가치도 크기 때문입니다. 아파트 하나 사서 평생을 가지고 있겠다면 모를까, 내가 사서 가격이 오르면 팔아서 수익을 낸다고 생각하면 아파트는 당연히 투자 상품입니다. 그렇지만 지난 역사를 뒤돌아보면 오를 때도 있었지만, 가격이 내릴 때도 있었습니다. 하락장에 매도한 사람들은 뒤도 안 돌아보고 투자에 눈을 감아버릴 것이고, 그 영향이 투자를 결정하는 데 망설이게 하는 요인이 될 것입니다. 간단하게 그 내용을 한번 살펴볼까요?

① 부동산 정책에 따라 집값은 오르기도 했고, 내리기도 했다

88 서울 올림픽 이후에 우리나라 경제는 괄목할 만한 호황을 맞이하면서 강남 개발과 아파트 선호 현상이 두드러지게 나타납니다. 급기야 1990년에 40% 폭등이라는 아파트값 상승에 노태우 정권은 200만 호 건설을 내세워 1기 신도시를 건설하고 아파트를 공급합니다. 이때부터 부동산이 하락하더니 이것이 1996년까지 이어집니다. 이렇게 하락하

던 부동산은 노무현 정부 중반부터 상승기를 맞이하면서 급기야 다양한 부동산 규제 정책이 쏟아졌습니다.

실거래가격 신고제가 도입되었고, 각종 규제(토지거래허가구역 확대, 분양권 전매 금지, 투기과열지구 지정, 주택담보대출비율(LTV) 인하, 주택담보대출(DTI) 인하)가 등장했습니다. 종합부동산세, 분양가상한제, 양도소득세 강화와 더불어 공급 확대 카드로 2기 신도시 건설(검단, 파주, 동탄, 위례, 판교 등)로 집값을 잡으려 했지만, 쉽게 잡히지 않던 집값은 이명박 정부가 들어서면서 금융위기로 인해 부동산 하락기에 접어들었습니다. 2008년 리먼 브라더스 사태 이후에는 부동산이 침체되면서 2012년 당시 서울 아파트값과 수도권 아파트값(한국부동산원 자료)은 각각 6.55%, 5.77%로 떨어졌습니다.

노무현 정부 시절 부동산 투기 수요를 잡으려고 했던 온갖 규제를 이명박 정부에서 풀기 시작하지만, 좀처럼 깨어나지 못하고 박근혜 정부로 넘어옵니다. 박근혜 정부는 어떻게든 내수 경기를 살리려고 양도세 한시 면제, LTV와 DTI 규제 완화와 더불어 초이코노믹스를 통해 대출로 집을 사라고까지 했습니다. 이때 미국은 경기부양을 위한 양적완화로 0%대의 초저금리 기조였고, 우리나라도 저금리를 유지하면서 부동산 경기를 살리려고 애를 썼습니다.

이렇게 온탕과 냉탕을 왔다 갔다 한 정책으로 꽁꽁 얼어붙었던 부동산 경기는 문재인 정부가 들어선 2017년부터 서서히 회복하다가 2019년부터 폭등세가 시작되었습니다. 이렇게 폭등하던 집값은 결국 '영끌'

이라는 유행어를 탄생시켰고, 부동산 시장에 2030이 뛰어들게 했습니다. 정권이 바뀌었고, 급격한 금리 인상과 경기 침체, 집값 상승에 대한 피로감과 불안함으로 찾아온 집값 하락은 1997년 IMF발 외환위기, 리먼 브라더스 발 글로벌 경제 위기(2008~2012년) 수준보다도 위축된 모습으로 나타나고 있습니다.

윤석열 정부에서는 이를 어떻게든 타개해보고자 한시적이기는 하지만, 양도소득세 중과 배제 등 침체된 부동산 거래를 활성화시키는 정책을 내놓았습니다. 하지만 주택 담보대출 완화, 취득세 인하 등 투자자들이 적극적으로 뛰어들기에는 미흡한 요소들이 아직도 남아 있어서 쉽게 살아나지 못하고 있습니다. 그러다 보니 '부동산 투자를 해야 할까?' 하는 물음에 40대들은 몸을 움츠러들 수밖에 없습니다. 주택경기가 살아날지에 대한 확신이 없다 보니 쉽게 움직일 수가 없는 것이죠.

40대에 진입하면 부쩍 삶의 무게가 더 크게 느껴집니다. 안 먹어도 배가 나오고, 작은 글씨가 안 보이는 노안이 시작되기도 하며, 어떤 사람들은 혈압약을 먹기 시작하기도 합니다. 그럼에도 불구하고 한편으로는 '어떻게 하면 한적한 전원생활을 할 수 있는 세컨 하우스를 하나 마련해볼까?' 하는 꿈도 꿔보면서 퇴근하고 매일 유튜브로 매물을 찾아보기도 합니다. 이렇게 고민하다가 우울해지기도 하고, 그러다 재테크로 성공했다는 선배들을 찾아가 조언을 듣기도 할 것입니다. 아마 이 책을 읽는 당신이 40대라면 그런 조언을 통해서 부동산에 관심을 가지게 되면서 이 책을 읽게 되었을지도 모릅니다. 부모님 세대에서는 절대 다수의 사람들이 20대부터 죽어라 열심히 일해서 전셋집을 마련했고, 30

대 후반이나 40대에 집 한 채를 마련한 뒤 조금씩 넓혀가다가 은퇴 이후에는 집을 줄여서 자식들을 결혼시키게 됩니다. 그러다 은퇴 후에는 어느 정도의 연금과 자식들의 도움으로 살아가는 경우가 대부분입니다.

사람마다 조금은 차이가 있겠지만, 부모님 세대는 집을 마련하는 것도 큰일이었기에 그 집에서 몇십 년을 사는 것이 일반적이었습니다. 혹여 돈이 좀 모이면 집 하나 더 장만하는 것이 대부분이었지요. 그런데 이제 세상은 달라졌습니다. 이미 20대부터 부동산에 눈을 돌려서 자산을 일구기 시작하는 젊은 사람들이 많아졌습니다.

그런데 40대에 접어들고 보니 아직도 끝나지 않은 자식들의 학업이 있고, 집값이 너무나 올라서 어쩔 수 없이 빌라에 살든지, 아니면 전세를 살면서 청약을 기대하는 경우도 많습니다. 주위에서는 지금 집을 사야 한다고 말하는 사람도 있고, 금리도 높은데 빚을 얻어서 집을 사는 것은 무리라고 말하는 사람들도 많습니다. 그렇지만 '내가 집을 샀는데 집값이 내려가면 어떻게 하지?' 하는 걱정 때문에 쉽게 움직일 수가 없습니다. 여기에서 우리는 핵심을 놓치고 있습니다. '집값이 올라갈 것인가? 내려갈 것인가?'를 판단하는 것은 우리의 영역이 아닙니다. 이렇게 이야기하는 것은 어쩌면 무책임한 이야기일 수도 있지만, 이것을 아는 사람은 아무도 없습니다. 이것이 경계입니다. 이 경계를 넘어서지 않으면 아무것도 일어나지 않습니다.

② 40대가 꼭 해야 하는 일

건강 관리하기

아무리 강조해도 지나침이 없는 것이 건강 관리입니다. 여성이나 남성이나 갱년기가 시작되기도 하고, 노안부터 시작해서 예전 같지 않은 몸 상태를 확인할 수 있습니다. 억만금을 번다고 한들 건강을 잃어버리면 아무 소용이 없습니다.

가족과 연대하기

모든 것이 새로운 일상이 될 수 있습니다. 자녀들이 사춘기가 되면 그 시간을 이겨내야 하고, 동등한 인격체로 자녀를 상대해야 하는 것이 결코 쉬운 일이 아닙니다. 혹여 너무나 가부장적인 가장이었다면 이런 환경을 받아들이는 것이 더더욱 힘이 들 수 있습니다. 40대에 나부터 혁명하지 않으면 50대가 힘들어집니다. 가족과 대화하는 방법을 몰라 아버지 학교 같은 곳을 다니는 사람들도 있습니다.

자기 영역 만들기

직장 생활은 영원하지 않습니다. 앞으로 10~20년 후에는 그 생활이 끝나고, 그 후 30년 이상을 보내야 합니다. 필자는 그래서 골프를 시작했고, 허락하는 한 70대 중반까지는 몸 상하지 않고 운동을 할 수 있을 것으로 예상합니다. 일에만 매달리지 말고 무엇인가는 해야 합니다. 한가한 소리라고요? 맞습니다. 한가한 소리입니다만, 그래도 내 미래는 내가 만들어야 합니다.

경제적 자유를 만들기

은퇴가 다가오고, 아직 끝나지 않은 자녀교육과 결혼 등 큰돈이 들어갈 일들이 줄줄이 찾아옵니다. 또한 내 건강을 지키고 만일의 일을 대비해서 가족들에게 짐을 주지 않기 위해 보험 등도 유지해야 합니다. 그래서 부동산 공부를 권해드립니다.

제3장

30대에
10억 원대
자산가가 된
사람들

30대 초반에
청량리에 아파트를

벌써 2년 전의 일입니다. 저희 카페 더리치에서 운영하는 부동산 경매 기초반에 50대 중반의 신사 한 분이 들어왔습니다. 일반적으로 30~40대분들이 많이 오는데, 중년의 신사가 경매를 배우고자 기초반을 신청한 것이죠. 1주 차 강의가 끝난 어느 날, 2주 차 강의가 있는 날 조금 일찍 갈 수 있는데 저녁을 함께할 수 있느냐고 전화가 왔습니다. 그리고 그날 식사 자리에 큰딸이라며 인사를 시키면서 2주 차부터라도 딸도 강의를 들을 수 있도록 해달라고 조심스럽게 부탁했습니다. 이렇게 해서 '참깨'라는 28살 젊은 아가씨와의 인연이 시작되었습니다.

참깨 님은 이곳이 너무나 궁금해서 왔습니다. 평생 묵묵히 일만 알던 아버지, 경제적 관념이 없는 아버지, 누구 말에 흔들릴 분이 아닌 아버지가 서울역 쪽에서 경매 강의를 듣는다고 하면서 자기도 구경을 시켜준다는 것이 믿기지 않았고, 6주간 매주 화요일 저녁에 저녁 식사를 하자는 핑계로 강의장으로 유인하는 아버지의 모습이 이해되지 않았습니다. 혹시 피라미드 같은 꼬임에 빠진 것이 아닌가 걱정이 되어서 왔다고 나중에 이야기하더군요. 아무튼, 참깨 님의 아버지는 새싹반에 이어서 연회원반인 실전 투자반에 편승했지만, 참깨 님은 6주 강의를 마치고 더 이상 나타나지 않았습니다.

과감하게 실거주에 도전하다

이렇게 잊고 있었는데 석 달쯤 지난 어느 봄날, 토요일 오후 참깨 님에게 전화가 왔습니다. "좌포 님의 강의를 듣고 인생의 방향에 대해서 고민이 깊어졌으며, 이렇게 철없이 20대를 보내는 자신이 반성이 되었다"라면서 새싹반이 끝난 시점에 집 하나는 어떻게든 장만해서 30대를 맞이할 계획을 세웠다는 것입니다.

부모님, 학교 선생님, 사회 선배님들은 열심히, 그리고 성실히 사는 것이 인생에서 성공하는 길이라고 말했는데, "인생을 그렇게 사는 것도 나쁘지는 않지만, 세상을 넓게 보면서 경제적 자유를 얻을 때까지는 돈에 집중해보는 지혜를 가지면 좋겠다. 좀 더 경제적으로 여유가 생기면 인생에서 행복을 위한 선택의 폭이 넓어질 수 있다"라는 필자의 가르침에 인생을 바라보는 태도가 바뀌었다는 것입니다. 그러면서 이렇게 살다가는 평생 노동 수입에 의존하는 자본주의의 부속품으로밖에 살 수 없다는 것을 깨달았고, 어떻게든 부동산으로 돈을 벌어야 경제적 자유를 얻을 수 있다는 확신을 하게 되었다고 합니다. 청소년 이후 꿈이 사라졌는데 새로운 꿈이 생겼다고도 말했습니다.

석 달 전의 조심스럽고, 소심한 성격은 어디로 가고, 당차고 의지가 강한 참깨 님의 목소리에는 힘이 있었습니다. 그러면서 새싹반을 졸업하고 바로 대학병원에 취직했고(제가 직장을 다녀야 대출을 받을 수 있고, 대출 상담사는 직장 생활 3개월은 지나야 대출이 된다고 해서), 이제 3개월이 지나서 집을 사려고 전화했다는 것입니다. 간호사 생활은 생각하는 것보다 훨씬 힘든 일이라며, 특히나 3교대 근무는 생체리듬이 깨지기도 하고, 몸이 허약한 체질이라서 이러다가는 본인이 죽을 것 같아서 몇 년 만에 그 좋다는 대학병원(사학연금을 받을 수 있는 곳임)을 그만두었는데, 이번에는 간호사가 아닌 행정직으로 취직해서 3개월을 채웠다는 것입니다.

참깨 님은 몇 년 동안의 직장 생활로 번 돈으로 전셋집을 얻어서 동생과 서울 생활을 하고 있었습니다. 대학병원을 그만두고 다른 병원에 3교대가 아닌 파트타임 형식으로 근무할 때 필자를 만났고, 이때 아빠랑 경매 기초반인 새싹반 강의를 들었던 것이죠. 새싹반이 끝난 이후 대출을 받기 위한 조건을 만들기 위해 취직을 해 3개월이 되어서 집을 알아보고 있다고 했습니다. "도봉구 쌍문동 쪽 아파트를 임장했는데, 이 아파트가 마음에 들지만, 이런 경험이 처음이고 잘하는 일인지 몰라서 전화한 것입니다. 여기를 사도 될까요?"라고 제게 물었습니다. 반갑기도 하고, 당돌하기도 하고, 뜬금없기도 했지만, 28살 젊은이의 다부진 목소리에 그 아파트는 차후 가격 상승에 한계가 있을 수 있어서 매입을 말렸습니다.

그 이후 도봉구 도봉동의 서원 아파트를 본인이 가진 돈과 대출을 이용하면 매입이 가능할 것 같고, 지하철도 가깝고, 얼마 전에 서울북부지방법원이 이쪽으로 이사를 와서 일자리도 있고, 지역 임장을 해보니 아파트 앞쪽에 큰 공터가 있는데 그곳에 성균관대학교에서 삼성병원이 들어온다는 이야기도 있다면서 이 아파트 사고 싶다고 하면서 제 의견을 물었습니다. 그래서 "법원이 들어온 시세는 이미 반영되었고, 성균관대학교의 대학병원은 이야기만 많지, 언제, 어떻게 변할지 아무도 모른다. 또한 그 단지는 단지 생김새가 조금 이상하고, 또 소형 위주와 임대 위주의 아파트라서 시세가 오르는 것은 한계가 있어서 신중하게 매입하면 좋겠다"라는 의견을 제시하니, 전화기 너머로 낙담하는 목소리가 작게 들렸습니다. 어떻게 도울 방법이 없을까 고민했지만, 전화를 끊고 필자도 그만 잊어버렸습니다.

사실 새싹반을 6주간 교육하면서 교육생의 사정을 다 알 수는 없었습니다. 잘 알지 못하면서 조언을 한다는 것도 쉽지는 않습니다. 또한 이런 상황을 그녀의 아버지와 충분히 상의하고 있는지도 의문스러웠고, 더군다나 참깨 님과는 개인적인 대화가 한 번도 없었기에 큰돈이 왔다 갔다 하는 부동산에 대한 조언은 더욱 조심스러울 수밖에 없었습니다. 그럼에도 불구하고 강북 쪽에 본인이 가지고 있는 돈과 대출을 합해서 얻을 수 있는 지역이 어디쯤이면 좋겠냐고 물어봐서 중계역 쪽 소형 아파트를 알아보면 형편에 맞는 물건을 찾을 수 있다는 정도에서 대화를 마무리했습니다.

어느 토요일 오후, 또다시 전화가 왔습니다. 중계역 쪽의 아파트를 봤는데 모든 것이 마음에 들어서 계약을 하려고 하는데 혹시 조심해야 할 것이 무엇이냐고 물었습니다. 이전과는 다른 전화 태도였습니다. 즉 이 아파트를 사면 어떻겠냐는 질문이 아니라 이미 결정을 했고, 계약에 대한 주의할 점에 관한 질문이었으며, 예전과는 다른 격앙된 목소리였습니다. 이후에 집을 샀다는 소문만 들었습니다. 본인 스스로 공부를 해서 부동산을 매입했고, 수리를 해서 전셋집을 청산하고 실거주로 입주한 것입니다.

부동산은 타이밍입니다. 이 젊은이가 집을 살 때 상승장이라는 흐름을 탄 것이 운이라면 운일 수 있습니다. 그런데 자신의 운만 믿고 부동산 투자를 한다면 한 번쯤은 큰 고통을 겪을 수 있습니다. 경매를 조금 공부했다고, 경매 책 몇 권 읽었다고, 바로 실전에 뛰어드는 사람들이 많습니다. 다행히 상승의 흐름에 편승해서 돈을 벌게 되면 이때부터 차분히 부동산 공부를 시작해야 하는데, 본인이 고수인 양 일을 크게 키우다가 망한 사람들도 많습니다. '대출을 얼마나 받았냐?', '대출 조건에서 원리금 분할 상환이냐? 원리금 균등 상황이냐?', '중도금과 잔금은 어떻게 하기로 했냐?' 등 물어보고 싶은 게 많았지만, 물어볼 수가 없었습니다.

자기 돈에 맞는 물건을 찾아 전국을 돌다

그렇게 1년이 흘렀습니다. 어느 날 카페 새싹반 모집 글에 참깨 님이 남자 친구와 함께 교육을 신청했습니다. 나중에 왜 새싹반을 두 번 들었냐고 하니 아빠와 함께 다닐 때는 뭐가 뭔지도 모르고 휙 지나갔는데, 좀 더 확실히 배우고 싶어서 신청했다는 것입니다. 이렇게 해서 이 친구와의 두 번째 인연이 시작되었습니다. 이때부터 필자 옆을 떠나지 않고 열심히 손품, 발품을 팔고 다녔습니다.

많은 사람들은 지금이 부동산 하락기라서 몸을 움츠리고 있는데, 이 젊은이는 아랑곳하지 않고 열심히 전국을 누비면서 자기 자본에 맞는 물건을 찾아다니고 있었습니다. 특히 실전반인 연회원반에 추천 물건으로 올라온 물건은 지역을 가리지 않고, 자기의 자본 안에 들어오는 물건은 열심히 임장을 다니고 있었습니다.

2023년 초에 필자가 제주도에서 골프를 치고 있는데, 17홀쯤에서 참깨 님에게 전화가 왔습니다. 바람이 엄청나게 불어서 모자가 날아갈 정도였기에 전화가 왔지만 잘 들리지도 않아 나중에 전화하겠다고 하면서 "지금 어디인데?"라고 물으니 충남 천안시 북면에 있는 어느 아파트에 임장을 왔다는 것입니다. 그 이야기를 듣는 순간 "그것 하지 마. 그것 하면 나중에 힘들어" 하고 딱 잘라 말했습니다.

성인이고, 자기 돈으로 자기가 투자한다는데, 제가 하지 말라고 하는 것이 맞는 것일까요? 이 젊은이는 이제 지칠 만도 했지만, 끊임없이 틈만 나면 임장보고서를 보내고, 전화로 문의를 하면서 열의를 보이고 있었습니다. 그때마다 저는 "안 된다. 그것 하면 고생한다"라고 하면서 못하게 했습니다. 저는 왜 그래야만 했을까요?

3~4년 전과 지금은 부동산 투자의 트렌드가 많이 바뀌었습니다. 그때는 DSR이라는 대출 규제가 시장에 들어오지 않았고, 또 경락잔금이 낙찰가격의 80%까지 나오기도 해서 대출과 임차인 보증금을 받으면 무피 투자가 되었고, 월세 받은 돈으로 이자를 내고도 남고, 차후에 이런 아파트가 1,000만 원만 올라주어도 괜찮은 투자였습니다.

그런데 지금은 모든 대출에 DSR이 적용되고 있고, 금리마저 올라서 대출과 임차인 보증금을 합해도 투자금이 묶입니다. 더군다나 지방의 소형 아파트들도 많이 올랐으며, 공시가 1억 원 이하하는 경쟁이 심해서 수익이 예전 같지 않습니다. 그래서 팔기가 쉽지 않은 아파트는 생각보다 투자금이 많이 묶이는 경향이 있어 이런 투자는 좀 피해야 하는데, 이 젊은이가 임장하는 물건마다 이런 물건들이었습니다. 흘러간 유행가를 부르는 것일까요? 2~4년 전에 나왔던 투자에서 성공했던 책들을 읽어서 그럴까요? 가지고 있는 돈의 한계 때문일까요?

이 젊은이는 어떻게든 한 개라도 낙찰받고 싶은 열정이 강했고, 저는 어떻게든 흥분된 이 열정을 가라앉혀 놓으려고 했지만, 쉽지 않았습니다. 전주로, 익산으로, 군산으로, 천안으로, 광주로, 강원도로 돈이 될 만한 곳은 다 돌아다녔고, 그때마다 저는 해당 아파트는 차후 시세 차익의 실현을 얻기 어렵다면서 부정적으로 피드백을 해주었습니다.

저는 안 된다는 제 말만 듣고 실행을 안 하는 이 젊은이의 생각이 의아했습니다. 본인 돈으로 본인이 결정해서 진행하는 경제적 행위를 제가 하지 말라고 해서 안 하는 것을 보면 쉽게 동의가 안 되기도 했지만, 어떻게든 멘토인 제 의견을 좇아오는 것만으로 실패 확률을 줄일 수 있다고 생각했던 것 같습니다. 투자 세계에서 경험 있는 멘토의 중요성을 경험했으리라 봅니다. 그러다 6월의 어느 날, 제가 'OK' 하는 물건을 잡아와서 저에게 대답을 강요하는 전화를 한 것입니다.

인생을 뒤집을 수 있는 물건을 상담하다

"몇 달 전, 연회원 수업에서 좌포 님이 추천해준 청량리 쪽에 아파트가 하나 있어서 그때 임장을 갔었는데 입찰을 못 하고 지나친 물건이 있는데, 혹시 좌포 님, 그 아파트 알고 계시는가요?"라고 질문했습니다. "알지. 청량리역에서 그리 멀지 않고, 정신병원이 있다가 이사 간 그 병원 옆인데 왜?"라고 물으니 그 단지에 급매로 물건이 하나 나왔는데, 내 의견을 듣고 싶어서 전화했다는 것입니다.

"그것은 괜찮아"라고 말하니 목소리가 떨리면서 이것저것 이야기하네요. 해당 물건의 집주인은 얼마 전에 사망했고, 자식들에게 자동 상속되었지만, 아직 상속 등기를 하지 않아, 살짝 복잡한 사연을 가진 물건이었습니다. 또한, 주택연금을 수령했던 물건으로서 연금 수령액과 주택 가격에 대한 정산도 필요했고, 상속자들끼리의 합의가 덜 된 상태이기도 했습니다. 즉, 매매로는 쉽게 접근하기 어려운 물건이라서 임자를 만나지 못하면 팔기가 어렵고, 속사정을 모르면 매입하기도 망설여지는 물건이었습니다.

좌포 님, 다른 사람이 계약할 것 같아요

이런 물건은 전화로만 상담을 하기에는 부족한 부분이 있습니다. 정확한 주소를 알려주면 제가 등기부등본도 출력해서 내용을 검토해볼 수 있겠으나 전화로 상담하다 보니 "등기부등본 출력해봤느냐?", "근저당이 어떻게 설정되어 있느냐?", "상속 등기는 되었느냐?", "지금 집을 팔 사람이 가족 대표이냐?" 등 질문을 할 수밖에 없었습니다. 제 질문을 받은 당사자는 매물에 빠져서 저에게 제대로 대답도 못 하고, 내가 질문한 것을 다시 부동산 중개사무소에 물어봐야 했습니다. 또한 나에게 전적으로 상담을 한 것이 아니라 카페의 다른 고수들에게 크로스 체크를 한다며 질문하다 보니 더더욱 혼란스러운 상황이었습니다.

이렇게 해서 제가 그 물건은 매입해도 좋겠다는 OK 사인을 내려서 부동산 중개사무소에 연락하니 이미 다른 사람이 집을 봤고, 가계약금 계좌를 보낸 상태라는 것입니다. 다만 내일 정오까지만 시간을 달라고 해서 집주인이 내일 정오까지 기다리기로 했다는 것입니다. 이번에는 "매입가격에 1,000만 원이나 2,000만 원을 더 준다고 해서 저희가 계약을 진행하면 어떨까요?"라고 협상의 카드에 대한 자문을 구했습니다. 그래서 저는 그렇게 하지 말라고 대답해주었는데, 제 대답이 너무나 야속했는지 전화기 너머로 아쉬운 한숨이 들리기도 했습니다.

이때가 금요일 오후였는데 먼저 물건을 본 사람이 토요일 점심때까지 답을 준다고 했다면서 물건이 떠내려가면 어떻게 하냐는 아쉬움이 그대로 부동산 중개사님에게 전달되었습니다. 중개사님은 너무나 안타까운 마음에 이 물건은 떠내려간 것 같으니 회기역 쪽 물건을 소개해주며, 이 물건도 괜찮다고 연락이 왔다는 것입니다. 그러면서 내게 회기역 쪽 물건도 괜찮은데, 그 물건을 하면 어떻겠냐고 물었습니다. 제가 동의만 하면 바로 계약할 것 같았습니다. 더군다나 금액도 더 싸서 잔금 걱정도 부담이 덜 된다면서 그 물건을 하고 싶다는 것입니다. 그렇지만 저는 단호하게 '그 물건은 아니다'라고 결정에 브레이크를 걸었습니다.

이 물건은 가격이 싸다고 쉽게 결정할 수 있는 것이 아니었습니다. 더군다나 연일 뉴스에서는 집값 하락에 관한 이야기와 더불어 부동산 규제 정책(대출 강화)을 풀겠다고만 했지, 현장에서 실제로 세금 인하 정책과 담보대출 인하가 되는 것이 아니었습니다. 전문 투자자가 아닌 이상, 거액의 부동산을 쉽게 살 수 있는 시장이 아니라는 판단 때문에 청량리 쪽 물건의 매매가 쉽게 이루어지지 않을 것으로 예상해서 그냥 내일까지 기다려보자고 했습니다. 또한 하룻밤만 기다리고 난 다음에 회기역 쪽 물건을 계약해도 되기에 서두를 필요가 없어서 단호하게 말했지만, 물건을 놓치면 어떻게 하냐며 발을 동동 구르고 있었습니다.

원래 7억 원에 나온 매물에 저는 2,000만 원을 깎아보라고 조언했는데 2,000만 원을 깎기는커녕 2,000만 원을 더 주고라도 사고 싶었는데 그것마저 순서를 기다려야 하는 상황이 되니 대안으로 회기역 쪽 물건이라도 사고 싶어진 것입니다. 그렇게 참깨 님은 발만 동동 구르면서 아쉬운 마음을 달래며 토요일에 올 통보만 기다리게 되었습니다. 그리고 토요일 정오가 지난 이후에 매수하겠다는 사람이 취소하는 바람에 계약을 하게 되었습니다.

잔금 준비를 하기 위해 사는 집의 매도계약서를 쓰다

잔금을 치르기 위해서는 중계역 쪽에 장만한 실거주 집을 처분하는 플랜을 짜야 했습니다. 그래서 5억 3,000만 원에 매물로 내놓았는데 날마다 서너 팀이 집을 보러 오지만 계약이 이루어지지 않았습니다. 그래서 이렇게 집을 다 보여주면 사람들은 그 집을 사려고 집을 보는 것이 아니라 다른 집을 사기 위한 비교 물건으로 보는 것이니, 집을 보러 오는 사람을 가려서 보여주면 좋겠다고 조언해주었습니다.

그리고 토요일 어느 날, 카페에서 진행하는 실전반 수업이 끝나고 식당에서 점심을 먹는데 5억 3,000만 원에 내놓은 물건을 5억 1,000만 원에 주면 사겠다는 사람이 나타났는데 어떻게 하면 좋겠냐고 물어왔습니다. 5억 1,800만 원으로 가격을 제시하고 그 가격에 안 한다고 하면, 당분간 물건을 잠그라고 코치해주었습니다. 일반적으로 5억 3,000만 원과 5억 1,000만 원의 중간 가격인 5억 2,000만 원으로 조정할 것이지만, 이렇게 하면 매수자 입장에서는 선뜻 대답을 안 할 수 있어서 중간선에서 내가 200만 원을 양보했다는 뉘앙스를 던짐으로써 심리적으로 갈등의 고리를 끊을 수 있는 가격을 제시한 것입니다.

이렇게 해서 극적으로 쌍방 간 합의를 했습니다. 그래서 지금 당장 가계약금을 받고 계약을 진행하라고 했더니 부동산 중개사무소와 상의한 결과, 월요일에 계약서를 쓴다는 것이었습니다. 왜 그렇게 진행하냐고 했더니, 매수자가 중도금에 대한 자금계획 때문에 그렇게 했다는 것입니다. 그래서 "꼭 중도금('제5장·부록 부동산 경매 공부 10. 중도금의 성격' 참고)을 받아야 하니?"라고 질문하니 "그럼 중도금을 안 받아도 돼요?"라고 저에게 되물었습니다.

매도자는 중도금을 받아야 할까요?
내가 집을 파는 매도자라면 중도금을 받는 것이 좋을까요? 이와는 반대로 내가 집을 사는 매수자라면 중도금을 주는 것이 유리할까요? 각자의 입장에 따라 다르지만 중도금 지급은 합의사항입니다. 매매대금 차체가 큰 부동산이라면 중도금을 지급할 필요가 있고, 소유권 이전 청구 가등기까지 해놓으면 아주 안전한 거래가 될 수 있습니다. 통상적으로 중도금만으로도 거래의 변심을 막을 수 있으니까요. 또한 매도자 우위 시장일 경우, 집을 사는 사람은 가급적이면 중도금을 주어야 계약이 취소되는 것을 막을 수 있습니다.

그런데 앞의 사례처럼 가격 협상을 다 한 후에 매수자가 중도금을 핑계로 계약일자를 뒤로 미루면, 그 사람은 다른 집을 다시 보러 다니면서 저울질할 것입니다. 5억 1,800만 원에 가격이 협상되었기 때문에 이보다 좀 더 싸고 마음에 드는 집을 찾아 나설 수 있다는 것이죠. 그러나 참깨 님은 이 집을 어떻게든 팔아야 청량리 잔금에 대한 걱정을 덜 수 있기 때문에 계약을 성사시켜야만 했습니다. 그래서 중도금은 없는 것으로 하고, 그날 오후에 바로 매매 계약서를 작성하게 되었습니다.

내가 사는 집은 살짝 싸게 판 느낌이었지만, 지금 매매 자체가 잘되지 않기 때문에 계약서를 쓰는 것이 우선이고, 매수자는 계약금 10%인 5,000만 원을 포기하면서 계약을 취소할 사항이 아니기 때문에 중도금 때문에 계약을 뒤로 미룰 필요는 없다는 판단을 한 것이죠. 이와는 반대로 청량리에 계약한 집은 그곳도 거래가 활발한 것은 아니지만, 가격 자체를 억 단위로 싸게 계약했기 때문에 매도자의 변심이 있을 수 있어서 적은 금액이라도 중도금을 지급하는 계약서를 써야 했습니다.

10억 원대 자산가란?

2022년 12월 케이비(KB)금융지주 경영연구소의 '2022 한국 부자 보고서'에 의하면, 금융자산 10억 원 이상을 보유한 개인은 지난해 42만 4,000명으로 국내 인구의 0.82%라고 발표했습니다. 2019년 35만 4,000명, 2020년 39만 3,000명으로 늘었고, 2021년에는 42만 4,000명으로 증가 추세가 이어지고 있다고 합니다.

부자들 대다수는 수도권 지역(70.3%가 서울·경기·인천을 포함한 수도권)에 거주하고 있고, 이 중에 서울에 사는 사람이 45.1%인 19만 1,000명이라고 합니다. 이 부자들은 거주용 부동산이 27.5%로 가장 크다고 합니다. 또한 자산 형성에 가장 주요한 원천은 다음과 같습니다. 사업소득(37.5%), 부동산 투자(25.3%), 상속과 증여(15.8%), 근로소득(11%), 금융 투자(10.5%)입니다.

참깨 님은 사업을 하는 것은 아니지만 근로소득으로 이자를 감당하면서 부동산으로 자산을 일으키는 방향으로 자리를 잡은 것이 무엇보다도 잘한 일이었습니다. 잔금을 치르고 수리를 해서 이쪽으로 이사한 후에 1가구 1주택 비과세 요건을 갖춘 시기가 되면 가격이 많이 올라 있을 것으로 예상됩니다. 40대가 되기 전에 집 한 채 장만으로 경제적 자유를 얻을 수 있는 기반을 마련했다는 것이 너무나 기특합니다. 먼 훗날 부자가 되어서 자식들에게 우리가 부자가 된 것은 엄마, 아빠의 노력도 있었지만, 외할아버지를 통해서 좌포 님이라는 분을 만나서 이렇게 되었다는 옛날이야기를 듣고 싶네요.

40대 후반에
새롭게 꾸는 꿈

인연은 스스로 만들어야 한다

2018년 가을이 무르익어가는 어느 화창한 토요일 오후, 많은 사람들은 들로 산으로 단풍놀이를 나갔지만, 좌포의 부동산 경매 더리치 카페 (http://ontherich.co.kr) 강의장은 열기가 후끈 달아오르고 있었습니다. 이날은 필자가 공개 특강을 하는 날인데, 강의장이 꽉 찼습니다. 강의하는 중간 쉬는 시간에 40대 중반으로 보이는 한 여성분과 대화를 나누다 보니 저와 같은 동네인 중계동에 산다고 했습니다. 이분은 장꾸 님으로 10여 년 전, 노원구 끝자락에 아파트 하나를 분양받아서 실거주하다가 2013년 초반 아이들 학교 문제로 크게 손해를 보고 급매도를 한 후 중계동으로 이사를 와서 전세로 살고 있다고 했습니다.

부동산에 '부'자도 꺼내기 싫었는데 우연히 필자가 운영하는 팟케스트(좌포의 부동산 경매 필살기)를 들으면서 관심이 생겼답니다. 전문가적 세련미가 넘치는 타 방송 콘텐츠에 비해 촌스러운 전라도 사투리와 정제되지 않은 필자의 방송에 다소 실망도 했지만, 어딘가 모르게 인간적으로 묘한 끌림이 있어 호기심에 용기를 내어 강의장에 오게 되었다는 것입니다. 그 이후 경매 기초반인 새싹반을 이수하고, 투자 심화반을 거쳐 실전반(연회원반)에 승선했습니다. 그러면서 친정 동생 부부와 대학생인 막내딸, 직장동료까지 입문을 시키는 열정적인 투자자가 되어가고 있었습니다.

장꾸 님은 중계동으로 이사를 와서 전세 2억 7,000만 원에 두 딸의 중·고등학교를 핑계로 6년을 넘게 살고 있었습니다. 6년 동안 2억 7,000만 원의 원금은 그대로 살아 있었지만, 6년 전 2억 7,000만 원과 6년이 지난 시점의 2억 7,000만 원의 돈 가치는 완전히 다릅니다. 많은 사람들이 전세를 살면 보증금은 잃지 않기 때문에 안전하다고 하지만, 그 돈은 인플레이션을 생각하면 손해를 보고 있다고 말할 수 있습니다. 저는 장꾸 님보다 중계동에 늦게 진입해서 4억 2,800만 원에 대출을 끼고 집을 샀다가 2년 후에 보증금 4억 원에 전세를 놓았고, 이때 시세는 6억 원이 넘어가서 돈이 불어나고 있었다는 것을 설명하면서 지금이라도 늦지 않았으니 실거주 집을 장만해보는 것을 권해드렸습니다.

장꾸 님에게는 저의 가슴을 울리게 한 사연이 있었습니다. 그 사연을 듣고 꼭 부자로 만들어드리고 싶었습니다. 그녀는 조실부모로 친정 부모나 마찬가지였던 혈혈단신 친정 언니가 20여 년 전에 뇌출혈로 쓰러지셨는데, 그때부터 함께 살고 있다는 것입니다. 두 부부와 자식 둘, 그리고 뇌졸중 환자인 언니와 함께 산다는 것은, 딸들도, 남편분도, 그리고 장꾸 님도 양보하고 배려하지 않으면 불가능한 일이라고 생각합니다. 이 이야기를 듣고 어떻게든 도움을 드리고 싶었습니다.

사람들은 다 한 가지씩은 사연을 가지고 있고, 집마다 아픈 손가락이 있습니다. 이런 가족사는 남 앞에 쉽게 드러내기가 어려울 것입니다. 장꾸 님이 카페 활동도 열심히 참여하고, 타인에 대한 배려심도 많으며, 어떻게든 현실을 극복해보고자 노력하는 모습을 보면서 저도 적극적인 멘토 역할을 하게 되었습니다. 이렇게 해서 장꾸 님의 평생 소원인 내 집 마련을 비롯한 부동산 투자 인생에 끼어들게 되었습니다.

낙찰받은 실거주 아파트

소 재 지	서울특별시 성북구			도로명검색 D 지도 D 지도 주소 복사				
물건종별	아파트	감 정 가		690,000,000원	오늘조회: 1 2주누적: 0 2주평균: 0 조회동향			
대 지 권	57.72㎡(17.46평)	최 저 가		(80%) 552,000,000원	구분	매각기일	최저매각가격	결과
건물면적	143.51㎡(43.41평)	보 증 금		(10%) 55,200,000원	1차	2018-11-26	690,000,000원	유찰
매각물건	토지·건물 일괄매각	소 유 자		이○○		2018-12-31	552,000,000원	취하

(출처 : 옥션원)

2018년 11월에 1차 유찰이 되어서 경매 기초반인 새싹반 수업 때 임장 숙제로 내준 물건이었는데, 12월에 변경(취소로 기록되었지만, 이것은 정보지 오류임)되었다가 2019년 4월에 다시 진행되어 필자가 장꾸 님에게 이 집을 낙찰받아보라고 권유했습니다. 이 물건은 소유자가 점유하고 있었지만, 의정부 어느 인테리어 업체에서 유치권을 신고했습니다. 일반적으로 임차인이 살면서 배당요구를 하는 물건에 유치권이 신고된 경우에는 유치권이 성립하지 않습니다. 즉, 유치권 성립요건에 점유가 필수 요건인데, 세입자가 점유하고 있다는 것을 공시했기 때문에 유치권자가 점유하고 있지 않다는 방증이 되어 유치권이 성립하기는 쉽지 않습니다.

그런데 이와는 반대로 소유자가 점유하고 있는 부동산에 소유자와 가상의 유치권자와 짜고(유치권자가 방 한 칸을 사용하며 점유하고 있다고 주장) 점유를 하고 있다고 하면서 낙찰자에게 이사비를 좀 더 받아 내보고자 유치권을 주장하기도 합니다. 그래서 유치권 물건에서는 누가 점유하고 있는지가 아주 중요합니다.

① 입찰가격은 신의 영역이다

부동산을 입찰할 때는 감정가격부터 살펴봅니다. 많은 사람이 감정가격을 가이드라인 가격으로 보는 경향이 많습니다. 그러나 감정가격은 물건이 경매로 나올 때 감정평가사가 책정한 금액이고, 입찰할 당시의 시세는 다릅니다. 부동산 상승기 때는 감정가격보다 시세가 높고, 부동산 하락기 때는 감정가격보다 시세가 내려가 있을 것입니다. 더군다나 채권기관으로부터 경매 신청을 받은 법원은 감정평가를 의뢰해서 감정가격이 결정되는데, 감정평가 이후 물건을 입찰할 때까지 짧게는 6개월에서 1년 정도의 기간이 지난 후입니다.

입찰에 참여할 때는 감정가격을 중요한 기준으로 삼으면 안 됩니다. 내가 투자 수익률을 얼마로 정할 것인지가 기준이 되어야 합니다. 그런데 간혹 생각해놓은 입찰가격을 적지 않고, 법원 내 분위기에 흔들려 입찰가격을 바꾸는 경우가 있습니다. 원래 수익률을 생각해 몇 날 며칠 계산하고 고민해서 미리 결정해온 입찰가격을 무시해버리고, 법원에 사람이 많고 경쟁률이 높을 것 같아서 입찰가격을 수정해 높은 가격으로 낙찰받은 경우가 있습니다. 다음 물건은 2023년 7월에 낙찰된 물건입니다.

아파트	감 정 가	127,000,000원	오늘조회: 2 2주누적: 403 2주평균: 29	조회동향		
35.153㎡(10.63평)	최 저 가	(70%) 88,900,000원	구분	매각기일	최저매각가격	결과
59.76㎡(18.08평)	보 증 금	(10%) 8,890,000원	1차	2023-05-22	127,000,000원	유찰
토지·건물 일괄매각	소 유 자	김명신	2차	2023-07-03	88,900,000원	
2023-01-19	채 무 자	김명신	매각: 127,999,999원 (100.79%)			
			(입찰48명 매수인:경기도			

48명이나 입찰했고, 낙찰자는 감정가격을 넘겨서 낙찰받았습니다. 이 물건의 실거래가격은 2023년 5월에 1억 2,000만 원대에서 6월에 1억 4,000만 원대로 찍혔습니다. 그리고 매물가격은 전세를 낀 매물이 1억 3,500만 원에서 1억 5,000만 원으로 올라와 있고, 정상 입주 물건은 1억 5,000만 원에 매물로 나와 있는 것을 볼 수 있습니다.

실 거래가

59.76	2023.6.21	13	14,700
59.76	2023.5.26	11	12,800
59.76	2023.5.3	14	12,300

네이버 부동산에 나와 있는 매물

석사3지구부영 102동
매매 1억 3,500
아파트 · 82/59㎡, 12/15층, 남향
갭투자 가능 현전세 안고 매매 외부샷시 교차
보라부동산공인중개사사무소 | 매경부동산 제공
확인 23.07.03.

석사3지구부영 102동
매매 1억 4,000
아파트 · 82/59㎡, 4/15층, 남향
2년전 올리모델링 전세안고
춘천縣(애)부동산공인중개사... | 부동...
확인 23.06.15.

집주인 석사3지구부영 104동
매매 1억 5,000
아파트 · 82/59㎡, 14/14층, 남향
전체 리모델링, 협의 입주 가능, 남향
광개토부동산공인중개사사무소 | 부동산써
확인 23.07.06.

언뜻 보기에 과열 경쟁으로 입찰자는 높은 가격을 쓴 것으로 보이지만, 급매로 처분할 경우, 큰돈은 아니지만 조금은 이익을 볼 것으로 보입니다. 이와는 반대로 입찰 경쟁률이 너무 높을 것 같아 입찰 자체를 포기했는데 아무도 안 와서 유찰되는 경우도 있습니다. 다음 물건을 볼까요?

소 재 지	인천광역시 서구 청라동 193-1, 청라자이 ▩▩ ▩▩ ▩▩▩ 도로명검색 ▣지도 ▣지도 ▣주소 복사							
물건종별	아파트	감 정 가	871,000,000원	오늘조회: 81 2주누적: 793 2주평균: 57 조회동향				
대 지 권	미등기감정가격포함	최 저 가	(49%) 426,790,000원	구분	매각기일	최저매각가격	결과
건물면적	115.51㎡(34.94평)	보 증 금	(10%) 42,679,000원	1차	2023-06-07	871,000,000원	유찰
매각물건	토지·건물 일괄매각	소 유 자	이풍우	2차	2023-07-10	609,700,000원	유찰
개시결정	2021-09-30	채 무 자	이풍우	3차	2023-08-09	426,790,000원	

(출처 : 옥션원)

이것은 7월 10일 최저가격에 입찰해도 단독 낙찰이 되었을 물건입니다. 실거래가격이 6억 4,000만 원을 찍었고, 현재 매물이 7억 7,000만 원까지 나와 있는 단지임에도 불구하고 유찰되었습니다.

실거래가

115.5101	2023.5.6	13	64,000
115.5101	2023.5.16	7	64,000
115.5101	2023.2.23	12	64,000
115.5101	2022.2.11	16	83,000
115.5101	2021.11.9	15	70,000
115.5101	2021.7.7	5	75,000
115.5101	2021.7.10	10	74,500
115.5101	2021.6.15	13	75,000

실거래가

청라자이 116동
매매 6억 5,500 ↓
아파트 · 147B/115㎡, 3/19층, 남동향
24.1만기, 남동, B타입, 복도타일마감,
자이사랑공인중개사사무소 | 매경부동산 제
확인 23.06.21.

집주인 **청라자이 113동**
매매 7억
아파트 · 147B/115㎡, 중/20층, 남향
자이는 단지 정원이 너무 예뻐요, 이사협의
청라자이공인중개사사무소 | 매경부동산 제공
확인 23.06.27.

집주인 **청라자이 110동**
매매 7억 7,000
아파트 · 147A/114㎡, 고/20층, 남향
심곡천 직뷰,주인거주,이사협의
청라자이공인중개사사무소 | 매경부동산 제
확인 23.06.30.

(출처 : 옥션원, 네이버 부동산)

이처럼 낙찰가격은 신의 영역일 수 있습니다. 사람들을 만나고, 관리사무소나 경비실을 통해서 정보도 얻고, 부동산 중개사무소로부터 브리핑도 받고, 입지분석, 교통 및 학군까지 분석해서 입찰가격을 결정했지만 떨어질 수도 있습니다. 이렇게 패찰하고 나면 그냥 '패찰했네' 하고 끝내버리면, 다음 입찰 물건도 패찰하기 쉽습니다. 학교 다닐 때 틀린 문제를 틀렸다고 바로 끝내버리면 다음에 그 문제가 시험에 또 나와도 틀리게 됩니다. 왜 틀렸는지를 분석하고 복습해야 다음에 유사 문제도 풀 수 있듯이, 내가 패찰했던 물건의 낙찰금액을 가지고 수익률을 계산해서 낙찰자의 의중을 파악해봐야 합니다.

부동산 경매는 돈과 관련된 경제적 행위입니다. 학교 다닐 때 풀던 수학 문제보다 더 집중해야 하는 것이죠. 패찰한 다음에 많은 사람은 "저렇게 높게 낙찰받으려면 뭐 하러 경매를 해?" 하면서 낙찰자를 비웃는 경우가 많습니다. 어쩌면 그 사람이 본 것을 우리는 놓치고 있는지도 모릅니다.

② 입찰가격을 산정하는 순서
매도가격 산출
즉, 낙찰받고 얼마에 팔 것인지를 정해야 한다는 것이죠. 실거주한다면 살짝 공격적으로 입찰가격을 쓸 필요가 있습니다. 전세를 놓으려고 해도 매도가격을 일단 정해야 합니다. 입찰가격을 책정할 때는 다음의 것들을 조사한 다음에 내가 되팔 가격을 산정해봐야 합니다.

- 네이버 부동산에 올라온 물건가격 조사
- KB 시세 조사
- 공시가격 파악
- 실거래가격 조사

낙찰에서 매도까지 들어갈 비용 계산

- 이사비 : 경매 집행 비용의 범위 내에서 책정 - 일반적으로 평당 10만 원 기준입니다.
- 법무비 : 대출을 받을 경우, 대출 알선 및 소유권 이전 대행 비용으로 대략 낙찰 금액에서 0.5~0.7% 예상을 해야 합니다. 본인이 현금으로 처리하면서 셀프등기를 할 경우 비용을 절감할 수 있습니다.
- 대출 이자 : 소유권 이전, 명도, 수리와 매도까지는 대략 6개월 정도 잡으면 됩니다.
- 미납관리비 : 집이 비어 있다든지 미납관리비가 많이 밀린 경우에 점유자가 납부를 못 하는 경우가 발생합니다. 경우에 따라서는 이사비를 주면서 그 돈에서 관리비를 납부하라고 해서 납부가 된다면 미납관리비 부담을 줄일 수 있습니다.
- 인테리어 : 올 수리가 된 집도 많습니다. 그럴 경우, 앉아서 돈을 번 경우가 될 수 있죠. 그런데 소유자가 오래 살았다면 수리비가 들어갈 확률이 높습니다.
- 세금 : 취득할 때 내는 취득세, 팔 때 내는 양도소득세도 계산해봐야 합니다.
- 중개수수료 : 경매로 취득했기 때문에 취득할 때는 중개수수료가 들어가지 않지만, 매도할 때는 중개수수료가 들어갑니다.

이런 것을 다 계산해보니 5억 9,600만 원 정도의 가격이 적당하다는 결론을 내렸습니다. 그런데 이 물건을 입찰할 장꾸 님은 5억 8,000만 원대를 쓰면 좋겠다는 것입니다. 5억 8,000만 원대에 써서 낙찰받으면 금상첨화지만 불안했습니다. 5억 9,000만 원도 불안해서 필자는 정확히 6억 원을 쓰자고 한 상황인데, 5억 8,000만 원대를 쓰고자 하니 마음이 흔들리기 시작했습니다.

경매 초보자가 분석하고, 계산해서 결정한 가격이라고 하지만, 필자가 보기에 다분히 심정적인 가격을 제시한 것으로 보였습니다. 즉, 경매는 싸게 사야 한다는 인식 때문에 공격적인 가격에 저항감이 생긴 것이죠.

2018년 4월 입찰 할 때 실 거래 가			
143.51	2017.8.19	3	59,000
143.51	2017.1.18	3	61,500
143.51	2016.11.18	1	52,000
143.51	2016.10.12	11	59,650

(출처 : 옥션원)

이때 실거래가격은 2017년 8월에 5억 9,000만 원을 찍었고, 매물은 6억 4,000만 원 정도에 나와 있어서 5억 8,000만 원대에 입찰가격을 쓰는 것도 타당하다고 생각했지만, 너무나 현실적인 가격만 반영하고 미래의 가격(오를 것을 예상하는 가격)을 외면할 경우, 낙찰이 어려울 수 있습니다.

또한 낙찰가격을 6억 원으로 쓰는 것도 살짝 불안했습니다. 누군가가 6억 1원을 쓰면 1원 차이로 패찰하기 때문이죠. 그러나 취득세가 6억 원까지 1.1%라서 6억 원까지만 쓰자고 했습니다. 부동산은 가격 경계선에 따라 취득세가 달라짐을 꼭 명심해야 합니다.

소재지	서울특별시 양천구 목동 902, 목동신시가지아파트 █████ █████	도로명주소검색					
새 주소	서울특별시 양천구 목동서로 70, 목동신시가지아파트 █████ ████						
물건종별	아파트	감 정 가	951,000,000원	오늘조회: 105 2주누적: 618 2주평균: 44	조회동향		
대 지 권	89.71㎡(27.137평)	최 저 가	(80%) 760,800,000원	구분	입찰기일	최저매각가격	결과
건물면적	97.92㎡(29.621평)	보 증 금	(10%) 76,080,000원	1차	2016-04-20	951,000,000원	유찰
매각물건	토지·건물 일괄매각	소 유 자		2차	2016-05-25	760,800,000원	
개시결정	2015-10-30	채 무 자		낙찰 : 900,000,000원 (94.64%)			
				입찰20명,낙찰:			
				2등입찰가 899,999,999원)			

이 물건은 1원 차이로 낙찰받았고, 패찰한 사람은 1원 차이로 패찰했습니다. 세금 구간이 그때는 6억 원까지, 그리고 9억 원까지였는데 차순위자는 (9억 원 이하를) 9억 원 미만으로 이해했을 것으로 보입니다. 지금 이 물건은 10억 원대를 훌쩍 넘겼는데, 1원 차이로 몇억 원을 손해 본 것이죠.

낙찰을 받고, 명도의 암초를 만나다

결국 입찰가격을 6억 원으로 써서 낙찰받았습니다. 차순위와는 2,000만 원 이상의 차이가 나서 '입찰자 본인이 주장한 금액을 썼으면 좋았을걸' 하고 살짝 속이 쓰렸지만, 앞으로 좋은 가격에 팔면 될 거라고 위로 아닌 위로로 삼았습니다.

낙찰받고, 해당 집을 방문해야 하는데 아무런 명도 경험이 없는 장꾸님은 망설이고 망설였습니다. 두려운 것이죠. '혹시 나쁜 사람이 살고 있지 않을까?' 이런저런 걱정에 방문을 미루고 있었습니다. 그렇지만 유치권이 신고되어 있어서 누가 점유하고 있는지는 파악해야 했습니다. 은근히 필자가 함께 가주길 원하는 것 같아서 마음이 흔들리기도 했지만, 모든 것을 제가 다 해주면 아무것도 배울 수 없어서 본인이 가야 한다고 못을 박았습니다. 일요일 아침에 장꾸 님은 막내딸을 앞세워 해당 집을 방문하면서도 벨을 누르지 못해서 30분을 허둥대다가 인터폰으로 할머니와 통화를 하게 되었고, 다행히 유치권자가 없다는 것을 확인했습니다.

그 후 장꾸 님은 학교에서 근무를 해서 평일에 빠져나올 수 없다고 통사정을 하는 바람에 필자가 직접 법원을 방문해서 경매 서류를 열람해서 유치권자와 점유자의 연락처를 확인했고, 해당 물건 인테리어를 했다는 의정부의 ○○인테리어 업체를 찾아가 그 집을 공사한 내역이 없음을 확인까지 받아왔습니다. 결국 유치권은 가짜로 확인이 되어서 신경을 쓸 필요가 없었고, 이제 잔금을 치르고 명도를 준비해야 했습니다.

명도를 마무리하고 이사를 하다

이 집이 경매로 넘어가는 스토리가 복잡했습니다. 경매로 넘어갔다가 취소가 되기도 하고, 다시 경매로 넘어갔다가 변경되었으며, 소유자가 계속 바뀌기도 하고, 근저당이 유동화 회사로 넘어가기도 하는 등 단순하면서도 이해관계인들끼리 얽히고설켜 있었습니다.

원래 소유주가 주유소를 경영하면서 어려움에 빠지자 모시고 사는 어머니에게 명의를 넘겼다가, 다시 부인에게 명의가 넘어오기도 하면서, 어머니가 임차인으로 계약서를 쓰고 배당요구까지 한 물건으로, 법리적으로 잘 풀어가지 않으면 채무자에게 끌려갈 수 있는 상황이었습니다. 그래서 유동화 회사를 통해 근저당을 매입한 사람들을 강남에 가서 만나서 이 집의 전후 사정을 다 듣고, 잔금을 납부한 이후에 관련 서류까지 모두 넘겨주기로 약속을 받고 잔금을 납부했습니다. 그리고 명도는 이제 알아서 해보라고 저는 손을 떼었습니다. 하지만 장꾸 님이 몇 번을 점유자(채무자)와 통화했지만, 큰소리만 쳤다고 합니다. 그래서 어느 날 남편과 함께 찾아갔지만, 집 안으로 들어가지 못하고 집 앞 커피숍에서 대화를 시도했지만 타협점을 찾지 못한 채, 결국은 큰소리만 오고 가다가 남편분이 자리를 박차고 나가버리는 바람에 협상이 결렬되어버렸습니다.

지금은 남편분인 솔벗 님도 더리치에 입문하면서 부동산 수업도 열심히 참여하고 카페 활동도 나름대로 열심히 하고 있지만, 그 당시만 해도 경매에 대한 부정적인 생각에 아내의 부동산 투자 활동을 못마땅해하고 일절 협조하지 않았습니다. 그러다 보니 의지할 데가 없어서 남동생에게 SOS를 요청했지만, 남동생도 경매를 배운 지 얼마 안 되는 초보자라 일이 진행되지 못하고 있는 상태에서 다시 필자에게 도움을 요청하게 되었습니다. 버럭버럭 큰소리로 겁을 주었기에 여성들이 어떻게 해볼 엄두가 안 난 점유자와의 명도는 필자의 전화 한 통으로 깨끗이 마무리되었습니다. 그렇게 점유자는 그 집을 떠나고 수리해서 입주했습니다.

입주 6개월 만에 6억 9,700만 원에 팔다

4월에 낙찰받고, 6월에 명도를 마무리한 다음, 7월에 이것저것 소소한 수리를 하고 8월 초 실거주로 이사했습니다. 그동안 방이 3개라서 부부가 안방, 큰딸은 작은방, 이모와 막내가 작은방에서 살고 있었는데, 이제 방이 4개라서 한 사람당 방이 하나씩 생기게 되어 식구들이 모두 좋아했습니다. 그런데 몸이 불편한 친정 언니가 매일 집 주변 공원 등에서 걷기 운동을 해야 하는데, 이곳은 경사면이 심해서 혹시 넘어질까 봐 걱정되었습니다. 또한 단지가 작아서 아파트 자체 공원과 산책로가 부족하다 보니 보행 길을 다녀야 해서 마음이 놓이지 않았습니다. 그래서 이사를 들어오자마자 일주일 만에 7억 원에 집을 내놓았는데, 11월에 이사 들어오는 조건으로 바로 계약이 되었습니다.

8월 두 번째 토요일은 실전 투자반 수업이 있는 날인데, 필자에게 계속 전화가 왔습니다. 두 팀이나 집을 보고 갔고, 그중 한 팀은 확답을 들을 때까지 안 가겠다며 부동산 중개사무소에서 계속 전화하며 기다리고 있었습니다. 필자가 중간중간 피드백했지만, 시간상 자세히 할 수 없어서 수업이 끝나는 오후 2시까지 대답을 보류했다가 최종적으로 6억 9,700만 원에 계약서를 쓰기로 합의했습니다. 이렇게 해서 낙찰받고 4개월만 명도하고 입주한 그 달에 계약서를 쓰고, 11월에 집을 비워주었습니다. 어찌 보면 장꾸 님 식구들은 '돈 벌기가 이렇게 쉬운 것일까?'라고 생각했을지도 모릅니다.

다섯 식구가 좁은 집 방 3개에서 살다가 넓은 집에 각자 방이 생겨서 너무나 좋았는데, 이사하자마자 다시 또 이사한다는 것에 딸들이 눈물 섞인 불평불만을 토로해 장꾸 님은 엄마로서 아주 미안하고, 마음이 편하지 않았다고 합니다. 그래서 필자가 장꾸님에게 집을 팔 때마다

200만 원씩 주라면서 아이들을 달래보라는 조언을 해주어서 아이들에게 그렇게 약속을 했고, 그 약속을 지키니 이사를 자주 하면 좋겠다는 반 농담을 했다고 합니다. 필자도 투자했던 물건을 팔 때마다 아내에게 100만 원씩 주었던 경험을 살려서 그렇게 조언을 했던 것입니다. 그 약속을 지키니 이사를 자주 하면 좋겠다고 반농담을 했다고 하네요.

플랜은 끝나지 않았다

2019년 11월에 이사할 집을 급매로 필자가 구해주었습니다. 그것도 초급매로 가격 협상까지 다 해서 6억 2,000만 원에 매물로 나온 집을 5억 9,000만 원대에 계약서를 쓰고 그 집으로 이사했습니다. 이사를 하고 난 이후에 이 집은 2021년에 실거래가격 10억 원을 찍었습니다. 이후 장꾸 님은 실전 투자반인 연회원반을 그해 4월부터 다시 신청해야 했는데, (연회원반에서 나름대로 열심히 활동하고 있었던 남동생만 믿고 있었는지 모르지만) 목, 허리 디스크 수술 후유증으로 몸이 안 좋다면서 필자와의 인연을 마무리했습니다.

① 태릉이나 위례에 청약해야 할까요? 청량리에 청약해야 할까요?

이야기는 또 한참을 뒤로 거슬러 가야 합니다. 장꾸 님이 더리치를 오고 몇 달 후에 청량리 분양가격 9억 원, 태릉과 위례 분양가격 6억 원 물건을 가지고 어디에 청약할지 고민하고 있었습니다. 자기 집 전세금 2억7,000만 원과 대출을 받으면 태릉이나 위례의 분양대금 6억 원은 무난히 잔금을 맞출 수 있지만, 청량리의 9억 원은 취득세까지 합하면 10억 원이 다 되는 큰돈이라서 엄두가 안 나서 고민이라고 했습니다.

하지만 마음은 이미 태릉이나 위례 쪽으로 기울고 있었습니다. 더군다나 청량리 물건은 단지도 크지 않고, 주상복합이라서 주거 여건이 좋지 않겠다는 핑곗거리까지 생겨서 위례지구에 계속 청약을 넣었습니다.

대다수의 사람들은 미래 가치를 보고 선택하고 싶지만, 현재 자신의 상황에 맞는 선택을 하는 경우가 일반적입니다. 현실은 두렵고, 가보지 않은 길은 앞이 보이지 않다 보니 형편에 맞는 쪽으로 청약하는 것이죠. 운명의 여신은 장꾸 님의 편일까요? 아니면 걱정거리를 한가득 안겨주는 훼방꾼 여신일까요? 위례 쪽 청약이 넣는 족족 떨어졌습니다. 장꾸 님은 오전 11시경 청약이 안 된 것을 확인하고, 필자에게 연락해서 다 떨어지고 청량리에 넣어야 하냐며, 거기 청약이 되면 10억 원이라는 돈을 맞출 수 없을 것 같은데 어떻게 하냐며 자문을 구했습니다. 10억 원 걱정은 그때 가서 해도 되니 일단 청약을 넣어보라고 강력하게 밀었습니다. 그리고 몇 시간이면 마감될 청량리 청약을 하려고 현장으로 달려갔습니다. 그렇게 청량리 예비당첨자가 되었고, 며칠 후에 당첨이 확정되었습니다.

3년 반 후에 일어날 일의 걱정이 이때부터 시작되었습니다. 일단 당첨은 되었지만, 10억 원이라는 돈이 높은 장벽이 되었습니다. 포기할까 수도 없이 고민했지만, 이러지도 저러지도 못하는 상황이었습니다.

② 잔금을 해결할 플랜
길음동으로 이사했던 물건이 조금씩 오르고 있었습니다. 그래서 청량리('제5장·부록 부동산 경매 공부 11. 청량리 지역 분석' 참고) 잔금에 대한 플랜을 짜주었습니다.

첫 번째, 딱 2년만 실거주한 다음에 비과세 혜택을 보고 매도한다.

5억 9,000만 원에 샀으니 못 올라도 7억 원은 가뿐히 오를 것이고 (6억 2,000만 원 매물이었고, 어떤 물건은 7억 원 매물도 있었음), 8억 원까지도 쉽게 오를 것이기 때문에 2023년 청량리 잔금 걱정은 안 해도 될 것 같다.

두 번째, 길음동 집을 매도한 다음에 청량리 집에 입주할 때까지 15개월 정도는 월세를 산다.

세 번째, 잔금 대출을 받아야 하므로 신용관리를 잘해야 한다.

이렇게 플랜을 짠 이후에 거짓말처럼 실거주 집의 시세가 올라갔고, 실거래가격 10억 원을 찍은 물건이 나타났습니다. 이제 이 집만 팔면 청량리 분양 물건은 빚이 없어도 가능할 것으로 예상되었습니다.

③ 인연은 지속되지 못했고, 플랜도 지켜지지 못했다

2021년 가을, 서서히 집값 하락의 불안한 조짐이 보이기 시작했습니다. 문재인 정부 마지막 해에 전세대출에 대해 옥죄기 시작했고, 대출도 한층 강화되기 시작했습니다. 그렇지만 집 가진 사람들, 영끌을 통해서 어떻게든 똘똘한 한 채를 준비해보고자 하는 사람들은 이 흐름을 눈치 채지 못했습니다.

장꾸 님도 집값이 오르면서 청량리 잔금에 대한 걱정을 덜게 되었고, 그러다 보니 자력으로 충분히 해결할 수 있다는 판단이 들었는지 잘 다니던 더리치 카페에 발을 끊고, 필자가 짜준 플랜도 집어던져 버리고 필자와도 연락을 끊었습니다. 그러다 안심하고 있던 집값이 하락하기 시작하면서 청량리 입주가 다가오기 시작하니 걱정이 앞서기 시작했습니다. 발등에 불이 떨어졌습니다. 2023년 1~4월 입주인데, 길음동 집은 안 팔리고, 전세가격도 계속 떨어지고, 청량리 전세가격도 거의 반토막이 나면서 해결점이 보이지 않자 부부는 어쩔 수 없이 2022년 10월에 필자를 다시 찾아오게 되었습니다. 부부는 잔금 문제, 집 매도 문제와 세금 등 고민과 걱정을 한가득 안고 있었습니다. 저에게 오기 전에 서울에 내로라하는 전문가들에게 쪽지도 보내보고, 메일도 보내보고, 전화도 해보고, 만나 보기도 했지만, 가슴 후련한 해답을 찾지 못해서 찾아온 것입니다.

경제적 자유를 찾는 플랜에 브레이크를 걸면 안 된다

2023년 4월, 부부는 제가 사는 청라에 찾아와 3시간에 걸친 긴 대화를 통해서 탈출구를 찾았고, 살던 집은 전세를 놓고 분양 아파트로 이사했습니다. 서울 집값은 오를 것입니다. 더군다나 처음 매입할 때 싸게 매입했기 때문에 분명 오를 것입니다. 하지만 그때가 언제인지는 아무도 모릅니다. 그래서 걱정이 끝나지 않아서 그 걱정이 끝날 때까지는 저와의 인연이 지속될지 또 세월을 보내봐야 알 것 같습니다.

청량리 아파트는 이미 프리미엄이 몇억 원 붙었습니다. 전세 2억 7,000만 원이 종잣돈이었지만, 이제 10억 원이 넘는 자산가가 되었습니다. 물론 10억 원 전부가 내 돈인 것은 아닙니다. 매달 은행에 월세를 주어야 하는 무늬만 10억 원대 부자입니다. 장꾸 님과 솔벗 님은 빚을 청산하고, 내 자산을 10억 원대로 만드는 것이 과제입니다. 몇 년 있으면 기존 집도 처분하고, 청량리 집도 오르면서, 진짜 10억 원대 부자가 될 것입니다.

40대 후반에 부동산 경매를 시작해서 50대 초반에 기초를 다지고, 은퇴할 즈음에는 손에서 일을 놓아도, 돈 걱정 없이 인생의 반절을 다시 시작할 수 있는 기틀을 마련했습니다. 여기서부터가 진짜 중요합니다. 살짝 자신감도 생기고, 다른 투자를 할 수 있는 담보도 충분해서 많은 유혹이 기다리고 있고, 새로운 꿈을 꿀 수도 있습니다. 꼬마빌딩의 주인이 되고 싶고, 월세 빵빵 나오는 건물주가 되고 싶은 유혹이 기다릴 수 있습니다. 그렇지만 재산을 지키는 것도 또 다른 재테크입니다.

부자가 되면 행복할까요? 확실한 것은 부자가 되면 선택의 폭이 넓어지는 것은 분명합니다. 우리 모두 행복한 부자가 되면 좋겠습니다.

제4장

부동산 경매도 알고 보면 쉽다

선순위 전세권이 강제경매를 신청해서 자신의 임차보증금을 안전하게 지킨 예

민법에서 전세권이란, 임차인이 전세금을 지급하고 다른 사람의 부동산을 일정 기간 용도에 따라 사용, 수익한 후 계약기간이 종료될 때 해당 부동산을 반환하고 전세보증금을 돌려받는 권리를 말합니다.

임차인 입장에서 본인의 전세 보증금을 안전하게 지키기 위해서 전세권을 선호했지만, 지금은 과거와 달리 전입신고와 확정일자만으로도 대항력과 우선변제권을 취득해서 전세권 설정보다 효과적으로 자신의 임차 보증금을 더 안전하게 지킬 수 있습니다.

그런데 대항력을 갖출 수 없는 특별한 사정이 있는 경우(회사가 기숙사로 제공하기 위해 얻은 아파트나, 직장이나 학교 문제 때문에 주소를 옮길 수 없는 경우 등), 전세권을 설정해서 자신의 전세 보증금을 지키는 방법이 전세권일 수 있습니다.

전세권을 설정하는 이유는 임대차 계약이 종료될 때 임차보증금을 돌려받지 못할 경우, 전세권에 의한 임의 경매를 신청할 수 있기 때문입니다. 이렇게 될 경우, 전세권이 말소기준권리가 될 수 있는데, 그러기 위해서는,

　① 다른 권리보다 우선해서 등기부등본상 가장 먼저 설정되어야 하고,

　② 물건 전체에 설정되어 있어야 하며,

　③ 전세권자가 임의경매 신청을 했거나 배당요구 종기일 안에 전세권자가 배당신청을 해야 합니다.

　이렇게 세 가지의 조건 중에 한 가지라도 빠지면 전세권은 말소기준권리가 될 수 없습니다.

　그럼 다음 물건을 한번 볼까요?

새 주 소	경기도 화성시 동탄공원로 21-39, 동탄푸른마을신일해피							
물건종별	아파트	감 정 가		563,000,000원	오늘조회: 5 2주누적: 25 2주평균: 2 조회동향			
					구분	매각기일	최저매각가격	결과
대 지 권	53.146㎡(16.08평)	최 저 가		(49%) 275,870,000원	1차	2023-04-19	563,000,000원	유찰
건물면적	59.05㎡(17.86평)	보 증 금		(10%) 27,587,000원	2차	2023-05-23	394,100,000원	유찰
					3차	2023-06-23	275,870,000원	
매각물건	토지·건물 일괄매각	소 유 자		임태은	매각 : 330,000,000원 (58.61%)			

임차인	점유부분	전입/확정/배당	보증금/차임	대항력	배당예상금액	기타
■산업(주)	주거용 601호 전부	전입일자: 미상 확정일자: 미상 배당요구: 없음	보230,000,000원		배당순위있음	선순위전세권등기자, 경매신청인, 보:1. 이 억이천오백만원 2. 이 억삼천만원

등기부현황 (채권액합계 : 674,990,000원)

No	접수	권리종류	권리자	채권금액	비고	소멸여부
1(갑12)	2014.11.05	소유권이전(매매)	임태은		거래가액:222,000,000	
2(을5)	2015.09.14	전세권(전부)	■산업(주)	230,000,000원	말소기준등기 존속기간: 2017.09.14~2020.09.14	소멸
3(을8)	2021.02.10	근저당	이숙■	444,990,000원		소멸
4(갑16)	2022.02.09	강제경매	■산업(주)	청구금액: 250,049,843원	2022타경52388	소멸

(출처 : 옥션원)

이 물건은 경기도 화성시 제1 동탄에 있는 24평형 아파트이고, 감정 가격이 5억 6,300만 원인데 3억 3,000만 원에 낙찰되었습니다. 그런데 이 물건을 보면,

① 전세권이 등기부등본에 가장 먼저 설정되었고,

② 건물 전체(해당 호수)에 전세권이 설정되었고,

③ 전세권자가 임의경매가 아닌 강제경매로 경매를 신청했습니다.

그래서 전세권이 말소기준권리가 될 수 없습니다. 앞의 자료를 보면 전세권에 의한 임의경매 신청이 아니어서 말소기준 권리가 될 수 없습니다. 그렇다면, 배당요구 종기일 안에 배당요구를 했는지 확인해봐야 하는데, 앞의 서류에서는 배당요구를 안 한 것으로 나타나 있습니다. 그런데 어떻게 해서 전세권이 말소기준권리가 될까요? 이럴 때는 문건 송달 내역을 살펴봐야 합니다.

사진	건물등기	감정평가서	현황조사서	매각물건명세서	세대열람내역서	부동산표시목록
기일내역	문건송달내역	사건내역	전자지도	전자지적도	로드뷰	온나라지도+

(출처 : 옥션원)

부동산 경매 서류를 보면 이렇게 문건/송달내역이란 것이 있습니다. 한번 살펴볼까요? 주식회사 ○○○이 배당요구 종기일 안에 배당요구를 했네요.

2022.04.04	압류권자 화○○○○○○○ 교부청구서 제출
2022.04.14	배당요구권자 주○○○○○○ 배당요구신청 및 채권계산서 제출
2022.09.02	교부권자 동○○○○○ 교부청구해제통지서 제출

(출처 : 옥션원)

또 매각물건명세서도 봐야 합니다.

매각물건명세서

사 건	2022타경52388 부동산강제경매		매각물건번호	1	작성일자	2023.03.27	담임법관(사법보좌관)		이재□	
부동산 및 감정평가액 최저매각가격의 표시	별지기재와 같음	최선순위 설정		2015.09.14. 전세권			배당요구종기		2022.04.22	

부동산의 점유자와 점유의 권원, 점유할 수 있는 기간, 차임 또는 보증금에 관한 관계인의 진술 및 임차인이 있는 경우 배당요구 여부와 그 일자, 전입신고일자 또는 사업자등록신청일자와 확정일자의 유무와 그 일자

점유자 성 명	점유 부분	정보출처 구 분	점유의 권 원	임대차기간(점유기간)	보증금	차임	전입신고일자, 사업자등록신청일자	확정일자	배당요구여부(배당요구일자)
■업주식회사	601호 전부	권리신고	주거 전세권자	1.2015.09.15.~2017.09.14. 2.2017.09.14.~2020.09.14.	1.이억이천오백만원 2. 이억삼천만원	1.			

〈비고〉
■산업주식회사:전세권자로서 임대차계약도 체결하였으나 전입신고와 확정일자부여는 없었음

※ 최선순위 설정일자보다 대항요건을 먼저 갖춘 주택·상가건물 임차인의 임차보증금은 매수인에게 인수되는 경우가 발생 할 수 있고, 대항력과 우선변제권이 있는 주택·상가건물 임차인이 배당요구를 하였으나 보증금 전액에 관하여 배당을 받지 아니한 경우에는 배당받지 못한 잔액이 매수인에게 인수되게 됨을 주의하시기 바랍니다.

등기된 부동산에 관한 권리 또는 가처분으로 매각으로 그 효력이 소멸되지 아니하는 것

매각에 따라 설정된 것으로 보는 지상권의 개요

비고란
1. 최선순위 전세권자는 경매신청채권자와 동일 회사인 ■■산업 주식회사이며, 2023.3.7. 전세금 전액을 배당받을 경우 최선순위 전세권등기 말소에 동의한다는 취지의 보정서가 ■■업 주식회사로부터 제출됨
2. ■■■업주식회사는 경매신청채권자와 2015.7.23.과 2017.8.10.에 채무자겸소유자와 임대차계약도 체결한 사실이 있는데 소송 지원이 전입신고나 확정일자부여는 없었다고 함(2023.3.27. 의견서)

(출처 : 옥션원)

매각물건명세서 하단 비고란을 보면, 전세금만 다 받으면 전세권등기를 말소에 동의한다는 서류가 제출되었다고 나타나 있습니다. 경매를 하다 보면 이런 것 하나하나를 잘 확인해야 합니다. 그런데 전세권자는 왜 전세권으로 임의경매를 신청하지 않고, 임차보증금 반환청구 소송을 해서 확정판결로 강제경매를 신청했을까요?

전세권자가 전세권으로 임의경매를 신청해서 낙찰되었다면, 이때 낙찰금액이 전세금(2억 3,000만 원) 이하로 낙찰될 경우, 전세권은 말소되면서 자기의 보증금을 전액 배당받지 못합니다. 그래서 자신의 임차보증금을 안전하게 받기 위해서 전세금 반환청구 소송을 통해서 강제경매

를 신청한 것입니다. 또한 이럴 때는 배당요구도 신청하지 않아야 더 안전하게 자신의 권리를 지킬 수 있었는데, 막판에 배당요구를 해서 전세권이 말소기준권리가 되어버렸습니다.

낙찰 금액이 3억 원이 넘어서 전세보증금을 모두 회수할 수 있어서 다행이지만, 이럴 때는 전세권이 안전한 것이 아니라 임차권(전입+점유)이 더 안전할 수 있습니다. 법인인 경우에는 전세권을 설정하고, 보증금을 못 받을 경우에는 경매를 신청할 때 임의경매가 좋을지, 강제경매가 좋을지 잘 판단해야 합니다.

근로복지 공단의 압류
(2021-4022)

경매 물건을 검색하다 보면 근로복지공단에서 가압류를 해놓은 것을 볼 수 있습니다. 근로복지공단의 가압류는 일반적으로 임금채권일 가능성이 매우 큽니다. 가압류는 일반채권으로서 가압류보다 선순위의 우선변제권에는 대항하지 못하지만, 후순위의 우선변제권과는 동순위로 배당받는데, 배당할 배당금액이 부족하면 낙찰된 금액비례로 안분해서 배당하게 됩니다. 그런데 여기에서 가압류가 임금채권이라면 문제가 달라집니다. 그럼 일단 배당 순위부터 살펴볼까요?

① 경매에서 배당 순위

순위	항목	내용
1	경매 신청 비용과 임차인의 필요비와 유익비	경매를 신청할 때 들어가는 일체의 비용과 해당 건물에 사용된 필요비와 유익비용
2	최우선 변제금	주택 임차보호법에 의한 소액 보증금 중 일정액
2	근로자의 임금 채권	근로기준법에 의한 근로자의 3개월 임금과 3년 치 퇴직금

순위	항목	내용
3	당해세(국세, 지방세)	대항력이 있는 임차인의 확정일자보다 법정기일이 빠른 당해세 (2023년 4월 1일 이후 매각허가 결정)
4	우선변제권 (담보물권, 임차권(임차인 보증금))	근(저)저당, 가등기, 대항력과 확정일자를 갖춘 임차인의 보증금, 전세권 등
5	임반 임금 채권	최우선 임금채권 이외의 남은 임금채권
6	후순위 당해세 및 조세채권	3순위 우선변제보다 후순위 당해세와 조세채권
7	공과금	국민연금, 건강보험료, 산업재해보험료
8	일반채권	가압류, 가처분 등의 일반 채권

경매로 낙찰받아 낙찰대금으로 모든 채권(등기부등본에 나와 있는 채권 + 임차인의 보증금 + 등기부등본에 나와 있지 않은 세금)을 배당하는데, 부족하지 않으면 배당에 신경 쓸 필요가 없지만, 낙찰 금액보다 빚이 더 많다면 배당순서('제5장·부록 부동산 경매 공부 12. 배당순서에 대해' 참고)가 아주 중요합니다.

여기에서 임금채권은 회사가 부도가 나서 근로자가 사업주로부터 임금을 지급받지 못한 경우, 국가(고용노동부)가 대신해서 가압류한 것으로 임금채권은 소액임차인의 최우선변제금과 함께 배당 순위에서 2순위입니다.

다음 물건을 한번 볼까요? 입찰하고자 하는 물건에서 소유자가 법인이면서 임차인이 최우선변제금 이상일 때는 특별히 임금채권과 세금에 대해서 신경을 써야 합니다.

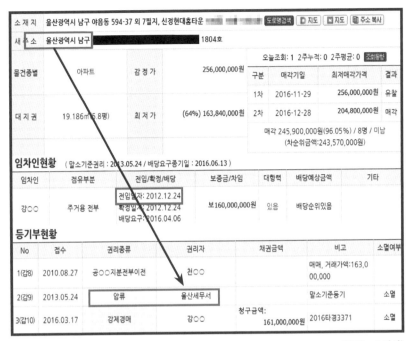

| 소재지 | 울산광역시 남구 야음동 594-37 외 7필지, 신정현대홈타운 ▨▨▨ ▨▨▨▨ 도로명검색 D지도 N지도 주소복사 |

| 새주소 | 울산광역시 남구 ▨▨▨▨▨▨▨▨▨▨▨▨ 1804호 |

오늘조회: 1 2주누적: 0 2주평균: 0 조회동향

물건종별	아파트	감정가	256,000,000원	구분	매각기일	최저매각가격	결과
				1차	2016-11-29	256,000,000원	유찰
대지권	19.186m²(5.8평)	최저가	(64%) 163,840,000원	2차	2016-12-28	204,800,000원	매각

매각 245,900,000원(96.05%) / 8명 / 미납
(차순위금액:243,570,000원)

임차인현황 (말소기준권리 : 2013.05.24 / 배당요구종기일 : 2016.06.13)

임차인	점유부분	전입/확정/배당	보증금/차임	대항력	배당예상금액	기타
강○○	주거용 전부	전입일자: 2012.12.24 확정일자: 2012.12.24 배당요구: 2016.04.06	보160,000,000원	있음	배당순위있음	

등기부현황

No	접수	권리종류	권리자	채권금액	비고	소멸여부
1(갑8)	2010.08.27	공○○지분전부이전	천○○		매매, 거래가액:163,000,000	
2(갑9)	2013.05.24	압류	울산세무서		말소기준등기	소멸
3(갑10)	2016.03.17	강제경매	강○○	청구금액: 161,000,000원	2016타경3371	소멸

(출처 : 옥션원)

이 물건에 입찰할 경우, 임차인의 전입과 확정일자, 울산 세무서의 법정기일을 비교해야 합니다. 이때만 해도 당해세는 임차인보다 먼저 배당을 받아가고, 일반 조세도 법정기일이 임차인의 확정일자보다 빠르면 무조건 먼저 배당받아갔습니다. 여기에서 임차인의 전입은 2012년 12월 24일인데, 울산 세무서(국세임)의 압류 날짜는 2013년 5월 24일입니다. 울산 세무서의 압류가 당해세라면 임차인보다 먼저 배당을 받아갑니다. 등기부등본에서 그 금액이 얼마인지 확인할 길이 없고, 당해세인지도 확인이 안 됩니다. 만약 당해세가 아니라면 임차인의 대항력이 발생한 날(전입과 확정일자가 같은 12월 24일이라서 대항력 발생은 25일 '0'시 임)과 울산시 압류의 법정기일의 선후를 따져봐야 합니다. 좀 어렵죠.

② 세금의 압류는 법정기일이 중요하다

여기에서 단순하게 임차인의 전입보다 울산 세무서의 압류가 늦기 때문에 임차인이 먼저 배당을 받아가서 낙찰자가 인수할 권리가 없다고 권리분석을 할 수 있는데, 그것이 아닙니다. 울산 세무서의 압류는 비록 2013년 5월 24일에 했다고 해도 이 세금은 그전에 발생한 세금이라서 그전에 발생한 법정기일을 알아야 합니다.

법정기일은 세금이 체납되어 국가(세무서-국세)나 지방 자치단체(시, 군, 구-지방세)가 압류한 날이 아니라 그 세금이 발생한 날을 뜻합니다. 일반적으로 고지서가 발행되는 세금은 고지서가 발행된 날이 법정기일이고, 내가 신고하는 세금은 신고한 날이 법정기일입니다. 이렇게 세금이 발생했는데, 그 세금을 납부하지 않으면 세금 징수기관은 차후에 부동산에 압류하는데 이때 등기부등본에 기록이 될 뿐, 이 세금은 그전에 발생한 세금으로서 이를 '법정기일'이라고 합니다.

2023년 4월부터 법정기일과 확정일자가 빠른 순서에 우선해서 배당을 받는 것으로 법이 개정되었지만, 그전에는 당해세가 무조건 먼저 배당을 받아가고, 일반 세금은 법정기일과 확정일자의 순서에 따라 배당되었습니다. 그렇기에 이런 물건에 입찰할 경우, 울산 세무서의 세금 종류가 당해세에 해당되는지, 또 배당받으려는 체납 세금이 얼마인지를 알아야 입찰할 수 있습니다. 그냥 입찰했다가 울산 세무서의 세금 규모가 크고, 당해세라면 임차인보다 먼저 배당을 받아가서 자칫 임차인의 보증금이 배당되지 못할 경우, 낙찰자가 인수하기 때문입니다.

③ 세금 체납을 알아내는 방법

그럼, 여기에서 울산 세무서에 체납된 세금을 입찰자가 알 방법은 없을까요? 기본적으로 당사자가 아니면 개인정보 보호법에 의해서 알 수 있는 방법이 없습니다. 그렇지만 임차인은 당사자라서 이 내용을 파악할 수 있는 위치에 있습니다. 더군다나 2023년 전국 부동산 시장을 강타한 빌라 왕 사건으로 임차인이 소유자의 국세, 지방세 체납 사실을 확인할 수 있습니다. 따라서 임장을 가서 임차인에게 울산 세무서의 세금이 당해세라면 임차인보다 먼저 배당될 경우, 임차인은 임차보증금을 100% 받을 수 없다고 설득해서 확인하면 됩니다.

전입한 날짜와 확정일자의 차이가 많은 물건은 조심해야 한다

아직 실거주를 못 한 사람들은 어쩔 수 없이 임대주택에서 살 수밖에 없습니다. 임차인의 입장에서 가장 큰 고민거리는 임차 기간까지 살다가 임대 기간이 만료될 때 문제없이 보증금을 받고 이사를 가는 것이고, 재계약할 때 터무니없이 보증금을 올리는 것에 대한 불안함입니다. 또한 임대 기간이 끝나기도 전에 집주인이 바뀌는 경우도 마찬가지입니다.

① 임대기간 중인 집을 처분하는 경우
② 집주인의 경제 사정으로 대출을 받았는데, 이자를 내지 못해서 임의경매가 진행되는 경우
③ 해당 집에는 아무런 문제가 없는데, 집주인의 채권자가 채권 추심을 위해 임대한 주택을 압류해 강제경매를 진행하는 경우
④ 집주인의 사업상 세금을 미납해서 경매나 공매로 처분되는 경우

어떤 경우든 새로운 집주인이 나타나면 보증금에 대한 불안함과 더불어 다시 이사해야 하는 번거로움이 기다리고 있습니다. 이렇게 주거

가 불안한 임차인의 주거 안정을 위해서 주택 임대차보호법이 만들어졌고, 대항력 있는 임차인은 바뀐 집주인도 함부로 내보낼 수 없습니다.

대항력이란?

주택 임대차보호법상 대항력

주택 임대차보호법 제3조 제1항을 보면, "임대차는 그 등기가 없는 경우에도 임차인이 주택의 인도와 주민등록을 마친 때에는 그다음 날부터 제삼자에 대하여 효력이 생긴다. 이 경우 전입신고를 한 때에 주민등록이 된 것으로 본다"라고 규정해서, 주택임차인의 대항력을 인정하고 있습니다.
여기에서 "그다음 날부터 제삼자에 대하여 효력이 생긴다"라고 함은 다음 날 오전 0시부터 대항력이 생긴다는 취지입니다(대법원 1999. 5. 25. 선고 99다 9981 판결).

임차인은 선순위 저당권 등이 없는 주택에 입주하고 주민등록전입신고를 마치면(대항요건), 그다음 날부터 해당 주택이 다른 사람에게 양도(매매, 상속, 증여)되거나 경매나 공매로 낙찰되더라도 새로운 집주인에게 임차권을 주장해 임대기간이 끝날 때까지 거주할 수 있고, 또 임대기간이 만료되더라도 보증금 전액을 반환받을 때까지 그 집에서 살 수 있는 권리가 생긴 것입니다.

구분	내용
전입 신고	대항력을 갖추기 위해서는 임차인이 전입 신고를 해야 한다.
주택의 인도	전입 신고를 한 임차인은 해당 집으로 이사를 해야 한다.

여기에서 주의할 점이 있습니다. 이렇게 대항력을 취득한 임차인이 가족 모두가 잠깐 주민등록을 다른 곳으로 이전했다가 다시 전입하면, 대항력이 소멸됩니다. 그리고 다시 전입한 시점부터 대항력이 발생합니다. 즉 새롭게 전입을 하면 대항력이 회복되는 것이 아니라 새로운 전입신고를 한 때부터 대항력을 취득(대법원 1998. 1. 23. 선고 97다43468 판결)한다는 것입니다.

그러나 가족 중에 한 사람만이라도 주민등록을 그대로 둔 채 다른 가족이 일시적으로 전출을 한 경우에는 주민등록의 이탈이라고 볼 수 없으므로 제삼자에 대한 대항력을 상실(대법원 1996. 1. 26. 선고 95다30338 판결)하지 않은 것으로 봅니다.

우선변제권이란?

우선변제권은 임차주택이 경매 또는 공매될 경우에 낙찰 금액에서 우선변제권을 가진 임차인은 다른 후순위권리자나 그 밖의 채권자보다 우선해서 보증금을 변제받을 권리를 말합니다(주택 임대차보호법 제3조의2 제2항).

구분	내용
대항력	전입과 점유를 하고 있어야 하고
확정일자	임대차 계약서에 확정일자를 받아야 함.

여기에서 확정일자란 주택 임대차계약서가 존재하고 있음을 증명하기 위해 법률상 인정되는 일자를 말합니다(대법원 1998. 10. 2. 선고 98다28879 판결).

① 대항력과 확정일자는 늦은 날을 기준으로

임차인이 주택의 인도와 전입신고를 마친 당일 또는 그 이전에 주택 임대차 계약서에 확정일자를 갖춘 경우에는 주택의 인도와 전입신고를 마친 다음 날 오전 0시부터 우선변제권이 생깁니다(대법원 1999. 3. 23. 선고 98다46938 판결).

임차인	점유부분	전입/확정/배당	보증금/차임
최■혁	주거용 109동 1505호	전입일자: 2020.07.27 확정일자: 2020.06.08 배당요구: 2022.10.04	보350,000,000원

(출처 : 옥션원)

이 물건에서 임차인은 2020년 6월 8일에 확정일자를 받았다고 해도 아직 대항력을 갖추지 못했으므로 대항력을 갖춘 2020년 7월 28일 '0'시에 우선변제권을 취득한다는 것입니다.

② 배당요구 종기일까지 대항력을 유지

우선변제권을 행사하기 위해서는 우선변제권의 요건(전입+점유+확정일자)이 경매 절차에 따르는 배당요구의 종기일까지 유지되어야 합니다(대법원 1997. 10. 10. 선고 95다44597 판결).

③ 온라인으로 확정일자 등록

대법원 인터넷 등기소를 통해서 확정일자를 받을 수 있습니다. 이때 임대차 계약서를 스캔해서 올리면 됩니다. 본인 확인을 위해서 공인인증서로 로그인하면 됩니다.

④ 주민자치센터 직접 방문

신분증과 임대차 계약서 원본을 가지고 전입신고를 하면 자동으로 확정일자가 부여됩니다. 이때 실거래가격 신고도 함께 진행하면 됩니다. 실거래가격 신고는 임대차 3법에 속한 것으로, 2024년 5월 31일까지는 의무사항이 아닙니다.

⑤ 공증사무실에서 확정일자

간혹 법무사 사무소에서 계약서를 작성할 때가 있습니다. 이때, 그곳이 공증 사무업무를 보는 곳이라면, 그곳에서 확정일자를 받을 수 있습니다.

전입일과 확정일자의 차이가 나는 물건의 예

대항력을 갖춘 임차인이 확정일자를 늦게 받으면 우선변제권이 늦어져서 임차인은 보증금을 모두 받지 못하는 경우가 생길 수 있습니다. 다음 물건을 볼까요?

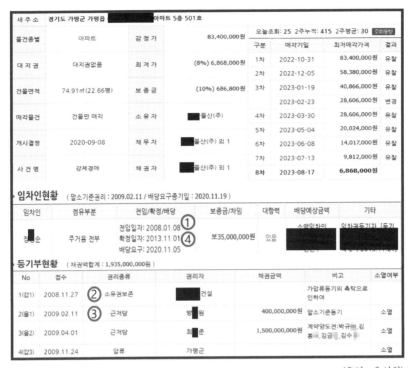

새 주 소	경기도 가평군 가평읍 ██████아파트 5층 501호							
물건종별	아파트	감 정 가	83,400,000원	구분	매각기일	최저매각가격	결과	
대 지 권	대지권없음	최 저 가	(8%) 6,868,000원	1차	2022-10-31	83,400,000원	유찰	
				2차	2022-12-05	58,380,000원	유찰	
건물면적	74.91㎡(22.66평)	보 증 금	(10%) 686,800원	3차	2023-01-19	40,866,000원	유찰	
					2023-02-23	28,606,000원	변경	
매각물건	건물만 매각	소 유 자	██울산(주)	4차	2023-03-30	28,606,000원	유찰	
				5차	2023-05-04	20,024,000원	유찰	
개시결정	2020-09-08	채 무 자	██울산(주) 외 1	6차	2023-06-08	14,017,000원	유찰	
				7차	2023-07-13	9,812,000원	유찰	
사 건 명	강제경매	채 권 자	██울산(주) 외 1	8차	2023-08-17	**6,868,000원**		

오늘조회: 25 2주누적: 415 2주평균: 30 조회동향

임차인현황 (말소기준권리 : 2009.02.11 / 배당요구종기일 : 2020.11.19)

임차인	점유부분	전입/확정/배당	보증금/차임	대항력	배당예상금액	기타
장██순	주거용 전부	전입일자: 2008.01.08 ① 확정일자: 2013.11.01 ④ 배당요구: 2020.11.05	보35,000,000원	있음	████	████

등기부현황 (채권액합계 : 1,935,000,000원)

No	접수	권리종류	권리자	채권금액	비고	소멸여부
1(갑1)	2008.11.27	② 소유권보존	██건설		가압류등기의 촉탁으로 인하여	
2(을1)	2009.02.11	③ 근저당	방██원	400,000,000원	말소기준등기	소멸
3(을2)	2009.04.01	근저당	최██준	1,500,000,000원	계약양도전:박규██,김 봉██,김금██,김수██	소멸
4(갑3)	2009.11.24	압류	가평군			소멸

(출처 : 옥션원)

이 물건은 경기도 가평에 있는 아파트로, 감정가격 8,340만 원에서 7차례나 유찰된 이후에 680여 만 원까지 떨어진 물건입니다. 왜 그랬을까요?

이 집은 임차인이 들어온 이후(2008년 1월 8일 전입)에 집주인이 바뀐(2008년 11월 27일) 경우입니다. 앞에서 이야기한 것처럼 대항력을 갖춘 임차인은 집주인이 바뀌어도 해당 주택에서 계약기간까지 살 수 있다고 했기 때문에 집주인이 바뀌었다고 해서 이사를 갈 필요는 없습니다.

그런데 임차인이 사는 이 집에 빚이 생기기 시작합니다. 2009년 2월에 4억 원의 빚이 생기고, 같은 해 4월에는 15억 원의 빚이 생기게 되네요. 임차인이 이 집에 들어올 때는 아무런 빚이 없었는데 갑자기 엄청난 빚이 생길 경우, 임차인은 자신의 보증금을 받아서 이사를 가면 좋지만, 이미 집주인은 경제적 어려움에 보증금을 돌려줄 수 없는 형편이 되어 이사를 갈 수 없게 됩니다.

임차인은 왜 이사를 못 갈까요?

- 집주인이 보증금을 돌려주어야 하는데, 빚이 너무 많아서 보증금을 돌려줄 형편이 안 된다.
- 다른 임차인이 들어오면 전세금을 받아서 이사 갈 수 있지만, 이렇게 빚이 많은 집에 임차인을 소개할 부동산 중개사무소는 없다.

이런 부동산에 사는 임차인은 자신의 보증금을 받아서 나오려면 경매와 공매를 통해야 하는데, 임차인은 확정일자가 2013년 11월 5일이라서 배당 순위도 늦어서 배당에서 못 받고 낙찰자가 물어주면 그 돈을 받아서 나올 수밖에 없는데, 낙찰자가 '배 째라' 하고 버티면 임차인은 보증금 반환청구 소송을 통해서 강제경매로 나올 수밖에 없습니다. 이 물건의 배당순서를 한번 볼까요?

① 경매 비용 : 약 200만 원
② 임차인의 소액임차 보증금 : 기준일이 2009년 11월 경기도는 보증금 4,000만 원 이내면 1,400만 원이 소액 보증금에 해당되어 1,400만 원 배당이 되지만, 지금은 최저가격이 680만 원이라서

소액임차인에게 최우선변제금에 해당되는 금액이 전액 배당이 되는 것이 아니라 1/2만 배당이 되어서 임차인은 대략 250만 원이 배당되고, 나머지 3,250만 원은 낙찰자가 물어주어야 함.

③ 2009년 2월 근저당권자도 250만 원 정도 배당을 받고 종결

이것은 대강 정리해본 배당순서입니다. 이 물건은 여러 아파트가 함께 경매가 진행되기 때문에 정확한 배당표는 상당히 복잡합니다. 아무튼 이 물건은 총 31개가 진행되기 때문에 근저당권자는 31개 물건에서 배당을 받게 되지만 그래도 손해가 크고, 임차인은 못 받은 자신의 임차보증금을 낙찰자가 물어주지 않으면 이사를 가고 싶어도 갈 수 없는 상황이 되었습니다. 만약 임차인이 전입하고 확정일자를 함께 받았다면 낙찰 금액도 저렇게 떨어지지 않았을 것이고, 낙찰금액에서 전액 배당을 먼저 받을 수 있었는데, 안타깝게도 확정일자를 늦게 받는 바람에 오지도 가지도 못하는 상황이 발생한 것입니다.

세입자만 낙찰받을 수 있는 경우

등기부등본이 깨끗하고, 집주인의 국세, 지방세 미납이 없는 집을 전세를 얻을 때 전입신고를 하고 확정일자를 받아야 안전할까요? 많은 부동산 중개사무소에서는 무조건 전입신고를 하면서 확정일자를 받으라고 합니다. 투자자가 아니라면 이 말은 정답일 수 있지만, 내가 투자자라면 꼭 이것이 정답이 아닐 수 있습니다. 다음 물건을 한번 볼까요?

새 주 소	서울특별시 광진구 █████████████████ 102동 1층 102호								
물건종별	아파트	감 정 가	1,490,000,000원		오늘조회: 97 2주누적: 1153 2주평균: 82 조회동향				
대 지 권	50.932㎡(15.41평)	최 저 가	(64%) 953,600,000원	구분	매각기일		최저매각가격		결과
건물면적	84.78㎡(25.65평)	보 증 금	(10%) 95,360,000원	1차	2023-06-05		1,490,000,000원		유찰
매각물건	토지·건물 일괄매각	소 유 자	박█수	2차	2023-07-10		1,192,000,000원		유찰
개시결정	2022-07-13	채 무 자	박█수	3차	2023-08-14		953,600,000원		

● 임차인현황 (말소기준권리 : 2021.07.22 / 배당요구종기일 : 2022.09.28)

임차인	점유부분	전입/확정/배당	보증금/차임	대항력	배당예상금액	기타
이█윤	주거용 102호	전입일자: 2014.02.13 확정일자: 미상 배당요구: 없음	미상		배당금 없음	

● 등기부현황 (채권액합계 : 2,326,191,998원)

No	접수	권리종류	권리자	채권금액	비고	소멸여부
1(갑1)	2007.12.05	소유권보존	박█수			
2(을7)	2021.07.22	근저당	오케이저축은행	927,600,000원	말소기준등기	소멸
3(을8)	2022.01.12	근저당	에이치비저축은행	650,000,000원		소멸
4(갑8)	2022.03.31	가압류	롯데카드(주)	24,156,771원	2022카단201067	소멸
5(갑9)	2022.04.13	가압류	서울보증보험(주)	200,000,000원	2022카단806251	소멸
6(갑10)	2022.04.19	가압류	서울보증보험(주)	500,000,000원	2022카단806674	소멸
7(갑11)	2022.04.21	가압류	(주)우리카드	24,435,227원	2022카단807268	소멸
8(갑12)	2022.07.13	임의경매	오케이저축은행	청구금액: 811,675,907원	2022타경53843	소멸

(출처 : 옥션원)

서울시 광진구에 있는 34평형 아파트입니다. 권리분석을 해보자면 소유자가 2007년에 해당 아파트를 매입한 후에 2014년 2월에 세입자로 추정되는 분이 전입해서 들어왔습니다. 하지만 이분은 전입만 했지, 이곳에 살고 있는지, 세입자인지, 아니면 소유자와 가족관계에 있는지 아무것도 알 수가 없습니다. 법원 현황조사서에 의하면, 점유자의 부인은 본인 가족들이 이곳에 거주하고 있다고 말했다는 것입니다.

기타사항	☞전입세대 열람내역서 및 주민등록표 등본 상 이정█ 세대가 동재되어 있으며, 현장 방문조사 당시 만난 임████(이█윤의 배우자)에 의하면 본인의 가족이 전부 점유하여 거주하고 있다고 함 ☞이█윤은(는) 전입일상 대항력이 있으므로, 보증금있는 임차인일 경우 인수여지 있어 주의요함.

(출처 : 옥션원)

그러다 보니 이 물건에 쉽게 입찰할 수 없습니다. 점유자가 진짜 임차인이라면 선순위 임차인을 이용해서 보증금을 낙찰자가 인수해야 하는데 그 금액마저 얼마인지를 모릅니다. 다만 역으로 추적해서 2014년 2월에 신고된 실거래가격을 조사해보면 실마리를 찾을 수 있지만, 이때만 해도 실거래가격 신고가 의무사항이 아니어서 조사가 쉽지 않았습니다. 이 물건은 감정가격 14억 9,000만 원에서 9억 5,000만 원까지 떨어졌습니다. 최근에 거래된 실거래가격과 매물을 한번 볼까요?

실거래가

전용면적(m²)	계약일	층	거래금액(만원)
84.78	2022.5.4	12	162,500
84.78	2021.11.27	2	151,000
84.78	2020.12.18	9	143,000
84.78	2020.7.9	7	133,500

네이버 부동산에 나와 있는 매물

집주인 ████████████ 107동
매매 13억
아파트 · 107B/84㎡, 1/12층, 남향
광나루초역세권, 전세끼고
우리부동산중개사무소 | 부동산뱅크 제공
확인 23.07.15.

████████████ 106동
매매 14억
아파트 · 107C/84㎡, 3/9층, 남동향
최근 확장특올수리, 모델하우스급
해오름부동산공인중개사 | 부동산써브 제공
확인 23.07.25.

████████████ 101동
매매 15억
아파트 · 107C/84㎡, 중/12층, 남동향
채광좋고 전망좋은 깨끗하게 올수리된
온달공인중개사 | 매경부동산 제공
확인 23.07.21.

(출처 : 옥션원, 네이버 부동산)

2021년에 2층이 15억 원대에 거래되었고, 현재 매물로는 1층이 13억 원에 나와 있습니다. 그럼에도 불구하고 '점유자가 누구인지?', 세입자라면 '세입자의 보증금이 얼마인지?'를 모르기 때문에 아무도 입찰할 수 없습니다. 이 물건은 누가 입찰할 수 있을까요?

① 무상거주 확인서

제1근저당권자인 오케이 저축은행에서 대출을 실행해주면서 세입자 상황을 파악한 후에 대출을 실행하는 것이 일반적입니다. 소유자가 아닌 제삼자가 점유하고 있는 부동산을 담보로 대출해줄 경우, 전입 세대를 발급받아 점유자가 누구인지 확인해서 가족이 아니라면 점유자에게 무상거주 확인서(인감증명서 첨부)를 받습니다. 즉 점유자는 무상으로 거주하고 있다고 본인 스스로 증명해주는 것입니다.

무상거주 확인서는 점유자가 직접 작성하고, 본인의 인감증명서를 첨부해서 은행에 제출해야 하는데, 어떤 경우에는 소유자가 대신 무상거주 확인서를 작성해서 제출하는 경우도 있고, 또 이때 은행권에서 인감증명서 제출을 요구할 때 깜박했다고 하면서 조만간 제출해주겠다고 하고 대출을 실행한 후에 제출을 안 하는 경우도 있습니다. 이렇게 되면 사고로 이어질 수 있습니다.

② 점유자의 임차 보증금을 알 수 있는 사람은 점유자 자신뿐이다

은행을 방문해서 이 사건에 대해 설명하면서 배당 신청하지 않은 점유자가 있어서 낙찰자 입장에서 점유자가 세입자라면 그의 보증금을 인수해야 합니다. 결국 점유자가 누구인지 몰라서 입찰을 못 하면 은행의 손해가 클 것이니 점유자 정보를 달라고 하면 어떤 곳은 말해주기도 하지만, 개인정보라서 알려줄 수 없다고 안 알려주는 경우가 대부분입니다. 이때 필자는 담당자에게 "잘 알겠다. 그러면 말은 하지 말고, 자필로 쓴 무상임차 각서에 인감증명서가 첨부되어 있다면 고개만 끄덕여 달라"고 부탁하면 어떤 담당자는 그렇게 신호를 주기도 합니다.

결론은 점유자의 신분을 확인할 수 없기 때문에 아무도 입찰할 수 없고, 점유자 본인만 낮은 가격으로 입찰할 수 있습니다. 그래서 전세로 집을 구할 때 등기부등본이 깨끗하고, 집주인의 세금 체납이 없을 경우 전입만 해놓아도 내 전세 보증금은 안전하게 지킬 수 있으며, 나중에 해당 부동산이 경매로 넘어갈 경우 임차인은 아주 싼 가격으로 낙찰받을 수 있습니다.

③ 채권자가 점유자의 정보를 제공한 물건

새 주소	경기도 수원시 권선구 칠보로 ■■■■■원 107동 5층 504호						
물건종별	아파트	감 정 가	823,000,000원	오늘조회: 2 2주누적: 474 2주평균: 34 조회동향			
				구분	매각기일	최저매각가격	결과
대 지 권	71.98㎡(21.77평)	최 저 가	(70%) 576,100,000원	1차	2022-11-04	823,000,000원	유찰
건물면적	97.429㎡(29.47평)	보 증 금	(20%) 115,220,000원	2차	2022-12-07	576,100,000원	유찰
				3차	2023-01-25	403,270,000원	유찰
매각물건	토지·건물 일괄매각	소 유 자	경■승	4차	2023-02-24	282,289,000원	매각
개시결정	2021-11-29	채 무 자	■■■■퍼니	매각 536,030,000원(65.13%) / 1명 / 미납			
				5차	2023-07-11	823,000,000원	유찰
사 건 명	임의경매	채 권 자	오케이저축은행	6차	2023-08-25	576,100,000원	

(출처 : 옥션원)

경기도 수원시 권선구에 있는 아파트로 감정가격이 8억 2,300만 원인데 3차까지 유찰되어서 4차에 어떤 분이 5억 3,603만 원에 단독 낙찰되었습니다. 그런데 잔금을 그만 납부하지 않아서 입찰 보증금 2,800만 원을 날렸습니다. 참으로 안타까운 일이죠. 경매를 통해서 돈 좀 벌어보겠다고 시작한 경매에서 권리분석을 잘못해서 피 같은 돈 2,800만 원을 날렸으니 말입니다.

이 물건은 다시 경매가 진행되어서 매각을 기다리고 있습니다. 왜 미납했을까요?

▶ 임차인현황 (말소기준권리 : 2021.01.11 / 배당요구종기일 : 2022.02.09)

임차인	점유부분	전입/확정/배당	보증금/차임	대항력	배당예상금액	기타
김■현	주거용 504호	전입일자: 2020.01.17 확정일자: 미상 배당요구: 없음	보350,000,000원	있음	예상배당표참조	

임차인분석	☞ 해당 부동산에 대하여 현황조사차 방문을 하였는바, 폐문부재로 소유자 및 점유자 등을 만날 수 없어 출입문에 안내문을 부착하여 두었음 ☞ 전입세대열람내역서 등에 의하면, 해당 주소에는 김■현을 세대주로 하는 세대가 거주하고 있는 것으로 기재되어 있는바, 점유관계 등은 확인이 필요할 것으로 보임. ☞ 폐문부재로 소유자 및 점유자를 만나지 못하여 전입세대열람내역서와 주민등록표등본상의 내용을 기재함. 정확한 임대차관계는 별도의 확인을 요함. ☞ 김■현:임대차보증금은 350,000,000원, 임대차기간은 2020.1.15~2022.1.14. 신청채권자가 2022.2.14. 제출한 임대차사실 확인서에 의함. ☞ 대항력 있는 임차인 보증금전액을 매수인이 인수함.

경매 신청 채권자가 점유자는 임차인이고, 보증금은 3억 5,000만 원이라는 사실을 해당 경매계에 제보함으로써 임차인의 보증금을 확인할 수 있게 되었습니다. 즉, 이 물건은 시세 조사를 잘해서 인수할 3억 5,000만 원을 계산해서 입찰하면 됩니다.

▶ 등기부현황 (채권액합계 : 893,383,224원)

No	접수	권리종류	권리자	채권금액	비고	소멸여부
1(갑2)	2018.09.21	소유권이전(매매)	정■승			
2(을3)	2021.01.11	근저당	오케이저축은행	248,400,000원	말소기준등기	소멸
3(을4)	2021.01.15	근저당	김■수	84,000,000원		소멸
4(갑4)	2021.03.31	가압류	신용보증기금	264,000,000원	2021카단31481	소멸

말소기준 권리는 2021년 1월 오케이 저축은행이며, 점유자는 2020년 1월에 점유를 시작했으므로 선순위 임차인으로 낙찰자는 임차인의 보증금을 인수해야 합니다.

그럼 왜 2월 24일에 낙찰받은 사람은 5억 3,000만 원이 넘게 입찰가격을 썼을까요? 짐작해보면 세입자 권리분석을 잘못한 상태에서 입찰한 것으로 보입니다. 입찰 한번 잘못 해서 2,800만 원 이상을 날리는 경우로, 경매 투자를 하려면 기본적으로 권리분석을 배우고 입찰해야 합니다.

입찰 금액을 잘못 써서 보증금을 날린 예

경매 현장에서 보면 많은 사람들이 권리분석을 잘못해서 낙찰을 받고, 보증금을 날리는 경우가 많습니다. 다음 물건은 대구시에 있는 아파트인데 2차에 낙찰받았지만, 입찰가격이 높아서 그만 보증금을 날렸습니다. 그럼 3차 때 좀 더 주의를 기울이고 입찰해야 하는데 억대 단위에서 1을 쓴다는 것이 2를 써서 낙찰 금액이 2억 원이 넘어버려서 이분은 입찰 보증금의 20%인 1,600만 원을 날린 경우가 되겠습니다. 일반적으로 낙찰을 받았다가 미납한 경우에 다음 회차는 보증금이 20%입니다.

2017타경3243			● 대구지방법원 서부지원 ● 매각기일 : 2018.05.17(木) (10:00) ● 경매 4계 (전화:053-570-2304)				
소 재 지	대구광역시 달서구 신당동 ████████ 아파트 203동 6층 601호 도로명검색 🄳 지도 🄳 지도 🄳 주소 복사						
물건종별	아파트	감 정 가	120,000,000원	오늘조회: 1 2주누적: 0 2주평균: 0 조회동향			
				구분	매각기일	최저매각가격	결과
				1차	2017-12-21	120,000,000원	유찰
대 지 권	28㎡(8.47평)	최 저 가	(70%) 84,000,000원	2차	2018-01-25	84,000,000원	매각
				매각 114,100,000원(95.08%) / 8명 / 미납 (차순위금액:113,900,000원)			
건물면적	49.44㎡(14.96평)	보 증 금	(20%) 16,800,000원	3차	2018-03-22	84,000,000원	매각
				매각 208,000,000원(173.33%) / 7명 / 미납 (차순위금액:102,150,000원)			

(출처 : 옥션원)

경매 입찰장에 가보면 그곳에 온 사람들이 다 내 물건과 겹치는 느낌을 받습니다. 그러다 보면 원래 쓰고자 했던 금액보다 올려 쓰거나, 실수로 '0'을 하나 더 붙여 10배 높은 가격에 낙찰되는 사고가 생기고, 이 물건처럼 가격의 앞자리 숫자를 잘못 쓰는 경우가 생깁니다. 입찰가격은 임장을 다녀온 직후에 바로 작성해야 사고가 덜 납니다. 이렇게 작성된 입찰서는 경매를 같이 배웠던 사람들이나 동료들에게 보여주면서 점검을 받는 것도 사고를 예방하는 한 가지 방법입니다.

다음 물건은 입찰 보증금이 9,000만 원입니다. 이 물건도 입찰가격에서 '0'을 하나 더 쓴 것으로 보입니다.

소 재 지	서울특별시 강동구 명일동 ▮▮▮▮▮▮ 도로명검색 D 지도 N 지도 주소 복사							
				오늘조회: 1 2주누적: 1 2주평균: 0 조회동향			
물건종별	임야	감 정 가	2,788,674,000원	구분	매각기일	최저매각가격	결과
				1차	2019-03-25	2,788,674,000원	유찰
				2차	2019-04-29	2,230,939,000원	유찰
토지면적	15529㎡(4697.52평)	최 저 가	(26%) 731,034,000원	3차	2019-06-10	1,784,751,000원	유찰
				4차	2019-07-22	1,427,801,000원	유찰
건물면적		보 증 금	(20%) 146,206,800원	5차	2019-09-09	1,142,241,000원	유찰
				6차	2019-10-21	913,793,000원	매각
				매각 9,251,793,000원(331.76%) / 2명 / 미납 (차순위금액:950,000,000원)			

(출처 : 옥션원)

이렇게 낙찰이 되어서 낙찰자는 붙허가를 빌으려고 했지만, 받지 못하고 입찰 보증금 9,000만 원을 잃게 되었습니다.

2019.10.22	최고가매수신고인 열람및복사신청 제출
2019.10.22	최고가매수신고인 매각불허가신청서 제출
2019.10.28	최고가매수인 열람및복사신청 제출
2019.10.28	최고가매수인 매각허가결정등본
2019.11.04	최고가매수인 소송위임장 제출
2019.11.04	최고가매수인 사법보좌관 처분에 대한 이의신청 제출

(출처 : 옥션원)

참으로 안타까운 일입니다. 입찰보증금 9,000만 원은 1억 원에 가까운 돈인데 입찰 한 번 잘못해서 그 돈을 날렸으니 얼마나 힘들겠어요. 부동산은 큰돈이 왔다 갔다 합니다. 그래서 가급적이면 혼자 하지 말고, 경매를 배운 사람들과 어울리면서 하는 것이 좋습니다. 항상 전문가의 조언과 협조를 받으면 큰돈을 잃지 않을 것입니다.

다음 물건을 한번 볼까요?

새 주 소	서울특별시 구로구 구일로4길 46, 현대연예인아파트						
물건종별	아파트	감 정 가	345,000,000원	오늘조회: 1 2주누적: 1 2주평균: 0 조회동향			
				구분	매각기일	최저매각가격	결과
				1차	2017-02-22	345,000,000원	유찰
대 지 권	41.958㎡(12.69평)	최 저 가	(80%) 276,000,000원	2차	2017-04-04	276,000,000원	
				매각 2,898,106,000원(840.03%) / 21명 / 불허가			
				(차순위금액:350,175,000원)			
건물면적	84.91㎡(25.69평)	보 증 금	(10%) 27,600,000원	3차	2017-05-10	**276,000,000원**	
				매각: 357,700,000원 (103.68%)			

(출처 : 옥션원)

이 물건도 입찰할 때 '0' 하나를 더 쓴 것으로 보입니다. 즉 최저가격의 840%에 낙찰되었지만, 낙찰자의 불허가 신청이 법원에 받아들여져서 낙찰자는 보증금을 회수하고, 그 이후에 다른 분이 3억 5,000만 원에 낙찰받은 물건입니다. 이렇게 입찰가격을 잘못 써서 낙찰되면 기본적으로 보증금을 잃을 수 있으니 끝까지 포기하지 않고 어떻게든 내 보증금을 돌려받으려고 노력해야 합니다. 처음부터 실수하면 안 되지만, 혹시 이런 실수가 생길 경우, 낙찰 이후 바로 전문가의 조력을 받아서 보증금을 찾는 방법을 강구해야 합니다.

다음 물건도 1,000%가 넘는 금액으로 낙찰받았지만, 다행히도 불허가를 신청했고, 법원에서 받아주어서 2,900만 원의 보증금을 되찾을 수 있었습니다. 3억 2,000만 원으로 쓰려고 했던 입찰가격에 '0' 하나를 더 쓴 경우로 볼 수 있습니다. 입찰서를 쓸 때 진짜 조심하지 않으면 내 소중한 돈을 잃을 수 있습니다.

2017타경71655			● 의정부지법 본원 ● 매각기일 : 2019.07.03(水) (10:30) ● 경매 12계(전화:031-828-0364)				
소재지	경기도 남양주시 진접읍 팔야리 ▦ ▦ ▦ 도로명검색 □ 지도 □ 지도 ▣ 주소 복사						
물건종별	사무실	감정가	299,843,950원	오늘조회: 1 2주누적: 0 2주평균: 0 조회동향			
				구분	매각기일	최저매각가격	결과
					2017-11-15	299,843,950원	변경
토지면적	592㎡(179.08평)	최저가	(100%) 299,843,950원		2017-12-13	299,843,950원	변경
					2018-01-17	299,843,950원	변경
				1차	2018-10-24	299,843,950원	매각
건물면적	151.25㎡(45.75평)	보증금	(20%) 59,968,800원	매각 3,280,000,000원(1093.9%) / 13명 / 불허가			

(출처 : 옥션원)

잘못 썼다면 불허가를 받을 방법이 있으니 포기하지 않고 방법을 찾아보면 좋겠습니다.

입찰서에 사건 번호를 잘못 쓴 실수

84㎡ 아파트의 지분물건 감정가격이 3,500만 원이었는데, 16억 8,000만 원에 낙찰되었습니다. 원래 이 아파트는 84㎡가 그 당시 7,300~9,700만 원에 거래되었고, 더군다나 이 물건은 1/3 지분물건인데 너무나 높게 낙찰된 것이죠. 한번 볼까요?

새 주소	전라북도 군산시 영명길 6, 세풍아파트 ████ ███ ███-█							
물건종별	아파트	감 정 가	35,000,000원	오늘조회: 1 2주누적: 0 2주평균: 0 조회동향			
				구분	매각기일	최저매각가격	결과
대 지 권	전체: 50.461㎡(15.26평) 지분: 16.82㎡(5.09평)	최 저 가	(49%) 17,150,000원	1차	2019-11-25	35,000,000원	유찰
				2차	2019-12-30	24,500,000원	매각
				매각 1,680,000,000원(4800%) / 1명 / 불허가			
건물면적	전체: 84.98㎡(25.71평) 지분: 28.33㎡(8.57평)	보 증 금	(10%) 1,715,000원	3차	2020-02-03	24,500,000원	유찰
					2020-03-09	17,150,000원	변경
				4차	2020-04-13	17,150,000원	
매각물건	토지및건물 지분 매각	소 유 자	김○○	매각: 18,270,000원 (52.2%)			

(출처 : 옥션원)

낙찰가격을 보면 이해가 안 되는 금액을 썼습니다. 최저가격이 2,450만 원인데, 어떻게 16억 8,000만 원을 쓸 수 있을까요? 뭐에 씌이지 않은 이상 쓸 수 없는 가격인데 아무튼 4,800%를 써서 낙찰되었습니다. 다행히도 매각 불허가가 되어 보증금을 돌려받게 되었지만, 나중에 전하는 말에 의하면 입찰가격을 잘못 쓴 것이 아니라 사건번호를 잘못 썼다고 합니다. 즉, 내가 입찰하고자 하는 물건이 아니라 엉뚱한 물건에 입찰한 것이죠.

사건 번호를 잘못 써서 낙찰된다든지, 아니면 입찰가격에 '0' 하나를 더 써서 고액 낙찰로 이어질 경우, 원래는 보증금을 돌려받지 못합니다. 그런데 잃어버리는 돈이 한두 푼이 아니기 때문에 어떻게든 낙찰 불허가를 받도록 노력하면, 앞의 물건들처럼 입찰 보증금을 돌려받을 수 있습니다.

매각 불허가 사유

① 강제집행을 할 수 없거나 집행을 계속할 수 없을 때
② 경매 매각 과정에서 오류 흠결이 있었을 때
③ 경매가 정지되거나 취소되는 경우
④ 경매 신청자가 경매를 취소한 경우 = 채무자가 빚을 갚았을 때
⑤ 경매개시결정이 채무자에게 통보되지 않았을 경우
⑥ 무잉여 경매인 경우 = 경매 신청자가 한 푼도 돈을 받지 못할 때
⑦ 선순위 근저당이 있고, 후순위로 임차인이 있어 대항력이 없는 줄 알았으나, 나중에 순위근저당권이 없어져서 임차인이 선순위 임차인으로 변경될 때
⑧ 미성년자 : 만 19살 미만 = 부모의 동의를 구하면 미성년자도 입찰 가능
⑨ 금치산자 : 판단 능력이 없는 심신 상실의 상태의 치매, 또는 지체장애인 등등
⑩ 한정치산자 : 심신박약 재산 낭비로 가족생활이 몹시 곤궁한 자, 금치산자와 한정치산자는 성년후견인의 동의를 받아야만 입찰 가능
⑪ 재매각에서 전 매수인
⑫ 농지경매에서 농취증을 제출하지 않는 경우
⑬ 대항력 있는 임차인 정보가 누락된 경우
⑭ 기타 매각물건명세서 상의 누락된 사항이 매각결정에 중대한 영향을 끼치는 경우
⑮ 부동산이 현저하게 훼손, 중대한 권리관계 변동이 된 경우
⑯ 경매 절차에서 그 밖의 중대한 잘못이 있는 때

입찰서를 잘못 써서 고가 낙찰이 되었다면 낙담만 하지 말고, 낙찰 이후 7일 안으로 낙찰 불허가를 받도록 전문가를 찾아가면 좋습니다. 입찰했던 법원 앞에 있는 변호사 혹은 법무사를 찾아가서 사정을 이야기

하고, 앞에서 나타난 불허가 이유를 찾아보는 것도 방법입니다. 경매 절차도 사람이 하는 일이라서 앞의 ②번인 경매 절차에 흠결 사항을 찾으면 불허가를 받아낼 수 있거든요.

또 다른 방법은 채무자를 찾아가서 일부 수수료를 주고(잃어버린 보증금 범위 안에서) 채권 일부를 상환하면서 채권자가 경매를 취소할 경우, 잃어버린 보증금을 찾을 수 있습니다. 앞에서 설명했던 보증금 9,000만 원을 날린 낙찰자는 예를 들어서 5,000만 원 정도를 채무자에게 주면서 채권자에게 경매를 취소해달라고 부탁을 해서 취소가 되었다면, 4,000만 원을 덜 잃게 될 수 있다는 것입니다. 어떻게든 포기하지 않는 것이 중요합니다. 다음 물건이 그런 케이스입니다.

낙찰받았는데 소유자가 경매 중지 신청을 해서 불허가가 된 경우

소재지	서울특별시 송파구 문정동 150 외 1필지, 올림픽훼밀리타운아파트 ▮▮▮ ▮▮▮ ▮▮▮ 도로명검색 지도 지도 ⓜ 주소 복사							
					오늘조회: 2 2주누적: 8 2주평균: 1 조회동향		
물건종별	아파트	감 정 가	2,350,000,000원	구분	매각기일	최저매각가격	결과
					2021-11-15	2,350,000,000원	변경
					2022-04-18	2,350,000,000원	변경
대지권	73.362㎡(22.19평)	최 저 가	(64%) 1,504,000,000원	1차	2022-10-17	2,350,000,000원	유찰
				2차	2022-11-21	1,880,000,000원	유찰
건물면적	136.325㎡(41.24평)	보증금	(10%) 150,400,000원	3차	2023-01-09	1,504,000,000원	
				매각 1,870,100,000원(79.58%) / 5명 / 불허가 (차순위금액:1,677,770,000원)			

(출처 : 옥션원)

이 물건은 송파구 가락동에 있는 대단지 아파트로, 실거래가격이 20억 원을 넘었으며 호가도 24억 원까지 나온 아파트인데, 18억 7,010만원

에 낙찰을 받았습니다. 그런데 소유자 겸 채무자가 경매 중지 신청서를
제출해서 불허가되었습니다.

| 2023.01.13 | 채무자겸소유자 김OO 부동산 임의경매 중지 신청서 제출 |
| 2023.01.16 | 최고가매수신고인 입찰보증금환급신청 제출 |

(출처 : 옥션원)

소유자 겸 채무자가 경매 중지 신청을 했는데 경매계에서 바로 받아
들여서 낙찰자는 보증금 반환신청을 했네요. 임장을 하고 고민해서 입
찰가격을 선정하고, 낙찰을 받았지만 이렇게 불허가가 될 수 있는 것이
경매입니다.

그럼 이 상황을 역으로 생각해볼 수 있습니다. 내가 낙찰을 받았는데
입찰가격에 '0' 하나를 잘못 써서 고액으로 낙찰을 받았을 경우 포기하
지 말고, 소유자 겸 채무자에게 어느 정도의 사례를 하고 경매 중지 신
청을 부탁해볼 수 있습니다. 그런데 여기에서 소유자 겸 채무자는 낙찰
자에게 사례금을 받고 경매 중지 신청을 해주는 것이 이익이 될 수도
있고, 손해가 될 수도 있습니다. 단순하게 생각하면 사례금을 받는 것
이 이익이 될 것으로 생각하지만, 꼭 그렇지는 않습니다. 즉, 미납된 입
찰 보증금은 나중에 낙찰금액과 합해서 채권상환에 쓰이고 혹시 돈이
남으면 남은 돈은 소유자에게 귀속됩니다. 즉 입찰가격을 잘못 써서 잃
어버린 낙찰자의 입찰보증금이 큰 금액이라면 소유자에게는 더 이익이
될 수 있다는 것입니다.

앞의 사례에서는 시세보다 싸게 낙찰되어 소유자 겸 채무자는 속이

쓰릴 것입니다. 그래서 경매 중지 신청(소유자가 경매 중지 신청을 한다고 해서 다 중지가 되지 않고, 채권자가 동의해주어야 함)을 했고, 얼마 후에 다시 경매가 진행되어서 다른 사람이 낙찰받았습니다. 이 물건을 처음에 낙찰받은 사람은 좋다가 말았습니다.

입찰서를 쓸 때 피해야 하는 숫자

입찰가격을 쓸 때 숫자의 의미

입찰서를 쓸 때 입찰가격을 쓰는 것은 여간 힘든 일이 아닙니다. 다음 자료를 한번 볼까요?

새 주소	서울특별시 양천구 목동서로 70, 목동신시가지아파트							
물건종별	아파트	감 정 가	951,000,000원	오늘조회: 1 2주누적: 0 2주평균: 0 조회동향				
				구분	매각기일	최저매각가격		결과
대지권	89.71㎡(27.14평)	최 저 가	(80%) 760,800,000원	1차	2016-04-20	951,000,000원		유찰
				2차	2016-05-25	760,800,000원		
건물면적	97.92㎡(29.62평)	보 증 금	(10%) 76,080,000원	매각 : 900,000,000원 (94.64%)				
매각물건	토지·건물 일괄매각	소 유 자	안○○	(입찰20명,매수인:양천구 김○○ / 차순위금액 899,999,999원)				

(출처 : 옥션원)

이 물건의 1등과 2등의 입찰 금액은 1원 차이입니다. 많은 사람들이 9를 마지노선 숫자로 인식하고 있어서 1원을 못 넘기고 끝자리를 9원으로 마무리하는 경우가 많습니다. 낙찰받은 사람은 1원 차이로 낙찰받아서 얼마나 기분이 좋을까요?

그러나 9억 원으로 입찰서를 쓴 것도 잘 쓴 입찰가격으로 볼 수 없어요. 물론 2016년 아파트 취득세 구간이 6억 원과 9억 원으로 나뉘어서 9억 원에 1원만 더 써도 세금이 엄청나게 커져 9억 원을 딱 쓴 것은 이해가 되지만, 여기에 누군가가 1원만 더 써도 아쉽게 패찰하게 되죠. 현재 이 아파트 시세를 한번 볼까요?

목동신시가지2단지 224동	목동신시가지2단지 224동
매매 20억 5,000	매매 21억 ↟
재건축 · 122D/97㎡, 9/15층, 남향	재건축 · 122D/97㎡, 9/15층, 남향
35,남향,깨끗,로얄동,재건축호재,월촌초,중,전망좋음,	남향동 깨끗하며 추천
삼성공인중개사사무소 | 부동산뱅크 제공	철이부동산중개사사무소 | 부동산뱅크 제공
확인 23.07.24.	확인 23.07.18.

(출처 : 네이버 부동산)

이 단지의 9층 물건이 하나 있는데 20억 원이 넘습니다. 1원의 입찰가를 아끼다가 10억 원을 손해본 케이스입니다. 다음 물건도 볼까요?

(출처 : 옥션원)

이 아파트는 경기도 고양시 일산에 있는 아파트인데 위의 물건과 같이 1원 차이로 낙찰을 받았어요. 낙찰자와 차순위자의 입찰가격을 보면 5억 8,000만 원대로 입찰가를 써서 7,000만 원대를 넘겨서 8이란 숫자에서 입찰가격을 고민한 것이 보입니다.

입찰가격을 분석해보면 많은 사람들이 3, 7, 9를 굉장히 선호합니다. 하지만 필자는 전작 《학교종이 땡땡땡 어서 모여라》에서 3, 7, 9를 피해서 입찰서를 써보라고 권했습니다. 이 물건 낙찰자나 차순위자 모두 7을 피하기는 했지만, 마지막에 9의 장벽을 넘지 못했네요. '좀 더 공격적이었으면…' 하는 아쉬움이 있습니다. 그런데 차순위 입찰자는 왜 1원을 아꼈을까요?

숫자 7의 의미

7이라는 숫자는 동서양을 막론하고 모두 좋아하는 숫자입니다. 7은 '럭키 세븐'이라는 말로 행운을 뜻하기도 하죠. 일주일은 7일로 구성되어 있고, 7은 완성의 의미도 포함되어 있어서 사람들은 입찰서를 쓸 때도 7을 자주 쓰곤 합니다.

숫자 3의 의미

예로부터 남자를 1, 여자를 2로 보고 여기에서 아이가 생기면 1과 2가 합쳐져서 3이란 숫자가 생기고 이는 탄생을 의미하며, 완전한 수로 여겨왔다고 합니다. 그래서 사람들은 합의를 도출할 때 3번까지 의미를 부여함으로써 3번을 완성의 숫자로 여겼습니다. 그렇게 입찰가격에서도 사람들은 3을 많이 선호합니다. 그렇다면 우리는 3보다 높은 숫자를 쓰면 낙찰 확률을 높일 수 있을 것입니다.

숫자 9의 의미

야구에서 '9회 말'이라는 말을 들어보셨나요? 결국은 완성의 숫자입니다. 또 99칸짜리 집은 가장 큰 집이고, 99칸을 넘는 것은 일반인의 한계를 뛰어넘는 영의 세계로 인식해왔습니다. 9는 맨 마지막으로 인식하는 숫자라서 입찰가격에서도 9로 마무리하는 경향이 많습니다.

내가 좋아하는 숫자를 피하라

그렇다면 입찰서를 쓸 때 어떤 숫자를 써야 할까요? 3을 쓰려면 4를 써보고, 7을 쓰려면 8을 써보고, 9를 쓰려면 1을 써봐야 합니다. 의외로 사람들이 '0'이란 숫자도 좋아하기 때문에 3, 7, 9, 0을 피하는 것도 낙찰받기 위한 작은 팁이 될 것입니다.

다음 물건은 강원도 원주시 무실동의 사무실이 있는 건물이 통째로 경매로 넘어온 물건입니다. 이때 필자는 3개 호실을 낙찰받았는데, 그중 하나의 입찰가격을 볼까요?

소 재 지	강원도 원주시 무실동 1720-1, 경남빌딩 ▣▣ ▣▣▣ 도로명검색 ▣지도 ▣지도 ▣주소 복사							
물건종별	근린상가	감 정 가	145,000,000원	오늘조회: 1 2주누적: 0 2주평균: 0 조회동향				
				구분	매각기일		최저매각가격	결과
대 지 권	20.385㎡(6.17평)	최 저 가	(49%) 71,050,000원	1차	2011-11-21		145,000,000원	유찰
				2차	2011-12-19		101,500,000원	유찰
건물면적	79.18㎡(23.95평)	보 증 금	(10%) 7,105,000원	3차	2012-01-30		**71,050,000원**	
				매각 : 106,485,500원 (73.44%) / 미납				
매각물건	토지·건물 일괄매각	소 유 자	조○○	매각결정기일 : 2012.02.06 - 매각허가결정				
				차순위신고금액 : 106,100,000원 (73.17%)				

(출처 : 옥션원)

이 물건은 필자가 차순위와 38만 5,500원 차이로 낙찰받은 물건입니다. 이 물건에서 입찰가격을 쓸 때 1억 600만 원은 넘겨야 할 것 같고, 그렇다고 해서 50만 원은 넘기고 싶지 않아서 되도록 타이트하게 쓴 가격입니다. 처음에는 106,140,000만 원 정도로 쓰려고 했거든요. 10만 원에서 살짝 더 쓰려고 했다가 꼭 낙찰받고 싶어서 30만 원을 더 쓴 것이 낙찰되었습니다. 차순위자도 필자와 같은 생각으로 입찰가격을 쓴 것으로 보입니다. 필자는 3, 7, 9 ,0라는 숫자를 피했지만, 차순위자는 마지막에 1자를 써서 심리적 저항선을 못 넘겨서 패찰했습니다. 이와는 반대로 필자의 입찰가격은 잘 쓴 입찰가격이라고 볼 수 있습니다.

이 물건은 세입자가 401호, 402호를 쓰고 있는 임차인인데 402호를 저에게 빼앗겨서 나중에 저의 입찰보증금을 물어주는 것으로 해서 제가 잔금을 납부하지 않았고, 차순위자는 차순위 신고를 했기 때문에 낙찰자가 되었습니다.

다음 물건도 필자가 낙찰받은 물건입니다. 차순위 가격이 나타나지 않았지만, 차순위는 1억 210만 원을 썼습니다. 필자가 4만 6,000원을 더 써서 낙찰을 받았고, 이 물건은 1억 6,000만 원에 매도했습니다.

물건종별	아파트	감정가	102,000,000원	오늘조회: 1 2주누적: 0 2주평균: 0 조회동향		
				구분	매각기일	최저매각가격	결과
대지권	48.88㎡(14.79평)	최저가	(100%) 102,000,000원	1차	2015-02-02	102,000,000원	
건물면적	84.544㎡(25.57평)	보증금	(10%) 10,200,000원	매각 : 102,146,000원 (100.14%)		
				(입찰3명,매수인:김○○)		

(출처 : 옥션원)

다음 물건도 필자가 낙찰받은 물건이지만 낙찰가격을 썩 잘 쓰지는 못했습니다. 가격의 마지막 숫자가 269,000원이었는데 이렇게 쓰려면 46만 원을 쓰든지, 아니면 42만 원을 쓰는 것이 훨씬 안전했으리라는 생각을 해봤습니다. 6만 9,000원 차이로 낙찰받아서 기분은 좋았습니다. 차순위자도 입찰가격을 잘 쓰기는 했지만 끝까지 집중을 하지는 못한 것으로 보입니다.

물건종별	근린상가	감 정 가	160,000,000원		오늘조회:1 2주누적:0 2주평균:0 조회동향		
				구분	매각기일	최저매각가격	결과
대 지 권	미등기감정가격포함	최 저 가	(49%) 78,400,000원	1차	2011-08-25	160,000,000원	유찰
				2차	2011-09-22	112,000,000원	유찰
건물면적	79.755㎡(24.13평)	보 증 금	(10%) 7,840,000원	3차	2011-10-20	**78,400,000원**	
					매각 : 91,269,000원 (57.04%)		
매각물건	토지·건물 일괄매각	소 유 자			(입찰3명,매수인:김○○ / 차순위금액 91,200,000원)		

(출처 : 옥션원)

다음 물건은 2023년 7월에 필자가 오토마트에서 진행한 자동차 경매에서 차순위와 7만 원 차이로 낙찰받은 것입니다. 이때 가격도 결국 심리 싸움인데 감정가격이 6,000만 원인 벤츠 E220d 차량으로 4,700만 원을 넘기면 무조건 낙찰될 것 같았어요. 그렇지만 너무나 과하게 쓰고 싶지는 않아서 10만 원을 살짝 넘겼는데 차순위자도 필자와 같은 생각으로 4,700만 원에서 살짝 올려 쓴 것으로 보입니다.

순번	입찰가격	공매보증금	입찰자명	비고	입찰일자(시간)
1	47,120,000원	4,679,000원	XXXXXX-XXXXXXX XXX	낙찰	2023/07/18(09:31)
2	47,050,000원	4,679,000원	XXXXXX-XXXXXXX XXXXXXXX		2023/07/18(10:37)
3	46,810,000원	4,679,000원	XXXXXX-XXXXXXX XXXX		2023/07/17(13:34)
4	46,790,000원	4,679,000원	XXXXXX-XXXXXXX XXX		2023/07/18(11:58) (보증금미납)

(출처 : 옥션원)

이 차는 아내 생일 선물로 주고자 입찰했습니다. 새 차를 신청해도 언제 받을지 모르고, 1만 5,000km밖에 안 뛴 차였기에 컨디션이 너무 좋아서 입찰했고 낙찰을 받았습니다. 10년 된 BMW를 타다가 이 차를 타니 굉장히 좋아하네요.

입찰가격을 선정할 때 가장 중요한 것은 감정가격이 가이드라인이 아니라는 것입니다. 일반적으로 감정가격이 심리적 저항선이라서 감정가격을 못 넘기는 경우가 많은데, 상승장 때는 과감하게 감정가격을 넘겨야 할 경우도 있습니다. 일단 실거래가격을 쭉 살펴보세요. 해당 부동산의 가격이 계속 오르고 있는지, 아니면 오르다 내리다 하는지, 아니면 아주 미세하게 조금씩 오르는지를 살펴봐야 합니다. 이렇게 실거래가격을 확인한 후에 매물로 나온 물건과 비교한 후에 임장을 통해서 물건의 가치를 한 번 더 확인해봐야 합니다. 이렇게 해서 입찰가격을 결정했다면, 숫자 심리 싸움을 시작해보세요. 상대방은 어떤 가격을 쓸 것인지를 생각해보면 내가 쓸 가격도 나올 것입니다.

제5장

부록

부동산 투자자를 위한
다양한 Tip

Tip 1. 집값이 오를 수 있는 조건들

① 일자리

서울에서 일자리가 가장 많은 곳은 강남, 광화문, 여의도로, 우리나라 3대 업무 중심지라고 할 수 있습니다. 양질의 일자리가 많다 보니 이곳의 부동산도 서울에서 최고의 상급시입니다. 이곳의 집값이 높은 이유는 삶의 질과 연결되어 있습니다.

KB부동산에 따른 집값을 간단하게 살펴보면, 여의도동 집값은 평(3.3㎡)당 5,537만 원인 데 반해 같은 영등포구의 집값은 평당 3,724만 원으로, 이는 전용면적 84㎡(34평형)으로 환산할 경우, 차이는 4억 5,000만 원 이상입니다. 또 IT기업이 많은 판교의 집값은 평당 5,534만 원, 과천(중앙동)은 평당 5,809만 원으로 양질의 일자리가 많은 지역의 집값은 상대적으로 높습니다.

② 학군

맹자의 어머니는 아들 맹자의 '교육' 때문에 이사를 합니다. 학군은 항상 주택 수요자가 많은 곳이죠. 그러다 보니 양질의 일자리가 있는 곳과 더불어 집값을 좌우하는 입지는 학군입니다. 우리나라 최대 명문 학군지로 꼽히는 대치동의 경우, 국토교통부 실거래가격에 따르면 대치동 학원가 옆에 있는 '래미안대치팰리스'의 전용면적 114㎡는 2022년 10월, 48억 5,000만 원에 거래되었습니다. 이는 한창 고점을 찍고 있던 2021년 6월에 거래(44억 원) 건보다 4억 원이 더 올랐습니다. 이 아파트는 2019년 3월, 27억 5,000만 원에 거래되었는데, 2년 만에 20억 원이 넘게 상승했습니다. 서울에서 학원가로 유명한 곳은 서울의 강남구 대치동과 목동, 그리고 중계동이 있으며, 성남은 분당, 수원은 영통, 용인은 수지 등을 꼽을 수 있겠네요.

③ 워터 프런트

미래의 주거 인프라는 워터 프런트(water front)를 빼놓고는 이야기할 수 없을 것입니다. 강이나 바다 호수 등과 접하고 있는 도시로는 어디가 있을까요? 부산 해운대는 바다를 바라보고 있고, 서울 용산구 한남동도 뒤로는 남산, 앞으로는 한강이 펼쳐진 전형적인 배산임수라고 할 수 있습니다. 그래서 한남 뉴타운이 앞으로 크게 변할 부자 동네가 될 것으로 예상이 됩니다. 특히나 앞으로는 한강이, 옆으로는 용산 가족공원이, 뒤로는 남산이 있고, 강을 건너면 압구정동과 청담동이 있으니까요.

미래의 도시는 산을 인공으로 만들 수는 없어도 호수를 만드는 것은 가능해서, 수변이 있는 도시가 중요한 요소로 등장할 것입니다. 한적한 해안이나 수변을 워터 프런트라고 하는데, 이는 다른 말로 도시 속의 자연을 품은 지역의 부동산을 사람들이 선호한다는 것입니다. 물론 한강이나 남산처럼 희소성 있는 자연환경은 그 자체로 상당한 프리미엄을 보유하고 있어서 감히 넘볼 수 없는 입지 조건이기는 하지요. 앞으로 신도시가 조성될 경우, 상권과 각종 인프라가 구축될 것이고, 호수가 필연적으로 따라붙을 것입니다. 또한, 휴식과 여유로운 자연환경이 조성될 것이며, 그러다 보면 자연스럽게 인구가 집중되어 교통의 편리성도 뒷받침될 것으로 예상되어 사람들이 선호하는 도시로 자리 잡을 것입니다.

Tip 2. 대출을 정복하면 경매를 정복한다

2023년 한국의 부동산 시장은 아직도 조정 국면에 머물러 있습니다. 국지적으로 어떤 지역은 가격이 반등하는 모습을 보이기도 했지만, 여전히 수출이 지지부진하고, 내수마저 힘들어서 당분간 부동산 경기는 긴 터널 속에 머물러 있을 것으로 예상됩니다.

투자자가 부동산 시장에 뛰어들려면 몇 가지 조건들이 갖추어져야 하는데 그중 하나가 대출입니다. 전세금과 대출을 합해서 투자금이 적게 들어갈 때 투자자들이 부동산 현장에 뛰어들어 가격을 견인해내고, 실거주 내 집 마련을 위한 무주택자들도 대출의 숨통을 터줘야 하는데, 아직도 부동산 규제대책인 대출 규제가 그대로 살아 있습니다. 그 규제 정책을 간단하게 살펴보겠습니다

① DTI(총부채상환비율)

본인의 연소득 중에서 주택담보대출의 원리금+기타대출의 이자의 비율만큼만 허락하는 대출로 집을 담보로 대출을 받게 될 때, 개인의 소득을 보고 대출을 상환할 수 있는 능력이 있는지 검토하는 제도입니다. DTI가 있는 이유는 개인이 과도한 대출을 하지 못하도록 제한하고, 빚을 갚을 수 있을 만큼만 빌려준다는 것입니다. 가계대출의 부실을 막기 위한 제도입니다.

② LTV(담보인정비율)

내가 담보로 제공하는 주택가격 대비 몇 %까지만 대출을 해준다는 것입니다. 2023년 5월 기준 무주택자는 LTV 70%, 1주택 이상자는 LTV 60%까지 대출이 허용되며, 예를 들어서 1주택자가 8억 원짜리 주택을 추가로 매수할 경우, LTV만 따진다면 4억 8,000만 원까지 주택담보대출을 받을 수 있습니다.

③ DSR(총부채원리금상환비율)

나의 연소득 중에 총부채원리금 비율만큼만 대출을 해준다는 것입니다. 여기에서 연소득이란, 원천징수영수증으로 증빙되는 금액으로 부부합산 소득을 말합니다. 또한 총부채원리금은 내가 받은 모든 대출의 연간 원리금을 의미하며, 주택담보대출뿐만 아니라 신용대출, 마이너스대출, 보험담보대출, 예금담보대출, 카드론도 포함됩니다.

부동산을 매수(경매든, 매매든)하려면 일단 자금계획을 세우고, 대출을 해야 할 경우 온라인에 나오는 DSR 계산만으로 계산하면 절대로 안 됨니다. 잘못된 계산으로 피해를 볼 수 있어서 될 수 있으면 대출상담사를 통해 대출이 얼마나 나오는지 꼭 확인해야 합니다. 2023년 정부에서는 이런 대출 규제를 완화하려고 합니다. 아마 이런 대출 제도가 완화되는 시점이 투자자들이나 무주택자들이 움직이는 타이밍일 수 있습니다.

Tip 3. 경매 입찰장에서 경쟁자 파악하기

① 법원 게시판을 통해서

경매가 진행되는 당일에 법원에 가면 경매 법정 앞이나 사람들이 잘 볼 수 있는 자리에 그날 진행하는 물건진행표를 게시판에 부착해놓습니다. 오늘 진행하는 물건, 진행한다고 했다가 연기되었거나 취하된 변동사항이 있는 물건들이 번호별로 게시판에 공고되어 있습니다.

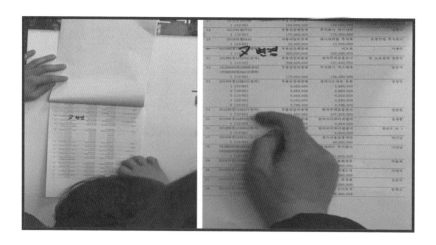

경매 법정 게시판의 그날 진행하는 경매 물건 목록을 통해 어떤 사람

들은 본인이 입찰하고자 하는 물건을 유심히 바라보면서 다른 사람에게 입찰하고자 하는 물건을 노출하기도 합니다.

경매를 오래 한 사람들은 이런 게시판을 표 나게 보지 않지만, 경험이 부족한 사람들은 경매 법정에 와서 확인하는 경향이 많습니다. 특히 그 부동산에 관계된 이해 당사자(임차인, 채무자, 소유자 등)들은 게시판에 붙어서 열심히 자신의 물건이 진행되는지 찾습니다. 이런 모습들을 통해 내가 입찰하고자 하는 경쟁자들을 파악할 수 있습니다. 예를 들어, 본인이 입찰하고자 하는 물건을 손가락으로 가리키는 것은 상대방에게 이 물건이 내가 관심 있는 물건이라고 노출하는 것으로 보입니다.

② 매각물건명세서를 통해서

경매 법정에 가면 오늘 진행하는 물건의 서류철을 열람할 수 있습니다. 이때 자신이 들어갈 물건의 서류철을 누가 보고 있는지 파악하는 것도 가상의 경쟁자를 파악하는 방법입니다. 최근에는 이런 서류철을 법정 뒤쪽에 열람할 수 있는 컴퓨터로 대신하기도 합니다. 그럼 누가 내가 입찰하고자 하는 물건을 열람하고 있는지 주의 깊게 보면 확인할 수도 있습니다.

③ 법원 안에서 귀를 쫑긋 세워라

입찰법정을 갈 때 지인들과 함께 가면 좋습니다. 내가 쓴 입찰서를 검토받을 수 있기 때문입니다. 경우에 따라서는 입찰가격에 '0' 하나를 잘못 써서 몇천만 원의 입찰 보증금을 날리는 경우가 있거든요.

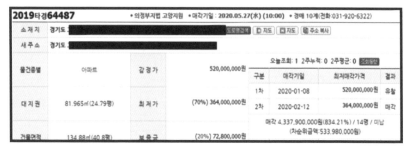

				오늘조회: 1 2주누적: 0 2주평균: 0			

2019타경64487 · 의정부지법 고양지원 · 매각기일 : 2020.05.27(水) (10:00) · 경매 10계(전화:031-920-6322)

소재지	경기도			도로명검색 [□]지도 [□]지도 [■]주소복사			
새주소	경기도						
물건종별	아파트	감정가	520,000,000원	구분	매각기일	최저매각가격	결과
대지권	81.965㎡(24.79평)	최저가	(70%) 364,000,000원	1차	2020-01-08	520,000,000원	유찰
				2차	2020-02-12	364,000,000원	매각
건물면적	134.88㎡(40.8평)	보증금	(20%) 72,800,000원	매각 4,337,900,000원(834.21%) / 14명 / 미납 (차순위금액:533,980,000원)			

(출처 : 옥션원)

최저가격 3억 6,400만 원에서 43억 3,790만 원으로 입찰가격을 써서 보증금 3,640만 원을 날린 사례입니다. 위의 자료를 보면 감정가격 5억 2,000만 원의 아파트가 한 번 유찰되었는데, 14명이 입찰했습니다. 이런 사고를 예방하기 위해서는 가급적이면 집에서 입찰서를 작성해가면 좋습니다. 그리고 함께 입찰장에 간 지인에게 입찰서를 보여주면서 검토해보면 이런 실수를 막을 수 있습니다.

입찰서를 집에서 작성하려면 입찰서 서식은 '법원경매정보(www.courtauction.go.kr)'에 들어가면 찾을 수 있습니다.

(출처 : 법원경매정보)

이곳에 들어가서 순서대로 진행하면 입찰서를 출력할 수 있습니다.

④ 은행 창구에서 경쟁자를 파악하기

입찰 법원마다 은행이 있습니다. 입찰 보증금을 미리 수표로 발급받지 못했다면 당일 아침에 법원에 있는 은행(신한은행, 농협이 많으며 강원도 쪽은 SC은행이 있는 경우도 있음)에서 보증금을 찾으면서 "혹시 오늘 이 금액 찾는 사람이 많았어요?" 하고 넌지시 물어볼 수도 있습니다. 경우에 따라서는 담당 직원이 "오늘 왜 이렇게 이 금액을 찾는 사람이 많죠?"라고 혼잣말하는 경우도 있습니다.

Tip 4. 명도를 준비하기 위한 역임장(지역이 먼 곳을 낙찰받았을 경우)

① 임차인이 살고 있을 때

지방 물건을 낙찰받았는데 임차인이 점유하고 있다면 낙찰 당일에 바로 집으로 가지 말고 경매 사건기록을 열람해서 임차인의 연락처를 확보한 다음, 공손하게 문자로 상황을 알려주면 좋습니다. 대화가 되면 실마리가 쉽게 풀릴 수 있습니다. 우리 카페의 실전 님은 여수로 입찰을 하러 갔는데 낙찰받고, 그날 명도까지 끝내고 집에 돌아왔더니 새벽 4시였습니다. 전날 새벽 4시에 집을 나섰으니 만 24시간 만에 1,000만 원 이상을 벌었지요. '좌포의 부동산 경매 더리치 카페'의 경험담에서 확인해볼 수 있습니다 .

② 소유자가 살고 있을 때

소유자나 채무자가 점유하고 있다면 연락처를 알아내기는 쉽지 않습니다. 물론 사건 기록물을 확인해보면 대출을 실행했다면, 연락처를 확인할 수도 있지만, 강제경매인 경우는 연락처를 알 수 없는 경우가 많습니다. 이렇게 사건 열람을 통해서 연락처를 찾지 못한다면 관리실을 통해서 연락처를 확보해보고, 이것이 여의치 않으면 직접 집을 방문해서 초인종을 눌러 최대한 만나기 위한 노력을 해봐야 합니다. 그래도 안 되면 어쩔 수 없이 쪽지를 남겨두고 와야 합니다. 간혹 '알림 글'을 작성해 아파트 출입문에 붙이라고 말하는 경우가 있는데, 이렇게 하면 자칫 역효과가 날 수도 있어서 필자는 이런 방법은 권하지 않습니다.

Tip 5. 부동산 경매에서 점유자를 만나는 경매의 팁

부동산 경매를 하는 사람들은 입찰하기 전에 해당 부동산의 내부를 보면서 입찰가격을 산정하게 됩니다. 수리가 잘되어 있는 집은 추가 비용이 들어가지 않지만, 수리가 안 된 집은 낙찰 이후에 수리비가 추가되기 때문입니다.

특히 수리 중에는 화장실, 새시 및 확장 유무, 주방 싱크대 수리가 되어 있다면 나머지는 큰돈이 들어가지 않기 때문에 이 정도만 확인해도 좋습니다. 경우에 따라서 아파트 아랫집을 방문해서 누수와 관련된 공사가 있었는지도 물어보면서 살짝 윗집 수리를 여쭈어보는 것도 임장의 팁입니다.

낙찰을 받고 난 다음에 해당 부동산을 방문할 경우에는 두 가지의 목적을 가지고 점유자를 만나야 합니다. 이 부분은 상당히 중요하지만 대놓고 확인하기가 쉽지 않으니 잘 대처해야 합니다.

- 수리 유무 파악 - 임장 때 내부를 봤다면 큰 문제가 없지만, 그렇지 않을 경우 추가 비용이 들어갈 수 있으니 이 부분에 대한 대책을 세워야 하기 때문입니다.
- 명도 저항 측정 - 임장할 때 점유자를 만났다면 대략 짐작할 수 있지만, 그렇지 않으면 점유자의 이사 계획이 초미의 관심일 수밖에 없습니다. 그래서 점유자를 만나야 하며, 배당요구를 신청한 세입자라면 큰 문제가 없지만, 소유자라면 이 부분을 잘 체크해야 합니다.

이러한 이유로 경매가 진행되는 부동산의 점유자를 만나야 하지만, 이것이 쉽지 않습니다. 막상 임장을 가서 초인종을 누르려면 굉장히 떨리기도 합니다. 먼 길을 달려왔는데 그냥 가기도 그렇고, 초인종을 누르자니 무섭기도 하고, 그러다 보니 안에 사람이 없으면 서운하기도 하지만, 안도의 한숨을 쉬면서 떨리는 가슴을 진정시키는 것이 임장입니다.

보통은 아침 일찍 혹은 저녁밥 먹기 전에 방문하면 십중팔구 점유자를 만날 수 있습니다. 혹자는 '그 시간에 방문하는 것은 실례가 안 될까?'라고 망설이기도 하지만 이때 가든, 다른 때 가든 점유자에게 실례가 되기는 매한가지입니다. 우리 카페의 깡 님은 이런 시간을 선택해서 임장하고, 90% 이상 점유자를 만나서 집 안 내부를 확인합니다.

Tip 6. 전학으로 인한 아이의 긴장감을 해소하기 위한 팁

이사를 해야 할 경우, '아이들이 전학을 가면 적응을 잘할 수 있을까?' 하는 우려가 들기 마련입니다. 그래서 학기가 시작할 때, 즉 반 배정이 될 무렵에 이사를 가고 전학을 하면 좋겠다고 생각하게 됩니다. 저희 아이도 그런 방법을 선택했지만, 그것이 꼭 정답은 아니었습니다.

3월 2일 전학 간 학교에 첫 등교를 한 아이는 많이 긴장합니다. 반을 배정받아서 교실에 들어가 보니, 그 교실에 있는 아이들도 여러 반에서 와서 서로 모르는 경우가 많음에도 아이들끼리 떠들고 노는 모습을 보면서 전학 온 아이는 그 아이들이 서로 알고 지내는 친구들인 것으로 착각하게 되어 쉽게 말을 섞지 못하는 경우가 많습니다.

저희 아이도 전학 간 학교에 적응하는 데 애로사항이 좀 있었습니다. 다행히도 학기가 시작하는 3월에 2학년 전체 스케이트 수업이 3일간 있었는데, 우리 아이는 1학년 때부터 스케이트를 배우고 있었기에 스케이트 수업을 할 때 아이가 시범도 보이고, 다른 친구들이 스케이트 타는 것을 도와주면서 그 반의 스타가 되어 전학 후유증을 털어낼 수 있었습니다.

전학으로 인한 아이의 긴장감을 해소하기 위한 방법으로는 다음과 같은 것들이 있습니다.

- 전학 가기 전에 그 동네의 학원에 등록해서 또래 아이들과 사귀도록 한다.
- 이사 갈 집이 정해졌으면 같은 라인 혹은 같은 동에 동급생 학생이 있는지 파악해서 그 집을 방문해 자초지종을 이야기하고 아이와 어울리게 한다.

- 이사 갈 아파트 어린이 놀이터에서 많이 놀 수 있도록 여건을 만들어 그 동네 아이들과 사귀게 한다.
- 성당이나 교회 등 이사 갈 곳의 종교 활동에 참여해서 또래 아이들과 사귀게 한다.
- 학교에서 특별 수업하는 개인 운동(스케이트, 수영 등)을 미리 배우게 해서 그 반에서 잘할 수 있는 여건을 만들어준다.

이 외에 여러 방법이 있을 수 있으니 이사에 초점을 맞추는 것도 중요하지만, 아이 눈높이에서 가능한 것들이 무엇인지 찾아봐야 합니다. 투자자에게는 실거주 재테크가 효자 노릇을 할 수 있지만, 이사로 인해서 아이가 상처를 받는다면 앞으로 남고 뒤로 밑지는 일이 될 수 있습니다.

Tip 7. 임장은 내 편이 되어줄 공인중개사를 찾는 게 가장 중요하다

경매 물건을 조사하기 위해서 우리는 현장 활동(임장)을 하게 됩니다. 임장은 여러 가지 조사를 해야 합니다만, 크게 세 가지로 나누어볼 수 있습니다.

손품을 파는 임장

집에서 인터넷으로 조사하고 전화로 확인하는 것을 '손품'이라고 말합니다. 다음 자료를 한번 볼까요?

이 물건은 인천시 서구 청라동에 있는 청라힐스테이트커낼뷰 아파트로 46평 아파트입니다. 그런데 고층은 8억 원이고, 중층은 10억 원으로 매물이 나와 있네요. 그럼 실거래가격을 조사해볼까요?

전용면적(㎡)	계약일	층	거래금액(만원)
121.285	2023.4.22	7	68,500
121.313	2023.4.24	9	80,000
121.308	2022.11.23	15	65,000
121.285	2022.5.30	2	60,000
121.308	2021.12.10	6	75,000
121.285	2021.5.16	3	70,000
121.308	2021.5.15	14	75,800

실거래가격을 조사해보니 세 개의 타입이 있는데, 타입별로 가격 차이가 살짝 있는 것처럼 보입니다. 이 자료를 보면 매물 호가는 10억 원이지만, 8억 원이 최고가격으로 거래가 되었네요. 이렇게 인터넷으로 조사한 내용을 가지고 부동산 중개사무소에 전화해봅니다. 한 곳만 하는 것이 아니라 여러 부동산 중개사무소를 통해서 그 지역을 스케치하고,

부동산의 흐름을 조사해보는 것입니다. 이때 100% 확신할 수는 없지만, 전화 통화를 하면서 일 잘하는 부동산 사장님을 체크해둡니다. 그리고 손품을 통해서 그 단지뿐만 아니라 인근 지역의 가격도 조사해보고, 가격이 오를 만한 주변의 여건이 무엇이 있는지도 조사해봐야 합니다.

[사회] 옛 경인고속도로, 왕복 4차선·폭 30m 공원으로 탈바꿈 한다

옛 경인고속도로 인천기점~서인천IC 10.45km 구간(인천대로)이 2027년까지 일반 도로와 공원으로 탈바꿈한다. 이렇게 되면 지난 50여년간 경인고속도로가 동서로 갈라놓았던 도심간 ..

매일경제 원문 | 뉴스줌

(출처 : <매일경제> 23.05.11.)

위 기사는 여의도에서 목동을 지나 오류IC까지 난 지하도로가 청라까지 연결된다는 내용입니다. 즉 경인고속도로가 없어지고 그 자리에 녹지 공원이 만들어져서 주거환경이 획기적으로 바뀐다는 것이죠. 이렇게 지역 호재에 관한 기사도 찾아보는 것이 손품을 파는 것입니다.

발품을 파는 임장

경매 물건을 임장하는 것과 매수를 하기 위한 임장은 좀 다릅니다. 그렇지만 임장을 잘하기 위해서는 몇 가지 내용에 집중해야 합니다.

① 인구 이동 변화

예를 들어, 내가 서울시 노원구 중계동으로 이사를 한다면, 지난 한 해 노원구로 몇 명의 인구가 유입되었는지, 반대로 노원구에서 살던 사람들이 어떤 지역으로 유출되었는지를 조사하는 것도 중요합니다. 다만 신도시 같은 경우 인구 유출보다는 인구 유입이 많기 때문에 신도시를 건설할 때 몇 명을 수용할 수 있는 도시이며, 인구 유입 속도는 어떤

지 체크해봐야 합니다. 인구 유입 속도가 빠르다면 장점이 되겠지만, 계획된 것보다 인구 유입 속도가 느리다면 왜 그런가를 조사해봐야 할 것입니다.

② 학군의 변화

학군은 두말할 필요도 없지만, 우리 가족에 초등학생이 있다면 내가 들어가고자 하는 단지와 초등학교의 거리 및 큰 도로를 건너는지 확인하고, 중고등학생이 있다면 학업 성취도 조사도 해야 합니다. 가장 신경 쓸 부분은 학원 분포도입니다. 더불어 저학년보다 고학년(초등학교의 경우) 학생 수(학급 수)가 많은 것도 조사해봐야 합니다(외부에서 이쪽으로 중학교 배정을 받기 위해서 초등학교 고학년 때 이사를 오는 것이고, 이런 곳은 항상 부동산 수요층이 생기는 곳임). 또한 학원가에 유흥업소가 없는지 확인하는 것도 중요한 포인트입니다. 학원 밀집 지역에 유흥업소가 있다면 학원의 확장성이 떨어집니다. 참고로 대치동, 목동, 중계동 학원가에는 이런 유흥업소가 없습니다.

③ 지역 인프라

일터가 많은 곳은 젊은 층이 많다는 것으로, 지하철과 교통망이 매우 중요합니다. 더불어 생활편의시설도 꼭 체크해봐야 하겠지요. 인천시 연수구 송도에 집을 산다고 생각해봅시다. 이곳은 양질의 일자리가 있는 곳으로 젊은 사람들이 살기 좋은 신도시인 만큼 이들이 많이 갈 수 있는 편의 시설(쇼핑, 운동, 레저 등)과 국제 학교, 과학예술 고등학교 그리고 외국계 대학교 등도 체크사항이 될 것이며, GTX가 언제 개통이 될 것인지도 체크사항입니다.

④ 가장 핵심은 똑똑한 부동산 공인중개사님을 만나는 것

임장의 가장 핵심사항은 똑똑한 부동산 사장님을 만나는 일입니다. 이 내용을 절대로 그냥 넘기면 안 됩니다. 나를 대신해서 일해줄 부동산 사장님을 만나는 것이 임장의 핵심입니다.

- 일을 잘할 것 같은 공인중개사님
- 내 입장에서 일을 처리해줄 수 있는 공인중개사님
- 앞뒤 막히지 않고 말귀를 알아듣는 공인중개사님
- 융통성이 있으면서 사람을 설득할 줄 아는 공인중개사님
- 일을 어떻게든 성사시켜보고자 노력하는 공인중개사님

입품을 팔아라

잘해서 가격 좋고, 수리 잘된 사연 있는 집을 찾아내기 위해서는 결국 입품을 잘 팔아야 합니다. 손품, 발품을 열심히 팔아서 마음에 쏙 든 공인중개사님을 찾았다고 해도 입품을 잘 팔아서 좋은 결과를 가져와야죠. 그런데 이것은 결코 쉬운 일은 아니기에 그런 성격이 되도록 노력해야 합니다.

간단한
부동산 공부

부동산 경매 공부 1. 부동산 경매 진행 순서

① 경매 신청 및 경매개시결정

경매를 신청하고자 하는 사람은 해당 부동산이 소재하고 있는 관할 법원에 신청하면 됩니다. 경매가 신청되면 이때부터 해당 부동산의 등기부등본에 경매개시기입등기기 되는네, 이는 압류의 효력이 발생된다고 말합니다.

② 경매의 종류

- **임의경매** : 돈을 빌린 사람이 이자를 납부하지 않거나, 원금을 상환한다고 약속한 날짜가 지날 때 돈 받을 사람이 담보로 제공받은 부동산에 설정한 저당권, 근저당권, 전세권, 담보가등기 등의 담보권을 실행해서 자신의 채권을 회수하는 경매를 '임의경매'라고 합니다. 강제경매와 달리 별도의 재판을 거치지 않고 곧바로 법원에 경매 신청을 할 수 있는 경매가 임의경매입니다. 즉, 돈을 빌려줄 때

근저당을 설정하고 돈을 빌려주었는데, 돈을 못 받으면 신청하는 경매를 말합니다.

- **강제경매 :** 돈을 빌려줄 때 담보로 부동산을 잡지 않고 차용증만 있을 경우, 차후에 돈을 빌려간 사람이 이자를 납부하지 않거나, 원금을 상환한다고 약속한 날짜가 지났음에도 불구하고 돈을 갚지 않을 때(돈을 빌려준 경우 - 대여금 반환청구 소송, 전세금일 때 전세금 반환청구 소송, 사업상 물건 대금일 때 물품대금 반환청구 소송 등), 소송을 통해서 확정판결을 받아야 합니다. 이렇게 확정판결을 받아서 채무자의 부동산을 경매를 넣는 것을 '강제경매'라고 합니다. 즉 돈을 빌려줄 때 차용증 혹은 현금보관증을 받고 돈을 빌려주었는데, 돈을 못 받을 경우, 채무자의 재산에 가압류를 하고, 소송을 통해서 확정판결을 받아서 집행하는 것을 말합니다.

③ 현황 조사

법원은 경매개시결정이 된 해당 부동산에 2주 안으로 현황조사를 명령합니다. 이때 그 집에 누가 살고 있는지, 임차인이 있다면 보증금은 얼마인지 등을 조사합니다.

④ 감정 실시

해당 부동산의 감정을 실시하고, 일반적으로 감정가격이 최저 입찰가격이 되는 경우가 많습니다.

⑤ 배당요구의 종기 결정 및 신청

아주 중요한 부분으로 돈 받을 사람들이 경매 매각 대금으로 배당해 달라고 신청하는 절차입니다. 등기사항증명서(등기부등본)에 나타난 돈을 받을 사람들에게 법원에서 우편으로 연락을 합니다. 등기부등본에 나타나지 않은 이해관계인(임차인-현황조사 때 파악)과 세무당국(세무서(국세))과 지자체(지자체)에도 통보해서 밀린 세금이 있다면 배당요구 종기일까지 신청하라고 연락합니다. 이 기일이 지난 이후에 신청된 것은 인정하지 않습니다.

⑥ 매각기일

매각기일이란 입찰하는 날을 말합니다. 일반적으로 감정가격이 최초 입찰가격이 됩니다. 입찰하고자 하는 사람은 최초 입찰가격의 10%를 법원에 보증금으로 내고 입찰에 참여할 수 있으며, 입찰가격은 최초 입찰가격 이상을 써야 합니다.

⑦ 기간 입찰과 기일 입찰

- **기간 입찰** : 일정하게 정해진 기간 내에 입찰하는 것으로 지금은 진행하지 않음.
- **기일 입찰** : 매각기일 당일에 해당 법원에 가서 입찰하는 것.

⑧ 매각허가결정 및 확정

낙찰을 받으면 7일 내로 매각허가결정이 내려지게 됩니다. 이때 낙찰 자에게 특별히 결격 사유가 존재하지 않거나 매각 절차상 문제가 없었다면 매각허가결정이 되는 것입니다.

⑨ 결격 사유

- 채무자가 입찰해서 낙찰된 경우
- 해당 부동산의 경매 절차에서 낙찰받은 후 잔금을 미납한 사람이 재경매에서 또 낙찰된 경우
- 농지를 낙찰받은 7일 이내에 농취증을 제출하지 않은 경우
- 부모의 동의가 없는 미성년자와 금치산자와 같은 법적인 행위 자체가 무효인 사람이 낙찰을 받은 경우
- 경매 절차에 관여한 법원 공무원, 감정평가를 진행한 감정평가사가 낙찰받은 경우
- 경매 절차 과정 중에 오류(기록 누락, 기록과 현황이 다른 경우 등)가 있는 경우
  - ⓐ 법원에서 이를 발견했을 경우 불허가를 하기도 하고,
  - ⓑ 이해관계인들이 이의를 제기해서 법원에서 받아들일 경우 불허가를 하기도 하고,
  - ⓒ 입찰 금액에서 '0' 하나를 잘 못 써서 고액 낙찰을 받은 사람들이 오류를 발견해서 불허가를 신청한 경우로 나누어볼 수 있습니다.

⑩ 경매 절차상 중대한 잘못이 발생할 경우에도 매각허가가 안 된다

- 경매 기일 공고 사항의 기재 착오 및 누락이 발견된 경우
- 감정평가된 부동산의 가격이 시세보다 현저하게 낮을 경우나 부동산의 일부를 누락함으로써 결과적으로 감정평가금액이 낮게 책정된 경우
- 경매 절차의 진행이 정지되어 매각기일과 매각결정기일 사이에 오랜 기간이 경과됨으로써 그사이 매각하려는 부동산의 가격이 현저

하게 바뀐 경우

- 과잉 매각 : 여러 개의 부동산을 동시에 매각할 경우, 각 1개의 부동산의 매각 대금만으로도 경매 집행비용 및 채권자의 채권 변제가 충분한 경우
- 무잉여 : 경매를 신청한 사람이 받아갈 돈이 없을 경우
- 개별 매각하는 것이 일괄 매각하는 것보다 매각이 유리하거나 고가로 매각할 수 있을 때

⑪ 낙찰 이후 7일이 지나서 아무런 문제가 없으면 매각결정이 되고, 그 이후 항고기간 7일이 지난 후에 매각허가결정은 그대로 확정된다

⑫ 낙찰 잔금 납부 및 소유권 이전등기

최고가 매수 신고인은 확정일(낙찰 후 14일)로부터 30일 이내에 낙찰 잔금을 납부해야 합니다. 납부가 완료되면 그 자체로 소유권을 취득하게 됩니다. 즉 소유권 이전을 안 했어도 잔금을 납부하면 소유권이 넘어온 것입니다. 그래도 잔금을 냈으니 소유권 이전을 해야 합니다.

⑬ 이해관계인 및 채권자 배당

낙찰 대금을 납부하면 그 돈으로 채권자들에 대한 배당이 이루어지고 부동산 경매 낙찰 절차가 끝납니다.

민사집행법 제90조는 "집행관은 이해관계가 있는 사람이 신청하면 집행기록을 볼 수 있도록 허가하고, 기록에 있는 서류의 등본을 교부해야 한다"라고 규정되어 있습니다. 즉, 그 경매 사건의 이해관계인에게만 그 경매 사건의 기록을 열람할 수 있도록 허용하고 있습니다.

① 민사집행법 제90조(경매 절차의 이해관계인)

경매 절차의 이해관계인은 다음과 같습니다.

- 압류채권자와 집행력 있는 정본에 의해 배당을 요구한 채권자
- 채무자 및 소유자
- 등기부에 기입된 부동산의 권리자
- 부동산 위의 권리자로서 그 권리를 증명한 사람 : 경매 신청 기입등기 전 부동산 등기사항증명서에 기입된 권리는 없지만, 제삼자에 대항할 수 있는 권리를 취득한 자를 말합니다. 대항력 있는 임차인, 유치권자, 점유권자, 특수지역권자, 건물 등기 있는 토지 임차인, 경매 신청 기입등기 이후 경매 부동산 취득자나 용익물권, 담보물권 설정등기를 한 자로, 경매 집행법원에 그 권리를 증명한 사람을 말합니다.

이렇게 민사집행법 제90조에는 최고가 매수신고인(낙찰자)은 이해관계인에 들어가 있지 않습니다. 그래서 낙찰받고 서류를 열람하려고 하면 이해관계인이 아니라고 거절을 하기도 합니다. 그런데 다음 사항을

한 번 더 볼까요?

② 부동산 등에 대한 경매 절차 처리지침 제53조(경매 기록의 열람, 복사)

- 경매 절차상의 이해관계인(민사집행법 제90조, 제268조) 외의 사람으로서 경매 기록에 대한 열람, 복사를 신청할 수 있는 이해관계인의 범위는 다음과 같습니다.

1. 파산관재인의 집행당사자가 된 경우의 파산자인 채무자와 소유자
2. 최고가매수신고인과 차순위매수신고인, 매수인, 자기가 적법한 최고가 매수신고인 또는 차순위 신고인임을 주장하는 사람으로서 매수 신고 시 제공한 보증을 찾아가지 아니한 매수신고인
3. 민법, 상법, 그 밖의 법률에 의해 우선변제청구권이 있는 배당요구채권자
4. 대항요건을 구비하지 못한 임차인으로서 현황조사보고서에 표시된 사람
5. 건물을 매각하는 경우의 그 대지 소유자, 대지를 매각하는 경우의 그 지상 건물 소유자
6. '부도공공건설임대주택 임차인 보호를 위한 특별법' 규정에 의해 부도임대주택의 임차인 대표회의 또는 임차인 등으로부터 부도임대주택의 매입을 요청받은 주택 매입사업시행자

간혹 낙찰자가 경매 사건 기록을 열람하려고 할 때 담당자가 누구냐고 물어보고 낙찰자라고 하면 이해관계인이 아니라고 하면서 열람을 거부하는 경우가 있습니다. 이때 위 내용을 보여주면 열람이 가능합니다.

③ 이해관계인이 아닌 사람

- 가압류권자
- 가처분권자
- 잔금을 미납한 전 낙찰자

가압류권자와 가처분권자가 이해관계인은 아니지만, 이들이 경매를 신청한 채권자라면 이해관계인으로서 법원 자료를 열람할 수 있습니다

부동산 경매 공부 3. 인도명령이란?

부동산 경매에서 최고가 신고인이 매각 대금을 모두 완납하면 그로부터 6개월 이내에 채무자, 소유자, 매수인에게 대항할 수 없는 점유자에 대해 매각 부동산을 인도하도록 명할 수 있는 제도입니다. 일반적으로 소유자, 혹은 채무자가 점유를 하고 있으면 별도의 심리를 하지 않고 곧바로 인도명령결정이 인용되고, 이 외의 점유자들에 대해서는 심리를 해야 하나, 위 점유자들이 매수인에게 대항할 수 없는 자임이 기록상 명백한 경우에는 심리를 하지 않을 수도 있습니다. 또한 심리를 해도 기록을 토대로 하는 심리이기 때문에 크게 걱정을 하지 않아도 됩니다.

인도명령은 6개월이 지날 때까지 신청하지 않을 경우, 명도 소송으로 진행을 하는 것이 유리합니다. 즉 인도명령의 유효기간은 6개월이라서 간혹 점유자의 편리를 봐주다가 이 기간을 놓치는 경우에는 명도 소송으로 가야 하는데, 명도 소송은 시간과 비용이 많이 들어가며 낙찰자 입

장에서 경제적인 피해가 발생할 수 있어서 낙찰자는 일단 인도명령을 신청하는 것이 좋습니다.

인도명령을 신청한 후 법원에서 인도명령이 결정되기 전 다른 임차인이 입주 또는 전입하는 상황 등이 발생할 경우, 새로운 점유자를 상대로 다시 인도명령을 신청해야 합니다. 그래서 이를 방지하기 위해 점유이전금지 가처분도 신청하는 것이 좋습니다. 점유이전금지 가처분은 현재 점유한 사람이 다른 사람에게 점유를 이전할 수 없게 하는 금지 절차입니다. 즉 인도명령은, 점유자는 새로운 소유자(낙찰자)에게 부동산을 인도해주고, 만약 인도해주지 않으면 강제집행을 한다고 정리할 수 있습니다.

① 인도명령 신청인

낙찰받고 매각 대금을 완납하면서 인도명령을 신청할 수 있습니다. 공매는 인도명령 제도가 없어서 명도 소송을 해야 하고, 일반 매매에서도 상호 협의가 안 되어 점유자가 집을 안 비워줄 때는 공매와 같은 방식인 명도 소송을 해야 합니다. 인도명령 제도는 경매에만 있으며, 소유권 취득 후 6개월이 지난 이후에는 인도명령으로 할 수 없고, 명도 소송을 해야 합니다.

② 인도명령 대상자

채무자

경매개시결정에 표시된 채무자를 의미하며, 채무자 본인과 독립된 생계를 영위하지 않는 가족도 포함됩니다.

소유자

경매개시결정에 표시된 소유자를 말하며, 소유자와 채무자는 점유자와 달리 부동산을 직접 점유하지 않아도 인도명령 대상자가 됩니다.

점유자

대항력이 없는 점유자(후순위 임차인, 전입이 안 된 임차인)는 모두 인도명령 대상자이지만, 반면 대항력이 있는 임차인은 인도명령 대상자가 아니라서 선순위 임차인(점유자)이 배당요구를 하지 않았으면 낙찰자는 점유자의 권리를 인수(임차보증금+임차기간)해야 하고, 배당요구를 한 임차인은 배당기일 이후에 인도명령 대상자가 됩니다. 그래서 인도명령을 신청해도 바로 인용이 안 되고, 배당기일 즈음에 인용됩니다.

③ 인도명령 신청

인도명령 신청은 해당 부동산의 잔금을 납부하면서 신청할 수 있으며, 인도명령을 신청하면 다음 자료와 같은 방식으로 인도명령이 인용됩니다.

인도명령 신청 후 결정되는 소요 기간		
구분		결정 소유 기간
소유자		인도명령 신청일부터 3일 이내 인도명령 결정
채무자		인도명령 신청일부터 3일 이내 인도명령 결정
임차인	대항력 있는 임차인 심문서 발송	배당기일 이후 3일 이내에 인도명령 결정
	대항력 없는 임차인 심문서 발송	심문 후 결정 & 배당기일 이후 3일 이내 결정
유치권자	심문기일 지정	심문 후 결정
기타 점유자	심문기일 지정	심문 후 결정

앞의 자료에서 본 것처럼 소유자 겸 채무자는 잔금을 납부하면서 인도명령을 신청하면 3일 안에 인용이 되고, 대항력 없는 임차인도 심문 후 결정된다고 하지만, 이 심문이 서류심문이라 특별하지 않으면 바로 인용됩니다. 그리고 배당요구를 한 임차인은 배당기일 즈음에 인도명령이 인용됩니다.

부동산 경매 공부 4. 송달이 왜 중요할까요?

법원에서 진행하는 소송의 모든 서류가 상대방에게 전달되는 것을 '송달'이라고 하며, 송달이 안 되면 소송 진행이 안 되기 때문에 소송에서 송달은 아주 중요한 요소입니다.

① 일반 송달

일반적으로 소송 당사자와 상대방에게 등기우편으로 보내며, 송달이 안 되면 이후 진행 과정에서 시간이 오래 걸리고, 비용도 더 들어갑니다. 경매에서 인도명령 결정문이 인도명령 대상자에게 송달이 진행이 되어야 강제집행을 할 수 있어서 송달이 아주 중요합니다.

② 특별 송달

일반 송달로 진행해서 송달이 안 되면 당사자는 법원에 특별 송달을 신청해야 합니다. 특별 송달에는 몇 가지 종류가 있습니다.

• 야간 송달, 조조 송달 : 점유자가 낮에 없을 때 집행관을 통해 송달

하는 방법

- 공휴일, 일요일 송달 : 주야간 송달이 불가능할 때 송달하는 방법
- 유치 송달 : 송달을 받아야 할 자가 신분을 감추고 송달받는 것을 거부하는 경우에 집행관이 내부에 서류를 넣는 방법으로, 많이 이용되지는 않음.
- 발송 송달 : 경매 과정에서 이미 서류를 보냈지만, 송달이 안 된 경우에 법원이 직권으로 결정해서 법원이 발송하면 실제 점유자에게 전달되었는지에 상관없이 송달 효력이 발생하는 송달로, 경매에서 잘 활용해야 할 방법. 이를 간주 송달, 송달 간주라고 하기도 함.
- 공시 송달 : 법원사무관 등이 송달할 서류를 보관하고 그 사유를 법원 게시판에 게시하고 2주가 지나면 효력이 발생하는 송달로, 도저히 다른 방법으로 송달할 수 없는 경우에 하는 마지막 방법
- 점유자의 주소가 변경되어 송달이 안 될 경우 : 이유 없이 송달이 안 될 경우 - 인도명령 결정문을 보냈으나 송달이 안 되면 법원에서는 주소 보정을 하라고 명령문이 옴. 이때 이 명령서(주소 보정 명령서)와 신청인(낙찰자 본인)의 신분증을 가지고 주민센터에 가면 인도명령 대상자의 주민등록초본을 발급받을 수 있음.

＊송달이 계속 안 될 경우, 법원 서류 중에 문건 송달 내역이 있는데, 이것을 출력(송달이 안 되고, 송달 간주라고 나와 있음 - 법원에서도 이 사람은 송달이 안 되고 있다는 것을 알고 있음)해서 담당 계장님에게 집에 사람이 없다고 이야기하면서 발송송달을 부탁하면 비용과 시간을 절약할 수 있습니다.

가끔 건물에서 '유치권 행사 중'이라는 현수막을 보신 적 있나요? 최근(2023년 봄)에 둔촌주공 사태에서도 유치권을 주장하는 일이 이슈가 되어서 뉴스에 나오기도 했습니다.

유치권은 타인의 물건을 점유한 자가 그 물건에 대해 생긴 채권을 변제를 받을 때까지 그 물건을 유치할 권리입니다(민법 제320조 : 유치권의 내용).

① 유치권은 배당절차에서 우선변제권이 없다

그래서 경매 절차에 참여해서 배당을 받을 수 없기 때문에 낙찰자에게 채권변제를 받을 때까지 부동산의 인도를 거부할 수 있어 경매에서는 아주 무서운 권리 중 하나입니다. 부동산에서 발생된 유치권은 등기가 필요 없으며, 더군다나 신고를 안 해도 성립할 수 있습니다.

따라서 신축 건물이 경매로 넘어오거나, 공사하다가 중단된 건물이 경매가 진행될 경우 비록 유치권 신고가 안 되어 있다고 해도 꼭 유치권 성립 조건을 따져보고 입찰해야 합니다. 만약 유치권 신고가 안 되어 있는데 낙찰 이후 이 사실을 알았다면, 낙찰자는 잔금 전까지 매각불허가 신청을 통해서 구제받을 길을 찾아야 합니다.

② 유치권 권리를 주장할 수 있는 사항들

공사를 하고 돈을 못 받았을 경우

건물을 짓거나 증축하는 등 건축행위를 했는데 공사대금을 받지 못한 경우에 공사업자는 그 채권을 받을 때까지 건물을 점유, 유치할 수 있는 권리가 있습니다. 이런 물건이 경매가 진행되어 새로운 소유자(낙찰자)가 나타난다고 해도 이 권리는 채권을 변제받을 때까지 존속됩니다. 즉 낙찰자는 낙찰받고 소유권을 이전받았지만, 유치권자의 채권을 물어줄 때까지 소유권 행사(사용+수익)를 할 수 없다는 것입니다.

임차인 또는 제3취득자의 필요비와 유익비

경매 부동산의 개량이나 보전을 위해 지출된 비용도 유치권을 주장할 수 있습니다. 임차인이나 제3취득자가 하수도나 도로 개통 후 지출한 비용이나 개량과 보존행위를 함으로써 건물의 객관적 가치를 증대한 경우에 해당되나 여기에서 객관적 가치가 참으로 모호합니다. 그렇지만 임대차 계약서에 임차인은 계약이 만료될 때 해당 부동산을 원상으로 복구해서 돌려주어야 한다는 내용이 있어서 소유자와 상의가 없는 인테리어로는 유치권을 주장할 수 없습니다.

손해배상 채권

채무불이행에 따른 손해배상청구권은 원채권의 연장이라고 봐야 하므로 경매 물건이 손해배상채권과 관련이 있을 경우, 유치권을 주장할 수 있으나(대법원 1976. 9. 28. 76다 582) 경매 현장에서는 이런 경우는 많지 않습니다.

③ 유치권 성립 요건

견련성이 있어야 하며, 채권의 변제기가 도래해야 한다

경매로 넘어온 해당 부동산과 관련된 채권이어야 합니다. 받을 돈이 있는데(예를 들어서 물품 대금 같은 것), 그것을 아무런 관련이 없는 부동산에 유치권을 주장한다면 이는 유치권이 성립할 수 없다는 것입니다. 그런데 간혹 견련성이 없음에도 불구하고 유치권을 주장하는 경우가 있습니다.

임차인의 전세보증금, 권리금 같은 것은 해당 부동산에 관해서 생긴 채권이 아니므로 전세보증금을 못 받았다고 해서 유치권을 주장할 수는 없습니다. 또한 임차인 자신의 영업을 위해서 투입된 시설비와 리모델링한 공사 채권(소멸시효가 지난 채권 : 공사 채권의 소멸시효는 3년임)은 소멸시효 중단 행위를 하지 않았다면, 유치권을 주장할 수는 있지만 유치권이 성립하지 않습니다.

유치권이 성립하려면 해당 부동산을 점유해야 한다

유치권에서 점유는 아주 중요합니다. 점유는 직접 점유하는 것은 물론이고 경비업체나 용역으로 하여금 점유 또는 잠금장치를 하고 명인을 통해 공고해두는 간접점유도 폭넓게 인정하고 있습니다. 다만 점유할 때는 중간에 끊어지지 않고 연속되어야 하며, 그래서 점유에 비용이 많이 들어갈 경우 중간에 점유를 상실하는 경우도 있습니다.

경매 기입등기(압류) 전에 점유해야 한다

유치권이 성립하기 위해서는 점유가 필수조건인데, 이때 점유는 경매가 신청되기 전에 점유되어야 낙찰자에게 대항할 수 있습니다. 공사업자가 경매가 진행되는 것을 나중에 알고 급하게 유치권신고를 하고 점유를 시작했다면 이것은 유치권이 성립할 수 없습니다. 앞에서 필자가 낙찰받은 물건도 임차인이 점유하고 있어서(17평 아파트에 임차인과 유치권자가 함께 살 수는 없는 일이므로) 유치권이 성립하지 않기에 안심하고 입찰할 수 있었습니다.

유치권 배제 특약이 없어야 한다

직거래를 통해서 계약서를 작성하는 것은 이런 내용이 없지만, 부동산 중개사무소에서 작성하는 계약서에는 "임차인은 임대인에게 해당 부동산을 원상회복해서 반환해야 한다"라는 원상회복 약정이 있습니다. 이는 임차인은 유치권을 주장할 수가 없다는 것이죠. 비록 임차인이 필요비, 유익비를 지출했다고 하더라도 낙찰자에게 유치권으로써 대항할 수 없습니다.

또한 공사계약서를 작성할 때 유치권 배제특약과 명도해주기로 하는 명도 약정서(유치권 배제특약이라고 말함)가 있다면 유치권을 주장할 수 없습니다. 경우에 따라서는 공사대금을 대출해주는 은행에서도 유치권배제특약을 조건으로 대출을 실행해주기도 합니다.

부동산 인도명령 신청서

사건번호 : 2023 타경 12345   부동산 강제(임의)경매
신 청 인 : 또낙찰
          (주소)
피신청인 : 안나가
          (주소)

신청취지

피신청인은 신청인에게 별지 목록 기재 부동산을 인도하라는 재판을 구합니다.

신청이유

위 사건에 관해 신청인(매수인)은 2023년 9월 15일에 매각 대금을 완납한 후 피신청인(안나가)에게 별지 기재 부동산의 인도를 청구했으나 피신청인이 이에 불응하고 있으므로, 민사집행법 제136조 제1항의 규정에 따른 인도명령을 신청합니다.

2023. 9. 15

신청인(매수인) : 또낙찰 (서명 또는 날인)
                (전화번호   )

○○지방법원 (○○지원) 귀중

부동산의 표시

1. 소재지 : 울산광역시 울주군 범서읍 대동길 34, 102동 10층 ○○○○호
   (천상동아아파트)

2. 1동의 건물의 표시
   울산광역시 울주군 범서읍 천상리 299-1
   천상동아아파트
   [도로명 주소]
   울산광역시 울주군 범서읍 대동길 34
   철근콘크리트조 슬래브지붕 25층
   공동주택
   지하 932.60㎡
   1층 592.30㎡
   2층 592.30㎡
   3층 592.30㎡
   4층 592.30㎡
   5층 592.30㎡
   6층 592.30㎡
   7층 592.30㎡
   8층 592.30㎡
   9층 592.30㎡
   10층 592.30㎡
   11층 592.30㎡
   12층 592.30㎡

3. 전유 부분의 건물의 표시
   건물의 번호 : 102동 10층 ○○○○호
   구   조 : 철근콘크리트조

4. 대지권의 목적인 토지의 표시
   토 지 의 표 시 : 1. 울산광역시 울주군 범서읍 천상리 299-1
                          대 14,145㎡
   대지권의 종류 : 1. 소유권
   대지권의 비율 : 1. 14,145,000분의 33516

[참고용입니다]

부동산 경매 공부 7. 소액임차인이란?

① 소액임차인이란?

대통령령으로 보증금의 범위와 기준을 정해 그 금액보다 작은 보증금으로 임대차계약을 체결한 사람을 '소액임차인'이라고 합니다. 소액임차인이 되려면 보증금이 법률로 규정한 범위 내에 들어야 하며, 주택의 인도와 주민등록 전입(대항력 : 전입+점유)이 경매 개시결정 등기 이전에 갖추어져야 하며, 배당요구 종기일까지 대항력을 유지해야 합니다.

대항 요건을 갖춘 소액임차인은 다른 채권자들보다 우선해서 보증금 중 일정액을 변제받을 권리가 있으며, 이때 건물의 일부만 임차한 사람이나 건물만 임차한 사람이라도 대지를 포함한 건물 전체의 매각 대금에서 배당받을 수 있으나 대지가격을 포함한 주택가액의 1/2 범위 내에서 우선변제권이 인정되며, 다수의 최우선변제권이 있는 임차인이

있다고 하더라도 실제 배당금액에서 1/2을 넘을 수 없습니다(주택 임대차 보호법 제8조, 제3항)

부동산 경매의 배당 순위에서 소액임차인은 대항력 취득일과 상관없이 소액임차인이 경매개시결정 전에 대항력을 갖추었다면, 확정일자가 없어도 먼저 배당됩니다. 다만 나머지 배당받지 못한 금액은 확정일자가 우선변제권이라서 소액임차인이라고 해도 가급적이면 확정일자를 받아야 유리하며, 이제는(2023년) 전입신고를 하고 거래신고를 하면 자동으로 확정일자가 부여됩니다.

② 소액임차인에 대한 진실과 오해
보호받지 못하게 되는 소액임차인
집주인에게 받을 채권이 있는데 이를 받기 위해 가짜로 소액임차인 행사를 할 때는 보호받을 수 없습니다.

보증금을 소액으로 감액한 경우
경매가 진행(경매개시결정이 이루어진 이후)되는 과정 중에 소액 보증금이라도 받으려고 임차보증금을 감액하는 경우에는 보호받을 수 없습니다(대법원 2007다23203, 대법원 2001다14744).

전대차 임차인
임대인의 동의를 얻은 전대차계약은 전차인의 대항력을 갖춘 것으로 임차인의 권리 내에서 보호받지만, 임대인의 동의를 받지 않은 전차인은 보호를 받을 수 없습니다.

계약을 갱신하면서 임대 보증금을 인상하는 경우

임대인과 임대차계약을 갱신하면서 임대 보증금을 올려준 경우, 인상된 보증금은 올려주기 전에 설정된 저당권 등 채권자보다 우선 배당받을 수 없습니다. 따라서 전세보증금을 인상하기 전에 등기부등본을 확인해서 새로운 물권변동이 있는지를 확인해야 합니다.

소액임차인의 범위에 있었으나 증액 후 소액임차인의 범위를 초과한 경우

증액하기 전에는 소액임차인의 범위에 있었으나 증액 후 소액임차인의 범위를 초과했다면 소액임차인으로 인정받지 못하며, 반대로 감액으로 인해 소액임차인 범위에 들어간다면 일정액을 우선변제 받을 수 있습니다.

③ 2023년 2월 21일 시행 주택 소액임차인 최우선변제금의 범위

최선순위 담보권 설정일자	지역	소액보증금 적용 범위	최우선변제금
2023. 2. 21~	서울특별시	1억 6,500만 원 이하	5,500만 원
	수도권 과밀억제권역, 용인, 화성, 세종, 김포	1억 4,500만 원 이하	4,800만 원
	광역시(군 제외), 안산, 광주, 파주, 이천, 평택	8,500만 원 이하	2,800만 원
	그 외 지역	7,500만 원 이하	2,500만 원

2023년 개정된 소액임차인의 보증금 범위와 최우선변제금

부동산 경매 공부 8. 주택연금이란?

주택을 소유한 사람이 집을 담보로 제공하고, 그 집에 계속 살면서 평생 매월 연금을 받을 수 있도록 국가가 보증하는 연금 제도입니다. 부부 중 한 명이라도 만 55살 이상이고, 주택 공시가격 12억 원 이하의 주택 또는 주거 용도의 오피스텔을 소유한 경우 신청할 수 있습니다. 다주택자인 경우에도 부부 소유 주택의 공시지가를 합산한 가격이 9억 원 이하면 신청할 수 있습니다.

자녀들의 부모 부양 비율이 낮아지고 있어서 은퇴 후 노후 준비를 할 때, 주택연금은 40대부터 준비하면 좋습니다. 주택연금의 장점으로는 다음과 같은 것들이 있습니다.

- 해당 주택에 살면서 연금을 수령할 수 있다.
- 국가가 보증해준다.
- 부부 중 한 분이 돌아가셔도 연금수령액은 차이 없이 동일한 금액이 지급된다.
- 부부 모두 사망하면 주택을 처분해서 정산하게 되는데, 이때 지급받았던 연금 수령액이 주택을 처분한 금액보다 커도 자식(상속인)들에게 청구하지 않는다.
- 만약 정산하고 집값이 남으면 상속인에게 지급한다.
- 재산세를 25% 감면받을 수도 있다.

단점으로는 다음과 같습니다.

- 주택 연금을 가입한 후에 주택 가격이 상승해도 가격은 반영되지 않는다. 이와 반대로 가격이 내려가도 연금 금액을 깎지는 않는다.
- 해당 주택에 소유자나 그 배우자 중에서 한 명이라도 실제로 거주해야 한다. 즉, 임대를 놓을 수 없다는 것이다.
- 중도해지할 경우, 5년 이내에 재가입이 불가능하다.

부동산 경매 공부 9. 부동산과 학군

같은 단지 아파트라도 중학교가 한 학교로만 배정이 되는 것은 아닙니다. 그래서 어느 중학교로 배정되느냐에 따라 같은 단지라고 해도 동별로 아파트값이 차이가 납니다. 그러다 보니 6월이 되면 초등학교 5학년 혹은 6학년 자녀를 둔 학부모들은 원하는 중학교에 배정받기 위해서 전세 계약금부터 밀어 넣고 보는 것이 학군이 있는 부동산의 현주소입니다.

서울의 대표적인 학군으로는 대치동, 목동, 중계동이 있습니다. 대치동은 1,600여 개가 넘는 학원이, 목동에는 1,000개, 중계동에는 600개가 넘는 학원이 있습니다. 필자가 살고 있던 중계동의 경우, 고등학교에서 탑을 찍은 학생들은 대치동으로 학원을 가기도 합니다. 즉, 중계동 학원은 뭔가 부족하다는 생각을 가지고 있는 학부모들이 있나 봅니다. 그런데 정부에서는 2025년부터는 특목고(자사고, 외고, 국제고 등)를 폐지한다고 합니다. 그동안 교육 수요를 분산하는 역할을 하던 특목고가 폐지되고 나면, 다시 전통적인 명문 일반고로 수요가 집중될 것으로 예상하며, 명문대학으로 자녀를 보내는 교육열은 더욱 뜨거워질 것으로 에상됩니다. 결국 학군 지역 아파트 가격은 쉽게 무너지지 않을 것입니다.

대치동 학군

대치동 학원가와 가까운 도성 초등학교의 경우, 2022년 기준 1학년은 7개 학급인데, 6학년은 13개 학급이라고 합니다. 대도 초등학교도 도성 초등학교와 비슷하네요. 그 주위에 숙명여중, 단대부중, 대청중이 있고, 고등학교로는 단대부고, 휘문고, 숙명여고, 중동고, 경기여고 등 진학 실적이 높은 학교가 있습니다. 이곳 주위에 있는 아파트는 자연히 인기가 높을 수밖에 없습니다.

목동 학군

목동은 서울에서 대치동 다음으로 큰 학군을 가진 곳입니다. 목동에 있는 목운 초등학교도 대치동의 여타 학교처럼 5학년과 6학년 학급수가 늘어난 학교입니다. 이 말은 목동 쪽으로 중학교를 보내려는 학부모들이 목동 학원가로 이사를 온 것으로 해석됩니다. 더군다나 목동은 재건축 연한을 가진 아파트가 많아서 10년 안에는 지각변동이 일어날 수 있어 투자자들이 집중해볼 수 있는 지역입니다.

중계동 학군

서울의 북부 지역으로, 가장 큰 학군은 노원구 중계동 학군입니다. 중계동 학군은 역세권(조만간 동북선 경전철이 개통될 예정임)은 아니지만, 중계동에서의 역세권 아파트(중계그린, 무지개 아파트 등)보다 훨씬 가격대가 높고 인기가 높으며, 을지초, 을지중, 서라벌고와 더불어 최근에는 재현고(서울대를 많이 보냈다고 함)가 대표적입니다. 물론 은행 사거리를 중심으로 중계초, 원광초가 있고, 중학교로는 중계중, 불암중, 상명중도 인기가 많습니다. 이곳의 학원가와 가장 가까운 아파트는 청구 3차(단일평형)와 중계주공 5단지(평형이 여러 개 있고 대단지임)와 대형 평형이 있는 동진신안 아파트와 라이프, 청구, 신동아 아파트가 있습니다.

이 외에도 서초(반포), 송파(잠실), 광진 학군과 강동 학군도 무시하지 못할 학군으로 자리를 잡아가고 있습니다. 서초(반포) 학군에는 세화고, 서울고, 반포고, 상문고, 세화여고로 5대 명문 고등학교가 있으며, 반포동 삼호가든 사거리 학원가는 중등부 수학과 영어 중심학원으로 자리를 잡아가고 있습니다. 이쪽 아파트는 신축 아파트가 많아서 새로운 부촌으로 자리를 잡아가고 있기도 합니다. 송파구에서는 삼전동 사거리를 중심으로 대형 학원이 밀집해 있고, 길 하나만 건너면 대치동 학원가가 있어서 위치적으로는 학군 인프라가 좋은 지역입니다.

학군은 자사고 폐지로 인한 수요층이 더 집중될 수 있으며, 학군 지역으로 진입하면 아이가 대학교에 갈 때까지 임대차 3법을 이용해서 장기간 임대해서 거주할 수 있는 장점이 있어 결국은 학군이 부동산 가격을 견인하고 있다고 볼 수 있습니다. 그래서 학군이 있는 지역 아파트를 똘똘한 한 채라고 말하기도 합니다.

부동산 거래를 할 때는 일반적으로 다음의 네 가지 과정을 거치게 됩니다.

- 가계약 : 물건을 일단 잡아두자는 성격을 가지고 있습니다.
- 계약 : 정식으로 계약서를 작성하고 매매인 경우 매매대금 10%, 전세인 경우 보증금의 10% 정도를 계약금으로 주고 계약을 하나, 돈이 부족할 경우 상호협의하에 5%도 가능합니다.
- 중도금 : 중도금이 오고 가면 거래 행위의 이행 착수로 보고 법률적 구속을 받게 됩니다. 이때부터 원칙적으로 계약 해지가 불가능하며, 잔금 지급과 소유권 이전의 동시 이행 의무를 가지게 되므로 차후에 계약 자체를 무효로 하면서 배액을 보상한다고 해도 상대방이 동의하지 않으면 이 계약은 취소할 수 없습니다.

일반적으로 중도금은,

ⓐ 전세 계약인 경우, 통상 계약과 잔금 기간이 짧기 때문에 중도금이 없는 경우가 있으나 해당 집에 거주하고 있는 사람이 다른 곳으로 이사를 갈 때 필요하다며 요구할 수 있고, 앞에서 이야기한 참깨 님의 사례처럼 중도금 자체가 당연한 것처럼 생각하는 경우도 있을 수 있습니다. 그러나 이것은 합의 사항이지, 의무 사항은 아니라서 중도금은 없어도 됩니다.

ⓑ 매매 계약인 경우, 중도금은 아주 중요합니다.

중도금을 지급한 후에는 계약 일방이 변심으로 계약을 파기할 수 없습니다. 그래서 중도금에 대해서는 잘 생각해야 합니다. 그 계약을 꼭 이행하고 싶다면 중도금은 계약자의 변심을 막는 안전장치라서 이를 지급하는 조항을 꼭 넣어서 소액이라도 중도금을 지급하는 것이 좋습니다. 중도금은 일반적으로 10~40%로 이야기하는 경우가 많은데, 이것은 정해진 것이 아닌 쌍방 합의 사항이며, 1,000만 원도 중도금이 될 수 있습니다.

ⓒ 해당 부동산에 대출금이 있는 경우, 중도금 금액은 대출금을 감안한 금액의 범위 내에서 결정해야 합니다. 일반적으로 40%라고 해서 대출이 있는 집에 중도금을 40%를 넣으면 총매입금액에 계약금 포함 50%를 지급하는 경우가 되어 집주인이 그 돈을 써버리고 잔금으로 대출을 갚으려고 하나 잔금 50%보다 대출금이 더 많으면 문제가 복잡해질 수 있기 때문입니다. 그래서 등기부등본에 나타난 채권최고액을 확인한 후에 그 금액이 크면 부동산 공인중개사님의 조정으로 집주인이 은행에 잔액확인서를 확인해달라고 해서 대출 잔액을 확인할 수 있습니다.

• 잔금 : 일반적으로 매도인의 소유권 이전등기에 필요한 서류와 매도인의 잔금이 동시 이행 관계이며, 이 과정에서 보통은 매수인이 대출을 받을 경우, 대출 관련 법무사가 나와서 실무를 챙기기도 합니다. 이때 법무사가 소유권 이전등기와 매도인의 대출금 상환, 그리고 매수인의 새로운 근저당권설정 관련 업무를 공인중개사와 업무를 나누어서 진행합니다.

여기에서 잠깐!

매수자 입장에서 중도금을 지급한 이후에 잔금이 준비가 안 되어 잔금 지급 날짜를 위반할 경우에도 계약은 취소되지 않습니다. 다만 매도인은 잔금을 받아서 이사한다든지 등의 경제 활동에 손해를 보기 때문에 차후에 손해배상이 뒤따를 수 있습니다. 최근에 우리 카페 실전 투자반 회원인 짜이롱 님은 2022년 9월에 잔금을 지급해야 했으나 사정이 여의치 않아서 매도인과 합의하고, 2023년 7월에 잔금을 치르기도 했습니다.

부동산 경매 공부 11. 청량리 지역 분석

청량리역 부근은 몇 년 전만 해도 동네가 낙후되어 있었고, 성매매 업소 등 혐오 시설 등이 있어서 학군도 좋지 않은 지역이었습니다. 물론 지금도 이곳을 방문하면 재래시장과 경동시장 등 어지럽고 개발이 덜 되어 있고, 교통이 혼잡하기는 합니다. 부동산 투자자 입장에서는 경쟁력이 떨어져 주목을 받지 못했던 지역이었다고 말할 수 있습니다. 그런데 이렇게 노후화되고, 주목을 못 받던 지역이 지금은 천지개벽의 변신을 꾀하고 있습니다.

청량리역은 개통 예정인 노선까지 합하면 어마어마한 노선이 지나갈 교통 호재 지역입니다. 1호선 지하철역과 경의 중앙선, 수인 분당선, 경춘선과 KTX, GTX B 노선과 C노선, 경전철인 면목선, 지하철 10호선이라 말할 수 있는 강북횡단선이 예정되어 있습니다. 한 개의 역에 이렇게 많은 노선이 운행된다는 것은 그만큼 유동인구를 품을 수 있는 거점이 될 수 있다는 것입니다.

이러한 교통 호재와 더불어 주거지역 정비 사업이 다수 추진 중입니다. 대표적으로는 한때 집창촌으로 불렸던 청량리 9구역(서울시에서 진행 중인 신통기획 후보지로 청량리 9구역이 언급됨)을 시작으로, 지역 일대 재개발이 진행·계획되어 있어서 10년 안에 주거 여건이 크게 개선될 것으로 예상됩니다.

이미 정비 사업이 진행 중인 곳도 꽤 있으며, 청량리 4구역과 인근 재개발 구역에는 주상복합 아파트 3개 단지(청량리 4구역에는 청량리역 롯데캐슬, 청량리역 한양수자인, 청량리역 해링턴플레이스) 등은 이미 입주했거나 입주를 앞두고 있습니다. 이 아파트들은 이미 프리미엄이 많이 붙었습니다. 다만 각종 개발 계획은 계획대로 실현될 수도 있고, 생각보다 시간이 오래 걸릴 수도 있습니다.

부동산 경매 공부 12. 배당순서에 대해

① 1순위

경매 비용

경매 진행에 필요한 비용으로 감정평가 비용, 현장조사 비용 등이며 경매를 신청할 때 신청자가 먼저 법원에 납부하고, 나중에 낙찰되면 경매 신청자는 이 돈을 먼저 우선해서 받습니다. 사건의 크기에 따라 다르지만 200만 원에서 500만 원 정도 들어갑니다.

필요비, 유익비

경매가 진행되는 해당 부동산에 임차인이 사용한 필요비와 유익비로, 해당 부동산의 가치를 높이는 데 사용된 비용을 말합니다. 예를 들어, 임차인이 새시를 했다든지, 단독주택의 경우 지붕 개량을 했다든지 하는 행위로, 경매가 진행될 때 영수증을 첨부해서 배당을 신청하면 됩니다.

- 임차인이 사용한 비용 : 필요비, 유익비는 경매법원에 신청해서 2순위로 배당받음.
- 공사업자가 사용한 비용 : 유치권 신고를 통해서 권리를 주장할 수 있음.

② 2순위

임차인의 최우선변제금

대항력이 있는 임차인에게 보증금이 소액일 경우 일정액을 먼저 배당해주는 것이 최우선변제금입니다. 이때 확정일자는 없어도 괜찮으나, 최우선변제금의 기준은 임차인의 전입일자가 아니라 담보권 설정일이 그 기준일이 됩니다. 표로 한번 볼까요?

담보 설정일	지 역	보증금 범위	최우선변제금
2018. 09. 18 ~ 2021. 05. 10	서울특별시	1억1천만원 이하	3,700만원 까지
	수도권정비계획법에 따른 과밀억제권역(서울특별시는 제외한다), 세종특별자치시, 용인시, 화성시	1억원 이하	3,400만원 까지
	광역시(수도권정비계획법에 따른 과밀억제권역에 포함된 지역과 군지역은 제외한다.), 안산시, 김포시, 광주시, 파주시	6,000만원 이하	2,000만원 까지
	그 밖의 지역	5,000만원 이하	1,700만원 까지
2021. 05. 11 ~ 2023. 02. 20	서울특별시	1억5천만원 이하	5,000만원 까지
	수도권정비계획법에 따른 과밀억제권역(서울특별시는 제외한다), 세종특별자치시, 용인시, 화성시, 김포시	1억3천만원 이하	4,300만원 까지
	광역시(수도권정비계획법에 따른 과밀억제권역에 포함된 지역과 군지역은 제외한다.), 안산시, 광주시, 파주시, 이천시, 평택시	7,000만원 이하	2,300만원 까지
	그 밖의 지역	6,000만원 이하	2,000만원 까지
2023. 02. 21 ~	서울특별시	1억6,500만원 이하	5,500만원 까지
	수도권정비계획법에 따른 과밀억제권역(서울특별시는 제외한다), 세종특별자치시, 용인시, 화성시, 김포시	1억4,500만원 이하	4,800만원 까지
	광역시(수도권정비계획법에 따른 과밀억제권역에 포함된 지역과 군지역은 제외한다.), 안산시, 광주시, 파주시, 이천시, 평택시	8,500만원 이하	2,800만원 까지
	그 밖의 지역	7,500만원 이하	2,500만원 까지

(출처 : 옥션원)

위의 표에서 보다시피 최우선변제금은 담보물권 설정일과 지역에 따라 다릅니다. 또한 최우선변제금의 100%가 모두 지급되는 것은 아닙니다. 내가 2023년 4월 서울 지역에 보증금 1억 원에 월 100만 원에 월세를 계약한 부동산이 경매로 넘어갔다면, 이 부동산의 담보권 실행 일자는 2021년 7월일 경우, 내가 입주한 2023년 4월이 기준이 아니라 2021년 7월 서울 지역의 보증금 범위를 봐야 합니다. 2021년 7월의 서울은 보증금 1억 5,000만 원 이내에 5,000만 원까지 최우선적으로 배당받을 수 있기에 일단 5,000만 원은 최우선적으로 배당받을 수 있다는 것입니다.

근로자 임금 채권

근로기준법 제97조에 따라 최종 3개월분의 임금과 3년 치 퇴직금에 대해 우선으로 지급됩니다. 3개월 치 임금과 3년 치 퇴직금은 최소한의 생활을 영위할 수 있는 금액이기에 임차인의 최우선변제금과 동순위에 해당됩니다. 일반적으로 등기부상에 근로복지공단의 가압류가 있다면 임금채권으로 봐야 합니다.

• 등기부현황 (채권액합계 : 35,941,150원)

No	접수	권리종류	권리자	채권금액	비고	소멸여부
1(갑3)	2016.10.05	소유권이전(매매)	■유한회사		거래가액:84,500,000	
2(갑6)	2018.06.19	압류	나주세무서		말소기준등기	소멸
3(갑7)	2018.10.26	가압류	근로복지공단	35,941,150원	2018카단14111	소멸
4(갑9)	2019.03.20	압류	국민건강보험공단			소멸
5(갑11)	2021.01.18	압류	나주시			소멸
6(갑12)	2021.05.21	강제경매	■식	청구금액: 65,000,000원	2021타경4022	소멸

• 임차인현황 (말소기준권리 : 2018.06.19 / 배당요구종기일 : 2021.08.12)

임차인	점유부분	전입/확정/배당	보증금/차임	대항력	배당예상금액	기타
■식	주거용 전부	전입일자: 2016.12.09 확정일자: 2016.10.05 배당요구: 2021.05.20	보65,000,000원	있음	소액임차인 미배당보증금 매수 인인수	경매신청인

근로복지 공단의 가압류가 기입된 등기부등본 (출처 : 옥션원)

등기부등본에 등기가 안 된 경우도 있습니다. 따라서 경매 물건의 권리분석을 할 때, 등기부등본만 볼 것이 아니라 문건 송달 내역도 꼼꼼히 체크해야 합니다. 이곳에 임금채권자가 배당요구를 한 것이 있을 수 있기 때문입니다.

2021.06.02	배당요구권자 근00000 권리신고 및 배당요구신청서 제출
2021.06.09	배당요구권자 근00000 보정서 제출

문건 송달 내역에 나타난 근로복지공단의 배당요구 내용 (출처 : 옥션원)

③ 3순위 : 당해세

당해세란 해당 부동산에 부과된 세금입니다.

- 국세 : 국가가 징수하는 세금으로, 압류권자는 세무서입니다.
  국세의 종류로는 상속세, 증여세, 종부세 등으로 나눌 수 있습니다.
- 지방세 : 지방 자치단체가 징수하는 세금으로, 압류권자는 지방자
  치 단체입니다. 지방세는 재산세, 취득세, 등록세, 자동차세 등으로
  구분됩니다.

경매나 공매에서 당해세를 왜 신경 써야 할까요? 해당 부동산에 소유
자나 채무자가 점유하고 있다면, 또는 후순위 임차인이 있다면 당해세
로 인한 인수금액이 없기 때문에 신경 쓸 필요가 없습니다. 그런데 대항
력 있는 선순위 임차인이 있음에도 불구하고 당해세는 무조건 먼저 배
당됩니다. 즉 세입자가 등기부등본이 깨끗해서 그 집에 전세로 들어갔
는데 나중에 집주인이 당해세에 해당하는 세금을 체납했다면, 그래서
그 집이 경매로 넘어간다면 세입자보다 당해세가 먼저 배당되고, 임차
인이 자신의 보증금을 배당받는데, 부족분이 생기면 낙찰자가 인수해
야 하기에 경매에서 이런 물건의 권리분석은 아주 중요합니다.

여기에서 임차인도 이사를 가고 싶으나 낙찰자가 부족한 임차보증금
을 바로 주면 모르지만, 오가지 못하는 상황이 되다 보니 정부에서는 이
번에 이 부분을 개정했습니다. 즉 2023년 4월부터 대항력 있는 임차인
의 확정일자가 법정기일보다 빠를 경우, 임차인의 보증금을 우선 배당
하는 것으로 바뀌었으며, 위 내용은 2023년 4월 1일 이후 매각결정(공

매) 또는 매각허가 결정(경매)하는 분부터 적용됩니다.

투자자 입장에서는 대항력 있는 임차인이 있고 국세나 지방세 압류가 있다면, 그 압류가 당해세인지 확인해야 하는 권리분석이 필요합니다. 당해세의 법정기일이 늦어도 확정일자분 임차인보다 먼저 배당을 받아가기 때문이죠.

하지만 2023년 4월 1일부터 당해세도 조세와 똑같이 확정일자보다 법정기일이 늦으면 임차인이 먼저 배당받게 되어서 낙찰자는 인수금액이 줄어들거나 없게 되고, 임차인 입장에서도 세금보다 먼저 배당받을 수 있게 되어서 투자자나 임차인이나 한시름 놓는 법 개정이었습니다.

④ 우선변제권(담보물권, 임차권)

등기부등본에 있는 근저당, 담보가등기, 전세권 등과 최우선변제금 이상인 임차인의 보증금 중에 확정일자를 받은 임차권(확정일자가 없다면 배당을 받고 돈이 남으면 배당됨)을 말합니다. 즉 확정일자가 우선변제권으로 아주 중요하며, 이제는 전입신고만 하면 자동으로 확정일자를 부여하기 때문에 걱정하지 않아도 됩니다. 다만 더 확실하기 위해서 임차인은 계약서를 작성한 후에 바로 주민센터를 방문해 거래신고를 하면서 확정일자를 받으면 번거롭지 않게 우선변제권을 취득할 수 있습니다.

⑤ 일반 임금채권

배당 순위 2번의 최우선변제권에서 3개월의 임금, 3년 치의 퇴직금을 먼저 변제해주고 아직도 주어야 할 임금이 남아 있다면 5번째로 배당됩니다. 그런데 일반 임금채권까지 배당할 돈이 남아 있지 않은 경우가 많습니다.

⑥ 후순위 당해세, 조세채권

3번에서 대항력 있는 임차인의 확정일자보다 늦은 법정기일의 당해세와 조세채권은 6번째로 배당됩니다.

- 당해세 : 해당 부동산에서 발생한 세금
- 조세채권 : 경매로 넘어온 부동산과 관련 없는 세금은 일반 세금으로, 부동산은 인천시에 있는데 경기도 평택시의 압류가 있다면 이는 당해세가 아닙니다.

⑦ 공과금

국민연금, 건강보험료, 산업재해보험료 등의 공과금은 7순위입니다.

⑧ 일반채권

가압류

일반채권으로 맨 마지막에 배당됩니다. 가압류는 경매로 넘어온 부동산과 직접적인 관계가 없기 때문입니다. 즉, 해당 부동산의 소유자 개인의 채무관계로 채무자의 재산에 가압류를 걸었기 때문에 해당 부동산에 관한 채권을 모두 배당한 뒤에 배당됩니다.

가처분

가처분도 가압류처럼 배당받는 순위는 제일 마지막입니다. 그렇지만 가처분되어 있다면 후순위라도 인수되는 가처분은 원인무효 가처분, 토지 인도 및 건물철거 가처분, 이 두 가지입니다. 이 두 가처분은 소송이 진행되는 경우가 많고, 소송에서 가처분권자가 승소하게 되면 낙찰자는 소유권을 잃게 되기에 이런 물건은 조심해야 합니다.

경기도 양주의 한 지인으로부터 한 통의 전화를 받았습니다. 이분은 1980년대 노동운동을 한 분으로서 2000년대 들어와서는 외국인 근로자들의 인권을 위해서 일하는 믿을 만한 지인입니다. 이분이 일하는 지역에 베트남 여성과 한국 남성이 결혼해서 아이를 하나 얻었는데 그 이후에 남편은 감옥에 가고, 아이와 여성은 시골의 단독주택 마당 쪽에 창문이 없는 집에서 세를 들어 살고 있다는 것입니다. 아이는 그림 치료를 받고 있고, 근근이 살아가고 있다는 딱한 사정을 이야기하셨습니다. 그러면서 아이가 창문이 있는 집에서 살고 싶다고 하는데, 도움을 줄 수 있느냐는 전화였습니다. 이 모자 가정을 다른 곳으로 이사를 시킨 후, 지금까지 매월 20만 원의 월세를 저희 카페 회원들이 십시일반으로 돕고 있습니다. 저희 카페에서는 지금까지 무료급식소, 아프리카의 급수시설 등에 큰돈은 아니지만 도움을 주고 있습니다.

대전에 거주하시는 젊은 엄마, 채채 님이 있습니다. 채채 님은 어린 자녀가 있음에도 불구하고 동분서주하면서 대전에서 서울까지 열심히 임장을 다니는 모습을 보면서 딱한 마음에 전세 세입자 보증금 6억 원을 인수해야 하는 서초구 공매 물건의 정보지를 주면서 입찰해보라고 권해드렸습니다. 채채 님은 임장을 해서 낙찰받았고, 계약갱신 청구권까지 쓰면서 점유했던 임차인의 명도가 2023년 8월 31일에 마무리되었습니다. 그렇게 채채 님은 아직 40대가 되지 않았는데 조만간 20억 원대의 부자 대열에 합류하게 될 것입니다.

단독주택에 어머니와 함께 살던 수민 님은 어느 날 필자의 사무실에 찾아와서 자본금이 얼마가 있다고 이야기하며 입찰하고 싶은 물건에 대해 상담했습니다. 필자가 연회원에게 추천해주기 위한 물건이 있어 경매 정보지를 출력해놓았는데, 이것을 수민 님에게 주면서 입찰해보라고 했습니다. 며칠 후에 수민 님은 5억 원 언저리에 입찰하고 싶다고 해서 그렇게 하면 패찰하니 5억 2,000만 원은 살짝 넘기라고 조언해주었고, 낙찰을 받았습니다. 10억 원이 되면 팔려고 했는데 갑자기 부동산 시장이 꺾이면서 팔리지 않던 물건이 2023년 9월, 9억 원에 입질이 오기 시작했습니다.

수민 님에게는 그전에 마포구에 있는 아파트에 대해 조언을 해주었고, 청약에 당첨된 이후 소유권을 취득해 장기 임대주택으로 등록해서 노후 자금을 마련하기도 했습니다. 수민 님 동생인 표피디 님도 누나의 도움으로 신길동에 청약을 해서 분양가격보다 배가 오른 부동산 부자가 되어가고 있는 중입니다. 표피디 님은 원불교 성직자이자 두 아이의 아빠로서, 봉사료로만 빠듯한 생활을 영위해야 하는데, 필자를 만나서 이렇게라도 부동산으로 경제적 걱정 없이 종교에 매진하고, 원불교 신자들에게 봉사하며, 사회의 공익을 위해서 투신할 수 있게 되었습니다.

강백호 님과 도레미 님은 부부입니다. 서대문구에 아파트 한 채, 마포구에 아파트 한 채를 소유하고 있던 중에 필자를 만나 두 채 모두 양도세 비과세를 받아서 지금은 똘똘한 한 채로 갈아탄 후, 인테리어에 공을 들인 공간 렌탈로 매월 소소하게 들어오는 수익을 즐기고 있습니다. 유난히도 더운 지난여름에 이 글을 쓰면서 경제적 자유를 향한 많은 분들의 도전의 발걸음이 생각났습니다. 이 책의 교정에 도움을 준 세종의 머니정 님은 두 아이의 엄마이자 직장맘으로, 40대 중반에는 어떻게든 서울에 똘똘한 한 채를 마련하고자 꿈을 불태우고 있습니다.

위례에 사는 공무원 월억 님은 막 40대에 접어들었고, 2024년에는 강남 입성이라는 꿈을 이루기 위해 발품을 열심히 팔고 있습니다. 보건교사로 코로나의 긴 터널 속에서 힘들어했던 아일락 님은 분당에서 판교로 둥지를 옮기기도 했고, 40대 중반의 골드크랩 님은 공장을 낙찰받아 사업을 키워가는 과정에 있습니다. 신혼 특공으로 광명에 둥지를 튼 30대 갈구 님과 해나 님은 다시 서울 입성의 꿈을 이루기 위해 부단한 노력을 하고 있고, 왕리치 님과 법무사인 꾸주님 님 부부는 관악구에서 서울 안쪽으로 진입을 노려보고 있습니다.

아직은 경제적 자유가 미완성이지만 진행 중인 꿈나무 님, 강남구 선릉로에 '라클래시명문 부동산 중개사무소'를 개업한 영주 님 부부, 재건축 입주장이 기다리고 있는 동대문구 이문동에서 수 부동산을 운영 중이었던 구포 님의 도움을 받은 날쌘 님은 2023년 10월에 서울 입성의 계약서를 썼고, 2024년 2월에 드디어 서울 시민이 되는 인생 도약의 디딤돌을 마련했습니다. 전자 소송 책을 목이 빠지게 기다리게 하는 실전 님, 모두 어서 부자가 되었으면 좋겠습니다. 아직 무주택자인 회원도 있고, 경기도에서 서울로 진입해서 어떻게든 40대에 기반을 마련하고자 고군분투하는 회원들이 있습니다. 이분들의 경제적 자유를 얻는 한 걸음, 한 걸음에 조금이나마 도움이 되는 방법이 무엇인지 책을 쓰는 내내 고민했습니다.

아픈 사연들도 있었습니다. 홀로 벌어야 하는 비오 님은 지난 4월에 쓰러져서 지금도 재활 치료 중에 있는데, 필자를 만나 부동산을 통해서 재산을 일구지 않았다면 어땠을까 하는 생각에 아찔하기만 합니다. 어서 일상으로 복귀할 날만을 기다려봅니다. 비오 님을 통해서 필자와 인연이 된 40대 중반의 향기 님은 교통사고로 인해 몸과 마음이 힘든 시기를 보내고 있습니다. 죽어라 일만 하며 살아왔는데 몸이 아프니 마음도 지쳐가고 있을 향기 님이 이 책을 통해서 용기를 얻고, 좀 더 경제적 자유를 얻을 수 있는 부동산에 매진해보길 기대해봅니다.

가호 님은 남편 미래찾아 님과 더리치에 왔는데, 잠깐 건강에 적신호가 켜져서 마음고생을 심하게 하셨습니다. 하지만 어떻게든 잘 이겨내고 계셔서 얼마나 다행인지 모릅니다. 60대 중반을 넘어선 깡 님은 3년 전 교통사고를 당하시고, 최근에는 팔목이 부러진 사고를 당하셨는데 어서 쾌차하시길 바랍니다. 깡 님이 젊었을 때 투자해놓은 부동산들이 모두 효자 노릇을 하고 있어서 얼마나 다행인지 모릅니다. 이런 분들이 필자의 옆에 있다는 것만으로도 저는 행복합니다.

30대 초반에 영끌을 통해서 부동산 세계에 들어온 리마인드 님, 두 아이를 키우면서 열심히 살아가시는 미와 님, 부부가 함께 더리치에 와서 새롭게 세상을 꿈꾸는 아이니 님과 티머니 님. 그 밖에 많은 회원들의 얼굴이 이 책을 쓰는 내내 제 마음속에 똬리를 틀고 앉아 있었습니다. '이분들이 필자처럼 경제적 자유를 얻고, 식구들과 저녁이 있는 삶을 보내게 하려면 어떻게 해야 할까?', '내가 이분들의 인생에 조금이나마 도움이 될 수 있는 방법은 없을까?' 그 고민으로 긴 여름밤의 날을 보냈습니다.

이 책은 필자가 40대 후반에 실거주 재테크를 중심으로 경매 투자를 한 이야기를 담았습니다. 독자들에게 실거주 재테크부터 시작하는 것도 한 가지 방법이라는 것을 이야기하고 싶었습니다. 거창한 투자가 아니라, 내가 사는 집으로 시작하는 투자도 큰돈을 벌어줄 수 있고, 자녀의 교육비뿐만 아니라 노년의 삶까지 책임져줄 수 있는 것이 부동산이라는 것을 알려주고 싶었습니다. 중간중간 경매 팁을 이야기하고 싶었지만, 쓰다 보면 흐름이 끊기기도 해서 되도록 절제했습니다. 꼭 넣고 싶고, 꼭 알아야 할 대목은 '5장 부록'에 실었습니다.

필자가 부동산 경매를 하게 된 것은 아들 때문이었습니다. 필자의 나이 47살에 얻은 아이에게 쪼들리는 경제 상황을 물려주고 싶지 않았습니다. 필자가 천수를 누린다 해도 자식과 나이 차이가 크기 때문에 어떻게든 가난을 물려주고 싶지 않았고, 건강하고 행복하게 오래 함께 살고 싶어서 경매를 시작했습니다.

저희 카페 회원인 천년후애 님이 인천시 서구 청라동에 웰튼국제학교를 설립했기에 필자는 아이가 중학교 2학년 때 이곳으로 학교를 옮겼습니다. 아이는 자기 나름대로 삶의 방향을 찾기 위해 열심히 공부하기 시작했습니다. 또한, 멘토 역할을 해주시는 제이콥 선생님을 만나 인생의 방향을 잡아가고 있습니다. 이는 부동산 경매를 시작하지 않았다면 불가능한 일이었을 것입니다.

임금 노동자로 살면서 경제적 자유를 위한 경제 활동을 하는 것은 결코 쉬운 일이 아닙니다. 우리가 경제적 자유를 얻으려면 피할 수 없는 두 가지가 있습니다. 이 두 가지는 그냥 만나면 익숙하지만 나에게 도움이 되는 친구로 사귀려면 부단한 노력과 결단력, 그리고 포기하지 않는 지구력이 필요합니다. 또한, 조금 친근해졌다고 안심하면 언제 변심할지 모르기 때문에 주의가 필요합니다.

이 두 친구는 바로 금융과 부동산입니다. 이들은 어떨 때는 원수같이 나를 힘들게 하고, 어떨 때는 단짝 친구가 되어 내 인생을 살맛 나게 해주기도 합니다. 예전에는 토지, 노동, 자본이 생산의 3대 요소였다면, 지금은 부동산, 직장, 금융이 3대 요소로 바뀌었습니다. 우리는 이 3대 자산에 대해 공부해야 합니다. 직장 생활에 필요한 공부를 반평생 했다면 지금부터는 금융과 부동산에 대해 공부해야 합니다. 그래야만 자본가가 될 수 있고, 소박한 경제적 자유를 얻을 수 있습니다. 그런데 부동산과 금융을 통해서 빠른 부를 이룬다면, 그 부는 필연적으로 위험자산을 향해 달려가고 싶어 합니다. 물론 위험자산은 리스크가 크지만, 대박이 날 수 있는 양면성이 있습니다. 그래서 돈이 무섭습니다. 자칫 하다가는 물거품처럼 자산이 빠져나가기 때문입니다.

　돈은 욕심을 내면 그것을 알고 빠져나가려는 특징이 있습니다. 그래서 돈을 좇기만 하면 절대로 안 됩니다. 부동산 하나 잘 투자해서 10억 원대 부자, 20억 원대 부자가 된 후에는 부동산과 담을 쌓으며 새롭게 무언가를 하려고 하는 분들이 있습니다. 사업을 한 번도 해보지 않았음에도, 누군가의 성공 투자를 보면서 나도 그렇게 될 것이라는 속삭임에 조언의 문을 닫아버립니다.

　이 책에는 돈을 좇는 방법만 기술했습니다. 이 책은 부자로 가는 길을 안내한 것일 뿐 부자가 가져야 하는 품성, 돈에 대한 철학에 대해서는 미완성으로 남겨놓았습니다.

　독자 여러분들과 그 길을 함께 걷고 싶습니다.

40대에 부동산 투자는
선택이 아니라 필수다

제1판 1쇄 2023년 12월 7일

지은이 김종성
펴낸이 최경선 　　　　　**펴낸곳** 매경출판㈜
기획제작 ㈜두드림미디어
책임편집 최윤경, 배성분 　　　**디자인** 김진나(nah1052@naver.com)
마케팅 김성현, 한동우, 구민지

매경출판㈜
등록 2003년 4월 24일(No. 2-3759)
주소 (04557) 서울시 중구 충무로 2(필동 1가) 매일경제 별관 2층 매경출판㈜
홈페이지 www.mkbook.co.kr
전화 02)333-3577
이메일 dodreamedia@naver.com(원고 투고 및 출판 관련 문의)
인쇄·제본 ㈜M-print 031)8071-0961

ISBN 979-11-6484-641-2 (03320)

책 내용에 관한 궁금증은 표지 앞날개에 있는 저자의 이메일이나
저자의 각종 SNS 연락처로 문의해주시길 바랍니다.

같이 읽으면 좋은 책들